KB107570

# 투자도
# 인생도
# 버핏처럼

버핏 워너비를 위한 버핏학 개론 1교시

# 투자도 인생도 버핏처럼

김재현·이건 엮고지음

에프엔미디어

추천글

# '정통 오타쿠'들이 꼭꼭 씹어 떠먹여주는 버핏의 정수

한국에서 가장 큰 서점의 홈페이지에서 '워런 버핏'을 검색해보면 버핏과 관련된 책이 503권이나 나온다. 대한민국 대통령 이름으로는 81권이 검색된다. 우리 시대의 위대한 투자자 워런 버핏을 다룬 텍스트는 차고 넘치지만, 이 많은 책 중 버핏이 직접 집필한 책은 없다. 총 두 권, 2,000여 페이지로 이뤄진 버핏의 공식 자서전도 버핏을 인터뷰한 작가가 독립적으로 서술했다.

버핏은 저술이 아니라 다른 경로를 통해 자신의 생각을 대중에게 직접 전한다. 매년 초 버크셔 해서웨이 주주들에게 보내는 '주주 서한'이 대표적이다. 주주 서한은 버핏과 오래 교류해왔던 전직 언론인 캐럴 루미스가 버핏의 생각을 정리해 작성하는 것으로 알려져 있다. 매년 4월 말~5월 초 미국 중부 오마하에서 열리는 버크셔 해서웨이 주주총회에서는 버핏의 육성으로 그의 생각을 들을 수 있다. 버핏과 그의 영혼의 동반자 찰리 멍거가 4~5시간에 걸쳐 주주들의 질의에 답해왔다.

주주 서한과 주총 Q&A는 버핏과 관련된 책을 저술하는 이들에게는 풍성한 텃밭이다. 주주 서한은 1977년부터 대중에게 공개되었고, 버핏과 멍거가 주총에서 대중의 질의에 공개적으로 답하기 시작했던 시기는 1994년이었다. 수십 년의 역사가 누적돼온 셈이다. 주제도 다양해 미국의 미래, 대외수지, 파생상품, 제로금리, 중국 경제, 금융기관, 장기투자 등 광범위한 이슈들이 다뤄졌고, 때로는 투자를 넘어 인생의 지침이 될 만한 이야기들이 나오기도 했다.

버핏을 다루는 책들은 대부분 이미 존재하는 풍부한 사례들에서 필요한 부분을 인용해 독자들에게 전하곤 한다. 버핏이라는 텃밭이 워낙 훌륭하기는 하지만 버핏이 오랫동안 다양한 분야에서 방대한 발언을 남겼기 때문에 버핏의 생각을 제대로 정리해 전달하는 것도 쉬운 일은 아니다. 또한 버핏 관련서들은 오리지널리티가 저자보다 버핏에게 있는 경우가 대부분이기 때문에 제목만 다를 뿐 비슷비슷한 내용이 반복되곤 한다.

이런 점에서 보면《투자도 인생도 버핏처럼》은 다른 버핏 관련서에서 찾기 힘든 미덕이 많은 책이다. 무엇보다도 한국에서 버핏에 대해 가장 정통한 저자들이 의기투합해 만든 책으로, 버핏 철학의 정수를 제대로 담아내고 있다. 이건 선생은 '주주 서한'을 비롯해 다양한 버핏 관련 양서들을 번역한 한국의 대표적 버핏 연구자이다. 그는 버핏이 버크셔 해서웨이를 통해 투자하기 이전, 지인들의 자금을 모아 운용했던 투자조합의 서한(1957~1969년)을 번역해 소개하기도 했다. 김재현 박사는 버핏의 투자 사례와 인생에 대한 조언을 여러 매체에 장기 연재한, 한국 유일의 버핏 전문 저널리스트이자 버핏 오타쿠이다.

어떤 분야든 아는 만큼 보이는 법이고, 깊게 알아야 구체적 사례들을 일관된 맥락 속에서 이해할 수 있다. 이 책은 버핏의 투자 사례, 투자에 관철되는 일관된 원칙, 인생에 대한 조언 등을 저자들의 해석을 곁들여 제시하고 있는데, 투자서 같기도 하고 대중 철학서 같기도 하고 처세서 같기도 하고 나이 지긋한 현인들이 자신이 걸어온 길을 회고하는 에세이 같기도 하다.

'가장 최근의 버핏'을 전하는 부지런함은 이 책이 가진 또 다른 미덕이다. 2023년 버크셔 해서웨이 주주총회, 2023년 3분기 말까지 버크셔 해서웨이의 투자 성과, 애플에 대한 집중투자 논란 등을 독자들에게 전한다. 버크셔 해서웨이 주주총회 참석 방법 안내, 버핏의 MBTI 추론 등은 양념 같은 재미를 준다.

버핏이 제시하는 가치투자는 투자를 위한 방법론이기도 하지만, 인생을 잘 살아가기 위한 규범이기도 하다. '능력범위'라는 말에는 앎의 지평을 넓히기 위한 노력의 필요성과, 그럼에도 모든 것을 알 수는 없다는 겸손의 철학이 내재해 있다. 오래전의 한 현인도 "너 자신을 알라"는 말을 남기지 않았던가. '미스터 마켓' 역시 행동경제학의 성과에 조응하는 인간 존재에 대한 냉철한 인식과 더불어, 투자자가 알 수 없는 영역이 존재한다는 현실론이 녹아든 말이다. "열 길 물속은 알아도 한 길 사람 속은 모른다"고 하지 않는가. '안전마진'은 최선을 다했더라도 인생사에서 100% 확실한 일은 없기에 "돌다리도 두드려보고 건너라"는 오래된 조언과 맥을 같이한다. 그래서 이 책의 제목에 '투자'와 '인생'이 들어가 있나 보다.

읽으면 알겠지만, 이 책을 가치 있게 만든 절반의 지분은 '찰리 멍거'에게 있다. 우리에게 많은 지혜를 전해주었던 찰리 멍거가 세상을 떠났다. 천상에서 평온한 안식을 하기를 빈다. 투자도 인생도 버핏처럼, 멍거처럼!

**김학균**

신영증권 리서치센터장

들어가는 말

# 까도 까도 나오는 양파 같은 버핏의 매력

워런 버핏에게 처음 관심을 가지게 된 건 2000년대 중반입니다. 당시 워런 버핏은 복리로 연평균 20%가 훌쩍 넘는 수익률을 기록하며 이미 세계 부호 1~2위를 차지하고 있었습니다. 그때는 제가 버핏이 이룬 부에만 혹했기 때문에 그가 부를 이룰 수 있었던 과정, 그리고 더 중요한 그의 투자철학을 제대로 이해하지 못하면서 시간을 흘려보냈습니다.

버핏에게 다시 관심을 가지기 시작한 건 2015년 무렵입니다. 이후 《워런 버핏의 주주 서한》《Poor Charlie's Almanack(가난한 찰리의 연감)》《워런 버핏 라이브》 등을 읽으면서 갈수록 버핏에게 빠졌습니다.

버핏은 까도 까도 계속 새로운 모습이 나오는 양파라고나 할까요? 계속 변화를 추구하면서 끊임없이 진화하는 사람입니다. 보통 사람이라면 나이가 들수록 변하지 않는데 말이죠.

대표적인 사례가 버핏의 애플 매수입니다. 버핏은 86세 때인 2016년에 애플을 매수하기 시작합니다. 이때도 손자들이 쓰는 아이패드를 살펴보고 물어보는 등 필립 피셔에게 배운 '사실 수집 기법(scuttlebutt approach)'을 활용했습니다.

처음에는 버핏이 노망(!)이 든 것도 아닌데 왜 애플을 사는 건지, 주주들의 회의 어린 시선도 많았습니다. 2017년 버크셔 해서웨이 주주총회에서 한 주주가 왜 기술주에 투자하는지 묻자, 옆에 있던 멍거가 버핏의 애플 매수는 "버핏이 미쳤거나 지금도 배우고 있다는 신호"라며 지원 사격을 해주기도 했습니다.

멍거의 말처럼 그때도 버핏은 배우는 중이었고 애플 투자로 1,200억 달러가 넘는, 가장 많은 금액을 벌어들이게 됩니다.

세계 최고 투자자, 세계 5위 부호라는 말로는 버핏의 모습을 온전히 담지 못할 정도로 버핏의 물질적인 욕구는 우리 상상과는 완전히 다른 모습을 보여줍니다. 버핏은 2023년 11월 21일 버크셔 해서웨이 홈페이지에 올린 편지를 통해서 다시 한번 재산의 99%를 사회에 기부하겠다고 밝혔습니다. 그뿐만 아니라 자신과 자녀들은 "상속 재산(dynastic wealth)은 바람직하지 않다고 생각한다"고 말합니다.

버핏이 건강을 제외하고 가장 소중히 여기는 자산은 '흥미롭고 다양하며 오랜 시간을 함께한 친구들'이라고 한 말도 버핏의 생각을 이해하는 단서를 제공합니다.

제가 《투자도 인생도 버핏처럼》을 쓰게 된 이유는 버핏을 세계 최고 투자자라고만 생각하거나 너무 어렵게 생각하는 사람들에게 제가 본 버핏의 진면목을 소개하고 싶었기 때문입니다. 그래서 투자뿐 아니라 버핏이 몸소 보여준 삶과 인생의 지혜도 최대한 담으려 애썼습니다.

먼저 1장 '버핏의 투자, 철학과 원칙'에서는 버핏이 말하는 '투자의 기본'을 다뤘습니다. 버핏은 이솝 우화에다가 신데렐라 이야기까지 빌려서 자신이 바라보는 투자를 설명합니다.

2장 '실전 투자, 전략과 기법'에서는 버핏의 투자 사례를 들어 성공적인 전략과 기법을 이야기합니다. 분산투자와 집중투자, 성장투자와 가치투자, 매매 시점 등에 관해 이야기합니다. 많은 사람이 버핏을 가치투자자로 정의하지만, 버핏은 '가치투자는 군더더기 용어'라고 말하면서 가치투자의 범위를 뛰어넘은 모습을 보여줍니다. '투자의 귀재'인 그도 많은 실수를 통해서 지금의 모습으로 진화한 것을 알 수 있습니다.

3장 '버핏의 기질과 경영 철학'에서는 버핏의 MBTI, 버핏이 살로몬브러더스를 구한 무협지 같은 이야기, 이미지 한 장 없는 버크셔 해서웨이 홈페이지를 통해 버핏을 다방면으로 살펴보았습니다. 2023년 기준 버핏이 9년 전 구입한 자동차를 여전히 타고 아이폰 11을 4년째 쓰는 것도 재밌는 사실입니다.

4장 '돈과 자기계발에 관해… 삶의 질을 높이는 지혜'에서는 세계 5위 부호가 건네는 다섯 가지 투자 조언, 플로리다대 강연, 버핏과 멍거의 여섯 가지 투자와 인생 조언, 2023년 버크셔 해서웨이 주주총회 등을 통해서 버핏이 전해주는 삶의 지혜를 담았습니다. 버핏은 "훌륭한 스승이었다고 누군가 생각해준다면 매우 기쁠 것"이라고 말할 정도로 가르침을 나눠주는 것을 좋아합니다.

5장 '버핏에 관한 오해와 진실, '한국의 버핏' 인터뷰'에서는 우리가 버핏에 대해 오해하기 쉬운 것들을 정리했고, 오랜 시간 버핏을 연구하고 실천해온 최준철 VIP자산운용 대표, 가치투자 업그레이드에 나선 이건규 르네상스자산운용 대표가 말하는 버핏을 들어봤습니다.

우리와 동시대를 살던 찰리 멍거 버크셔 해서웨이 부회장이 2023년 11월 28일 만 100세를 한 달여 앞두고 갑자기 유명을 달리하면서 충격을 던졌습니다. 버핏이 2023년 11월 21일 공개한 편지에서 "93세임에도 여전히 상태가 좋지만 '연장전'을 뛰고 있다는 사실을 완전히 실감하고 있다"고 말한 대목을 읽을 때 약간 찡해졌는데, 멍거가 갑자기 세상을 떠나자 그의 말을 더 깊게 마음속에 새기지 못한 게 후회되었습니다.

20세기에 태어난 가장 훌륭한 투자자인 워런 버핏이 여전히 우리와 동시대를 살고 있다는 사실에 우리는 감사해야 하며, 버핏이 우리 곁에 있을 때 하나라도 더 그의 가르침을 새길 수 있기를 바라 마지않습니다.

**김재현**

차례

1장

# 버핏의 투자, 철학과 원칙

## 투자의 기본, 세 가지만 기억하라

'오마하의 현인' 워런 버핏(Warren Buffett)만큼 부와 장수를 모두 누리는 사람은 드뭅니다. 2023년 93세에도 버핏은 현역으로 왕성하게 활동할 뿐 아니라 1,200억 달러(158조 원)의 자산을 가진 세계 5위 부자입니다.

버핏이 1965년 인수한 방직업체 버크셔 해서웨이(Berkshire Hathaway)를 통해 올린 수익도 전설적입니다. 1965년부터 2022년까지 57년 동안 버크셔의 연평균 수익률은 19.8%로, S&P500지수 수익률(9.9%)의 2배를 기록했습니다. 기간을 한 해 늘려서 1964년부터 2022년까지 58년 동안 버크셔의 누적수익률은 무려 378만 7,464%에 달합니다. S&P500지수의 누적수익률(2만 4,708%)을 월등히 초과하는 수치입니다. 눈을 의심하게 만드는 숫자이지요.

버핏은 많은 사람의 존경을 받고 있다는 점에서 다른 부호들과는 다릅니다. 매년 5월 초 미국 네브래스카주 오마하에서 개최하는 버크셔 주주총회에는 해마다 투자자 수만 명이 버핏의 목소리를 듣기 위해 참석하고 있습니다.

2023년 5월 초 개최한 주총에서도 워런 버핏과 찰리 멍거(Charles Munger) 버크셔 해서웨이 부회장은 다섯 시간 가까이 주주들의 질문에 답변했습니다. 주로 버핏이 대답하고 멍거는 씨즈캔디(See's Candies)의 피넛브리틀(캐러멜과 땅콩이 어우러진 바삭한 과자)을 계속 먹었지만요.

버핏이 이렇게 많은 사람의 사랑과 관심을 받는 이유는 자신의 지혜를 아낌없이 나눠주기 때문입니다. 세계 최상위 부호가 말하는 투자와 삶의 지혜가 궁금하지 않나요? 버핏처럼 되고 싶은 '버핏 워너비(Buffett wannabe)'를 위해서 버핏이 말하는 투자와 삶의 지혜를 살펴보려 합니다.

## '투자의 귀재' 버핏의 부동산 투자

살펴보고자 하는 첫 번째 주제는 2014년 버핏이 연례 주주 서한에서 말한 부동산 투자와 주식 투자, 그리고 투자의 기본입니다.

1970년대 미국 중서부의 농장 가격은 인플레이션 우려 때문에 폭발적으로 상승했습니다. 그러다 1980년 이후 거품이 터지자 농장 가격은 반토막이 났고, 돈을 빌려 농장을 매수한 농부와 돈을 빌려준 은행 모두 엄청난 타격을 입었습니다.

버핏이 농장을 구매한 건 1986년입니다. 버핏은 오마하 인근에 있는 400에이커(약 49만 평) 규모의 농장을 연방예금보험공사(FDIC)로부터 사들였습니다. 가격은 28만 달러(약 3억 6,400만 원)로 은행이 농장을 담보로 대출해주었던 금액보다 훨씬 적었습니다.

버핏은 농장 운영에 대해 아는 게 없었지만, 농사를 좋아하는 아들 하워드 버핏(Howard Buffett)에게 농장에서 산출되는 옥수수와 콩의 양, 농장 운영비용을 배운 후 농장에서 나오는 수익이 농장 가격의 약 10%에 달할 것으로 추정했습니다. 또한 시간이 지나면 산출량도 늘고 곡물 가격도 오를 것이라 생각했는데, 두 가지 예상 모두 맞았습니다. 28년이 지난 2014년, 농장에서 나오는 이익은 3배로 늘고 농장 가격은 5배 넘게 올랐습니다.

버핏은 1993년에도 부동산에 투자했습니다. 버핏이 위기에 빠진 살로몬브러더스(Salomon Brothers)를 구하기 위해 CEO를 맡았을 때, 회사 건물 소유주였던 래리 실버슈타인(Larry Silverstein)이 알려준 부동산 매물이었습니다. 정리신탁공사(Resolution Trust Corp)가 매각하는 뉴욕대학교 부근 상가였는데, 상업용 부동산 거품이 붕괴하자 정리신탁공사가 저축 기관들의 자산을 처분하기 위해 내놓은 것입니다.

이번 부동산도 대출금이 없을 때 수익률은 농장과 비슷한 연 10%였습니다. 그런데 정리신탁공사가 부동산을 제대로 관리하지 못했기 때문에 공실을 임대하면 수익이 늘어날 수 있었습니다. 특히 전체 공간의 20%를 임차한 세입자가 내는 임대료는 건물 평균 임대료의 10분의 1에도 못 미쳤습니다. 9년 뒤 임대 계약이 만료되면 수익이 늘어날 수밖에 없었고 부동산의 위치도 최고였습니다. 맨해튼 시내 한복판에 있는 뉴욕대학교가 옮겨갈 일은 없었기 때문입니다.

기존 임대 계약이 만료되자 수익이 3배로 늘었고 매년 받는 분배금이 투자 원금의 35% 이상이라고 버핏은 얘기했습니다. 여러 번 받은 특별 분배금만 원금의 150% 이상으로 원금을 모두 회수하고도 남았고요.

### 생산성 있는 자산인가?

버핏이 부동산 투자 이야기를 꺼낸 이유는 두 건의 부동산 투자를 통해 투자의 기본을 설명하기 위해서입니다.

**첫째, 자산의 미래 생산성에 초점을 맞춰야 합니다.** 버핏은 자산의 미래 이익을 대충이라도 추정하기 어렵다면 포기하고 다른 자산을 찾아보라고 말합니다.

2022년 버크셔 해서웨이 주총에서도 버핏은 생산성을 통해 농장과 아파트, 비트코인을 비교한 적이 있습니다. 만약 미국의 모든 농지나 모든 아파트의 지분 1%를 사라고 하면 당장이라도 250억 달러를 내고 사겠지만, 세상의 모든 비트코인을 25달러에 사라고 하면 사지 않겠다고 발언한 겁니다. 당시 비트코인의 시가총액은 7,000억 달러가 넘었는데도 말입니다.

버핏의 말인즉슨, 비트코인은 아무것도 생산하지 못하기 때문에 결국 누구에게라도 되팔아야 한다는 이유였습니다. 버핏은 식량을 생산하는 농지, 임대료가 나오는 아파트 같은 생산적 자산과, 아무것도 생산하지 못하는 비트코인 같은 비생산적 자산을 구분해야 한다고 설명했습니다.

◆ 2022년 버크셔 해서웨이 주주총회 ◆

## 비트코인은 25달러에도 사지 않겠습니다

**Q. 비트코인 등 가상화폐에 대한 당신의 견해에 변화가 있나요?**

**버핏** 비트코인에 관한 질문에는 대답하면 안 되지만 그래도 대답하겠습니다. 이 주주총회를 지켜보는 수많은 사람 중 비트코인 매수 포지션인 사람은 많지만 매도 포지션인 사람은 거의 없으며, 누군가 자기 숨통을 막아주길 바라는 사람은 아무도 없습니다. 나는 비트코인 투자자들을 비난하고 싶지 않습니다. 사람들이 내 숨통을 막길 바라지 않으니까요.

이 방에 있는 사람들이 미국의 모든 농지를 소유하고 있는데 그 지분 1%를 사라고 내게 제안한다면, 나는 오늘 당장 250억 달러를 내고 미국 농지의 1%를 소유하겠습니다. 여러분이 미국의 모든 아파트의 1%를 소유하고 있는데 그 지분 1%를 사라고 내게 제안한다면, 이번에도 나는 250억 달러를 내고 미국 아파트의 1%를 소유하겠습니다. 아주 간단합니다. 여러분이 세상의 비트코인을 모두 소유하고 있는데 25달러에 사라고 내게 제안한다면, 나는 사지 않겠습니다. 내가 그 비트코인을 어디에 쓰겠습니까? 나는 그 비트코인을 어떤 식으로든 되팔아야 합니다. 여러분 말고 누구에게라도 팔아야 합니다. 쓸모가 없으니까요.

아파트에서는 임대료가 나오고 농지에서는 식량이 나오지만 비트코인에서는 아무것도 나오지 않습니다. 내가 비트코인을 모두 소유한다면, 15년 전에 존재했는지 안 했는지도 모르는 그 비트코인 창시자는 비트코인에 관한 추리소설을 써낼 수 있을 것입니다. 내가 비트코인을 처분하려고 하면 사람들이 말하겠지요.

"내가 왜 비트코인을 사야 하나? 이름을 버핏 코인이라고 하면 어떤가? 무슨 일이든 해보게. 하지만 그 대가를 자네에게 지불하지는 않겠네."

바로 이것이 생산적 자산과 비생산적 자산의 차이입니다. 비생산적 자산은 누군가가 더 비싼 가격에 사주어야 합니다. 그런데 이 비생산 자산에는 이미 막대한 수수료가 지급되었습니다. 이 게임을 조장하는 많은 사람에게 온갖 마찰 비용이 지급되었다는 뜻입니다. 돈을 내고 비트코인을 소유한 사람들도 있고 수수료를 챙겨 떠난 사람들도 있습니다. 이후 다른 사람들이 거래소에 들어와서 매매합니다. 그러나 거래소에는 돈이 없습니다. 온갖 사기와 마찰 비용 등이 발생하면서 손 바뀜만 일어날 뿐입니다.

사람들은 흔히 망각하지만 숫자와 방정식은 매우 유용한 도구입니다. 역사 기간 내내 유용한 도구였습니다. 일부 자산은 산출물을 내지 못해도 가치가 있습니다. 훌륭한 그림은 아마 500년 후에도 가치가 있을 것입니다. 유명한 화가의 그림이라면 그럴 가능성이 매우 큽니다. 피라미드를 사면 관광객들에게 보여주고 돈을 받을 수 있습니다. 피라미드는 유명한 고대 유적이어서 사람들이 소문을 듣고 구경하러 올 것입니다. 그러나 기본적으로 가치 있는 자산이 되려면 그 자산에서 산출물이 나와야 합니다.

미국에서 받아주는 화폐는 하나뿐입니다. 우리는 버크셔 코인이나 버크셔 머니 등 무엇이든 만들어낼 수 있지만, 이것을 돈이라고 부르면 곤경에 처합니다. 진짜 돈은 사람들이 선호하는 미국 정부의 화폐뿐입니다. 미국의 남녀노소가 1인당 평균 약 7,000달러씩 보유해서 합계 약 2조 3,000억 달러에 이르는 종이 쪼가리들이 어딘가에서 떠돌아다니고 있습니다. 미국에서 버크셔 머니가 달러를 대체하리라 생각하는 사람은 제정신이 아닙니다. 어쨌든 산출물 없는 자산의 가격이 1년, 5년, 10년 뒤 오를지 내릴지 나는 알지 못합니다.

한 가지 확실한 점은 이런 자산은 증식되지 않는다는 사실입니다. 그런데 사람들은 온갖 물건에 마술을 걸어놓았습니다. 월스트리트가 하는 일이 마술을 거는 일입니다. 그래서 보험회사를 기술회사로 둔갑시킵니다. 이 보험사에서 수십 명이 막대한 돈을 조달하면서 말합니다. "우리가 보험 상품을 판매한다는 사실은 무시하십시오. 우리는 기술회사입니다." 마침내 이들은 보험 상품을 대규모로 판매했고 이후 큰 손실을 보았습니다. 회사를 잘 통하는 방식으로 치장하면 남들의 돈을 먹을 수 있습니다.

**멍거** 나는 비트코인을 조금 다른 방식으로 봅니다. (웃음소리) 나는 평생 세 가지를 피하려고 노력했습니다. 어리석은 것, 사악한 것, 남보다 멍청해 보이는 것입니다. 비트코인은 이 세 가지 모두에 해당합니다. (웃음소리) 첫째, 제로가 될 가능성이 매우 커서 어리석습니다. 둘째, 연준 시스템과 국가 통화 시스템을 좀먹기 때문에 사악합니다. 셋째, 미국이 중국보다 멍청해 보이게 만듭니다. 중국은 현명하게도 비트코인을 금지했습니다. 우리는 미국 문명이 우월하다고 생각하지만 중국보다 훨씬 멍청합니다.

**둘째, 수익만을 생각하고 매일의 가격에 대해서는 생각하지 말아야 합니다.** 버핏은 자산의 미래 가격 변동에 초점을 맞추는 행위는 투자가 아니라 투기라고 말했습니다. 투기가 잘못이라는 건 아닌데요. 버핏은 자신이 투기를 잘하지 못하며, 투기에 계속 성공했다는 사람들의 말도 안 믿는다고 강조했습니다.

버핏은 또 어떤 자산의 가격이 올랐다는 이유로 사서는 절대 안 된다고 말하고 있습니다. 많은 투자자가 뜨끔해지는 대목일 것 같네요.

그리고 점수판(주가)만 바라보는 선수들이 아니라 시합(수익)에 집중하는 선수들이 승리한다고 비유했는데요. 머릿속에서 이미지를 그려보면 딱 들어맞습니다. 그러고 보니 주가만 바라보는 투자자는 점수판만 바라보는 야구 선수와 똑같네요.

**셋째, 거시경제 예측 및 시장 예측에 귀를 기울이는 것은 시간 낭비입니다.** 버핏은 거시경제에 대한 자신의 관점을 세우거나 거시경제 예측을 신경 쓰는 건 위험하다고 말합니다. 회사의 수익이라는 핵심 문제에 대한 집중을 방해할 수 있기 때문입니다.

버핏이 두 개의 부동산을 산 시점은 1986년과 1993년이었고 거시경제, 금리, 주식시장이 어떻게 될 것인지는 전혀 고려하지 않았다고 말합니다. 전문가들이 무슨 말을 하든 네브래스카 농장에서는 옥수수가 자라고 뉴욕대학교 인근에는 학생들이 계속 몰려들 테니까요.

여기서 버핏은 부동산과 주식의 차이점을 지적합니다. 바로 주식은 실시간으로 가격이 제공되지만, 농장과 뉴욕 부동산의 가격은 한 번도 보지 못했다는 겁니다. 그런데 끊임없이 움직이는 가격을 실시간으로 확인할 수 있으면 유리할까요?

아닙니다. 우리는 농장이나 아파트는 수십 년도 보유하지만, 주가가 급변하고 전문가들이 "가만 앉아 있지만 말고 뭐라도 해보세요"라고 말하면 흥분하기 일쑤입니다. 원래 유동성은 이로운 것이지만 이런 투자자들에게 유동성은 오히려 저주입니다.

시장이 폭락해도 투자자가 손해 보는 것은 아니며 진정한 투자자에게는 시장 폭락이 유리할 수 있습니다. 주가가 급락했을 때 여유 자금이 있다면 말이지요. 바로 2022년 말 기준, 버핏이 1,290억 달러에 달하는 현금성 자산을 보유하고 있는 이유입니다. 버핏은 글로벌 금융위기 초입인 2008년 9월 골드만삭스(Goldman Sachs) 우선주에 50억 달러를 투자하는 등, 주가가 떨어졌을 때 더 열심히 투자할 곳을 찾습니다.

"투자자에게 공포감은 친구이고 행복감은 적입니다." 우리가 되새겨야 할 버핏의 말입니다.

**버핏이 말하는 투자의 기본자세**

1. 자산의 미래 생산성에 초점을 맞춰야 한다.
2. 수익만을 생각하고 매일의 가격에 대해서는 생각하지 말아야 한다.
3. 거시경제 예측 및 시장 예측에 귀를 기울이는 것은 시간 낭비다.

자료: 2013년 버크셔 해서웨이 주주 서한

◆ 1992년 버크셔 해서웨이 주주총회 ◆

## 거시경제 예측보다 오래 생존할 제품을 찾는 게 유리합니다

**Q. 코카콜라에 대해 어떻게 전망하시나요?**

**버핏** 현재 버크셔 포괄 이익의 약 20%가 해외에서 나오고 있습니다. 이에 대해 기여도가 가장 높은 회사는 코카콜라입니다.

미국인들이 매일 마시는 음료는 평균 64온스(1,800밀리리터)입니다. 1991년에는 그중 25%가 청량음료였습니다. 이는 미국인 한 사람이 1년 동안 마시는 청량음료가 730개이며 그중 42%가 코카콜라 제품이라는 뜻입니다. 세계인의 소비 패턴도 미국인과 놀라울 정도로 비슷해서 청량음료 소비량이 지속적으로 증가하고 있습니다. 그래서 나는 거시경제 변수에 관심이 거의 없습니다. 훌륭한 기업을 보유하는 것으로 충분하니까요.

코카콜라는 1919년 주당 40달러에 기업을 공개했습니다. 그러나 1920년 설탕 가격이 급등하자 주가가 19.50달러로 폭락했습니다. 이후 70년 동안 전쟁, 불황 등을 거쳤지만, 처음에 40달러였던 주식의 가치가 지금은 180만 달러로 상승했습니다(연복리 약 16%). 거시경제 변수를 예측하는 것보다, 제품이 오래도록 생존할 수 있는지 판단하는 편이 훨씬 유리합니다.

◆ 1992년 버크셔 해서웨이 주주총회 ◆

## 누가 해류를 거슬러 헤엄칠 것인지 예측합니다

**Q. 당신은 언제부터 거시경제 변수를 무시했나요?**

**버핏** 내가 컬럼비아 경영대학원을 졸업하던 1951년, 스승 벤저민 그레이엄(Benjamin Graham)과 아버지 두 분 모두 투자를 시작하기엔 좋은 시점이 아니라고 조언했습니다. 다우지수가 막 200을 넘어선 시점이었습니다. 당시 내가 보유한 자금은 1만 달러였는데, 때를 기다렸다면 그 자금은 지금도 여전히 1만 달러에 불과할 것입니다.

**멍거** 우리는 해류에 대해서는 예측하지 않습니다. 누가 해류를 거슬러 헤엄칠 것인지 예측합니다.

◆ 2016년 버크셔 해서웨이 주주총회 ◆

## 미시경제는 우리가 하는 일, 거시경제는 우리가 받아들이는 변수

**Q. 버크셔 해서웨이는 투자 결정 근거 자료로 거시경제 요소들을**

**사용하지 않는다고 했습니다. 그러면 버크셔 자회사들에서 나오는 미시경제 지표들은 사용하나요?**

**버핏** 찰리와 나는 독서를 많이 하며 경제 문제와 정치 문제에 흥미를 느낍니다. 우리는 거의 모든 거시경제 요소에 매우 익숙합니다. 향후 제로 금리가 어떤 방향으로 흘러갈지는 모르지만 현재 상황은 알고 있습니다.

**멍거** 이 대목에서 혼동하기 쉬운데, 우리는 미시경제 요소에 많은 관심을 기울입니다.

**버핏** 우리는 주식을 살 때도 기업을 산다고 생각하므로, 그 결정 과정이 기업을 인수할 때와 매우 비슷합니다. 그래서 미시경제 요소들을 최대한 파악하려고 노력합니다. 주식을 사든 안 사든 기업의 세부 사항을 즐겨 조사합니다. 나는 다양한 기업 연구가 흥미롭습니다. 이는 매우 중요하며 아무리 연구해도 질리지 않습니다.

**멍거** 미시경제보다 더 중요한 요소는 거의 없습니다. 미시경제가 곧 기업이니까요. 미시경제는 우리가 하는 일이고, 거시경제는 우리가 받아들이는 변수들입니다.

## 나쁜 투자, 이상한 투자, 좋은 투자

전 세계 투자자들이 가장 주목하는 투자자는 단연 워런 버핏입니다. 2023년 4월 일본을 방문한 버핏이 현지 언론과의 인터뷰에서 일본 5대 종합상사의 지분을 늘렸다고 밝히자 닛케이225지수가 1% 넘게 상승하는 등 일본 증시가 들썩였습니다.

버핏의 투자를 따라 하면 적잖은 수익을 올릴 수 있기 때문에 전 세계 투자자들이 버핏의 투자에 관심을 기울이는 건 당연한 일입니다. 버핏의 투자 소식을 접한 투자자들은 처음에는 이번에도 맞을까라고 고개를 갸우뚱하지만 시간이 지나면 대개 버핏이 옳은 걸로 밝혀집니다.

제가 기억하는 가장 인상적인 버핏의 투자는 BYD입니다. 2008년 9월 버핏은 당시 신생 전기차업체인 BYD에 투자했고, 제 지인은 2009년

3월에 버핏의 BYD 투자를 알게 되자 곧바로 BYD 주식을 추종 매수했다고 합니다. 버핏이 매수한 가격은 8홍콩달러, 지인이 매수한 가격은 15홍콩달러였습니다.

2022년 버핏은 BYD 주식을 277홍콩달러에서 매도하기 시작했고, 지인은 2023년 1월 239.8홍콩달러에 BYD 매도를 끝냈습니다. 버핏은 아직 BYD 주식을 일부 보유하고 있습니다. 3,000%가 훌쩍 넘는 버핏의 수익률에는 못 미치지만, 지인도 14년 동안 보유하면서 약 1,000% 수익을 올리는 데 성공했습니다. 참 대단하지요.

◆ 2009년 버크셔 해서웨이 주주총회 ◆

### BYD는 투자인가, 투기인가?

**Q. 최근 투자한 중국의 BYD는 가치투자가 아니라 벤처캐피털에나 어울리는 투기처럼 보이는데요?**

**버핏** 모든 투자는 가치투자가 될 수밖에 없습니다. 장래에 더 많이 얻으려고 하는 투자이니까요.

**멍거** BYD는 벤처캐피털이 초기 단계에 투자하는 회사가 아닙니다. BYD 설립자는 43세입니다. 이 회사는 처음부터 충전식 리튬 배터리를 생산하는 주요 제조업체였습니다. 이후 휴대전화 부품을 생산하는 주요 업체로 입지를 확보했습니다. 최근에는 자동차산업에 진출해 재빠르게 주요 경쟁사들을 제치고 중국 베스트셀러 자동차 모델을 만들어냈습니다. 이미 입증된 기업이므로 투기가 아닙니다. 기적을 만들어낸 기업입니다. 이 회사는 일류 공대 졸업생 1만 7,000명을 채용했고 이들이 대박을 터뜨렸습니다. 배터리는 미래 세계에 절대적으로 필요한 제품입니다.

나는 워런과 내가 미쳤다고 생각하지 않습니다. 이들은 자동차 앞 유리와 타이어를 제외하고 모든 부품을 만듭니다. 버크셔가 BYD와 인연을 맺게 된 것은 특전입니다. 틀림없이 대단한 성과가 나올 것입니다. 나는 왕촨푸(王傳福)가 이끄는 중국 공학자 1만 7,000명을 깊이 신뢰합니다. BYD는 매출은 40억 달러짜리 소기업이지만 야망은 대기업 수준입니다.

**버핏** BYD 투자는 찰리의 아이디어였고, 아일랜드은행 투자는 내 아이디어였습니다.

버핏의 투자를 따라 하는 것보다 더 효과적인 건 버핏의 투자철학을 제대로 파악하는 것입니다. 버핏이 말하는 나쁜 투자, 이상한 투자와 좋은 투자를 살펴보겠습니다.

## 나쁜 투자: 안전해 보이는 머니마켓펀드, 채권, 은행예금

버핏은 2011년 연례 주주 서한에서 세 가지 투자 유형을 자세히 설명한 적이 있습니다. 첫 번째는 돈의 금액이 표시된 머니마켓펀드(MMF), 채권, 주택저당채권, 은행예금입니다. 버핏은 사람들이 금액이 표시된 투자가 '안전'하다고 생각하지만 실제로는 가장 위험한 자산이라고 말했습니다. 구매력 하락 때문입니다.

미국은 연방준비제도가 물가상승률 목표치를 2%로 책정하고 화폐가치 안정에 노력하고 있지만, 1965년 버핏이 버크셔를 인수한 이후 2012년까지 달러의 가치는 86% 하락했습니다. 버핏은 당시 1달러에 살 수 있던 물건 가격이 7달러로 오른 셈이라고 설명했는데, 11년이 지난 2023년에는 7달러로도 부족합니다.

1965년부터 2012년까지 달러의 구매력 하락분을 상쇄하려면, 이자 소득세를 내지 않는다는 가정하에 채권 투자로 연 4.3%의 이자를 벌어야 합니다. 버핏은 이렇게 벌어들인 이자를 '소득'으로 여긴다면 대단한 착각이라고 말하고 있습니다.

세금을 내야 하는 일반 투자자의 경우, 1965년부터 2012년까지 47년 동안 미국 단기국채(Treasury bills)를 보유했다면 연간 수익률이 5.7%로 만족스러워 보이지만, 개인의 평균 소득세율 25%를 공제할 경우 단기국채 투자로 얻는 실질 소득은 전혀 없다는 말이지요.

버핏은 눈에 보이는 소득세가 명목수익률 5.7% 중 1.4%포인트를 떼어가고 눈에 보이지 않는 인플레이션(!) 세금이 나머지 4.3%포인트를 삼킨다며, 눈에 보이지 않는 인플레이션 세금이 눈에 보이는 소득세보다 3배나 크다는 사실에 주목해야 한다고 말합니다.

달러에는 '우리는 하느님을 믿는다(In God We Trust)'라고 적혀 있지만 돈을 찍어내는 작업은 모두 사람이 한다고 버핏은 꼬집습니다.

2008년 글로벌 금융위기 등 현금이 필요한 위기 상황에 대처하기 위해 버핏이 최소 200억 달러 이상의 유동성을 유지하는 건 잘 알려진 사실입니다. 유동성 확보를 위해 버핏도 금액 표시 증권을 어쩔 수 없이 보유하긴 합니다. 적어도 이자를 못 받는 현금을 손에 쥐고 있는 것보다는 나으니까요.

버핏은 주로 만기 1년 미만의 미국 단기국채로 보유하며 2022년 말 기준 버크셔 해서웨이는 947억 달러의 단기국채를 가지고 있습니다.

◆ 2020년 버크셔 해서웨이 주주총회 ◆

## 돈을 계속 찍어내도 장기간 마이너스 금리가 유지될지는 의문

**Q. 금리가 마이너스가 되면 보험사의 플로트는 자산이 아니라 부채가 될 텐데 버크셔 보험사들은 어떻게 대응하나요?**

**버핏** 마이너스 금리가 장기간 유지된다면 주식 등을 보유하는 편이 좋습니다. 지난 10년 동안 금리는 이상한 흐름을 보였습니다. 이렇게 저금리가 장기간 유지되는데도 인플레이션이 없을 줄은 생각하지 못했습니다. 우리는 현금성 자산 1,200억 달러 중 대부분을 단기국채로 보유했는데 이자가 거의 없었습니다. 단기국채는 장기 투자 대상으로는 형편없지만 갑자기 기회가 왔을 때 사용할 수 있는 유일한 지급 수단입니다. 전 세계가 마비되더라도 우리는 자신을 보호해야 하고 보험 계약자들에게 보험금을 지급할 수 있어야 하므로 단기국채가 필요합니다. 우리는 이런 위험을 매우 진지하게 고려합니다.

전 세계가 돈을 계속 찍어내도 장기간 마이너스 금리가 유지될 수 있을지는 의문입니다. 지금까지는 내 생각이 틀렸지만 그래도 믿기 어렵습니다. 만일 생산 능력을 초과해서 돈을 계속 찍어내도 마이너스 금리가 유지된다면, 이 사실은 지금이 아니라 지난 2,000년 동안 이미 발견되었을 것입니다. 두고 보면 알겠지요. 아마 가장 흥미로운 경제 문제가 될 것입니다. 지금까지 10여 년 동안은 돈을 계속 찍어내도 저금리가 유지되었지만, 이제는 더 많은 돈을 계속 찍어내도 저금리가 계속 유지된다는 가설을 우리가 검증하는 시대가 오고 있습니다.

자금을 계속 조달해도 마이너스 금리가 유지된다면, 나는 재무장관 자리라도 기꺼이 맡을 생각입니다. 골치 아플 일이 없을 테니까요. 우리는 최종 결과를 제대로 알지 못하는 상태에서 일을 진행하고 있으며 그 결과는 극단적일 수 있습니다. 하지만 그렇게 하지 않아도 극단적인 결과가 발생할 수 있습니다. 누군가 이 문제를 해결해야 하겠지요.

## 이상한 투자: 아무런 산출물도 나오지 않는 자산, 금

두 번째 투자 유형은 아무런 산출물도 나오지 않는 자산입니다. 버핏의 표현을 빌리자면, 사람들은 나중에 다른 사람이 (산출물이 나오지 않는다는 사실을 알면서도) 더 높은 가격에 사줄 것을 기대하며 이런 자산을 사들입니다.

버핏은 17세기에는 튤립이 이런 사람들이 좋아하는 투자상품이었고, 이들은 자산 자체에서 나오는 산출물(영원히 나오지 않습니다)에 매력을 느끼기 때문이 아니라 나중에 다른 사람이 더 열광적으로 원할 거라고 믿기 때문에 이런 자산을 매수한다고 말합니다.

특히 '금'도 여기에 포함하면서 금은 두 가지 중대한 결점이 있다고 언급합니다. 바로 용도가 많지 않고 산출물이 없다는 점입니다. 버핏은 물론 금이 산업용과 장식용으로 사용되지만 이런 용도로는 제한적인 수요밖에 없어서 신규로 생산되는 물량을 소화할 수 없다고 설명했습니다. 그리고 금 1트로이온스(약 31.1그램)는 10년이 지나도 50년

이 지나도 1트로이온스입니다. 금이 금을 낳지는 못하니까요.

버핏은 2012년 당시 세계의 금 보유고가 약 17만 톤이며 모두 녹이면 한 변의 길이가 약 21미터로서 야구장 내야에 충분히 들어가는 정육면체를 만들 수 있다고 말했습니다. 그리고 당시 금 가격이 온스당 1,750달러이니 전체 금의 가치는 9조 6,000억 달러라고 계산했습니다. 9조 6,000억 달러면 매년 2,000억 달러어치의 농산물을 산출하는 미국의 모든 농경지를 사고 나서, 매년 400억 달러 이상 벌어들이는 정유업체 엑슨모빌(ExxonMobil)을 16개 사고도 1조 달러가 남습니다.

버핏이 말하려는 건 100년이 지나도 크기가 똑같고 아무것도 산출하지 못할 금보다는 농산물을 생산하는 농장과 돈을 벌어들이는 기업을 보유하는 편이 훨씬 낫다는 사실입니다.

역시 버핏의 말이 맞습니다. 2023년 9월 22일 금 가격은 온스당 1,945달러로, 버핏이 위의 말을 한 후 11년이 지나는 동안 불과 11% 올랐습니다. 그리고 세계금협회에 따르면 2022년 말 기준 세계 금 보유고는 약 20만 8,874톤으로 늘었습니다. 10년 동안 4만 톤 가까이 증가한 건데요. 추가 공급되는 금을 매수자들이 계속 소화해야 현재 가격 수준을 유지할 수 있습니다.

버핏은 위의 두 가지 투자 유형은 공포감이 극에 달할 때 최고의 인기를 누린다고 말했습니다. 개인들은 경제가 붕괴한다는 공포감에 휩쓸릴 때 미국 국채 같은 금액 표시 자산을 사고, 통화 붕괴가 우려될 때는 금 같은 산출물 없는 자산으로 몰려든다면서요.

그런데 버핏은 2008년 말처럼 '현금이 왕'이라는 소리가 들릴 때는 현금을 보유할 시점이 아니라 오히려 투자할 시점이었다고 말합니다. 그때는 몰랐는데 돌이켜 보니 정말 그렇습니다.

## 좋은 투자: 기업, 농장, 부동산 같은 생산 자산

드디어 버핏이 좋아하는 투자가 나왔습니다. 바로 기업, 농장, 부동산 같은 생산 자산입니다. 버핏은 이 중에서도 이상적인 자산은 인플레이션 기간에도 신규 투자가 필요하지 않으면서 구매력 가치가 있는 제품을 생산하는 자산이라고 설명합니다. 농장, 부동산, 코카콜라, 씨즈캔디라고 콕 짚으면서요.

버핏은 100년 뒤에 사용되는 화폐가 금, 조개껍데기, 상어 이빨이든지 아니면 지금처럼 지폐든지 간에 사람들은 일해서 번 소중한 화폐를 코카콜라나 씨즈캔디의 땅콩캔디와 기꺼이 바꿀 것이라고 말합니다.

마지막으로 버핏은 기업을 '상업용 젖소'로 비유하며 이런 '젖소'들이 갈수록 더 많은 '우유', 즉 상품을 공급한다고 했습니다. 젖소들의 가치는 교환 매체인 화폐가 아니라 우유 생산 능력에 의해 결정될 것이라고 덧붙였습니다. 생산성을 가장 중요한 잣대로 여기는 버핏의 생각을 엿볼 수 있는 대목입니다.

버핏은 세 번째 유형이 가장 높은 실적을 낼 것이고 또 가장 안전한 방법이라고 말했는데요. 버핏의 이야기를 듣고 나니 저도 그렇게 생각합니다. 여러분은 어떻게 생각하시나요?

**워런 버핏이 말하는 세 가지 투자 유형**

| 나쁜 투자 | 이상한 투자 | 좋은 투자 |
| --- | --- | --- |
| 가장 안전해 보이는 MMF, 채권, 은행예금 | 아무런 산출물도 나오지 않는 자산, 금 | 기업, 농장, 부동산 같은 생산 자산 |

## 제러미 시겔 교수의 '자산의 장기 수익률' 비교

정말 금, 채권보다 주식의 수익률이 높을까요? 《주식에 장기투자하라(Stocks for the Long Run)》에서 자산 장기 수익률을 분석한 와튼스쿨 제러미 시겔(Jeremy Siegel) 교수의 연구를 간단히 살펴보겠습니다.

시겔 교수의 계산에 따르면, 1802년부터 2021년까지 220년 동안 인플레이션 반영 후의 미국 주식 수익률은 연평균 6.9%입니다. 1802년 주식에 투자한 1달러는 2021년 인플레이션을 반영하고 나서 233만 4,990달러로 상승했습니다. 대단한 수익률입니다. 미국 장기국채 수익률도 연 3.6%로 주식보다는 못하지만 나쁘지 않습니다. 1802년 장기국채에 투자한 1달러는 2021년 2,163달러로 불어났습니다. 미국 단기국채 수익률은 연 2.5%를 기록했습니다.

반면 금 수익률은 연 0.64%에 그쳤습니다. 1802년 금에 투자한

1달러는 인플레이션을 반영하면 2021년 4.06달러로 상승하는 데 그쳤습니다. 그럼 달러는 어떻게 됐을까요? 1달러의 구매력은 220년이 지나는 동안 0.043달러로 쪼그라들었습니다.

역시 버핏의 말이 맞습니다. 기업 같은 생산성 있는 자산(주식)에 투자하는 게 가장 좋은 투자였습니다.

**제러미 시겔 교수의 자산별 장기 수익률 비교**

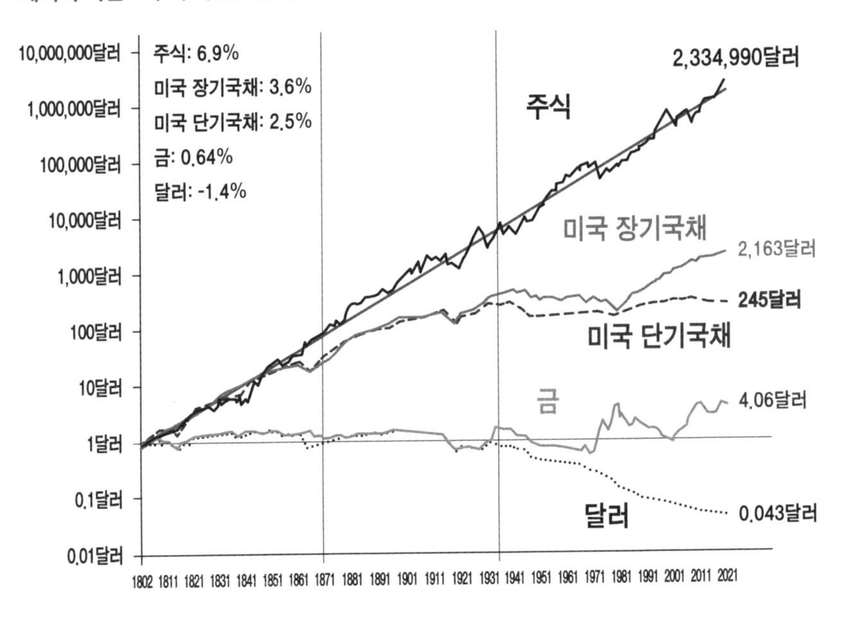

# 1만 달러를 투자했으면 주식은 5,100만 달러, 금은 40만 달러

## 도입: 주주는 동업자입니다

**버핏** 내 과거 이야기를 하겠습니다. 1942년 3월 〈뉴욕타임스(The New York Times)〉 1면 기사를 보십시오. 미국이 제2차 세계대전에 참전하고 3개월이 지난 시점이었지요. 우리가 태평양 전쟁에서 밀리고 있었으므로 나쁜 소식을 전하는 기사가 넘쳤습니다. 당시에는 신문 한 부가 3센트였습니다. 물론 주식시장은 이런 상황을 반영하고 있었습니다. 나는 시티서비스(City Service) 우선주를 관심 있게 지켜보고 있었습니다. 전년도에는 주가가 84달러였고 1942년 초에는 55달러였으며 3월에는 40달러까지 내려갔습니

The New York Times.

LATE CITY EDITIO

FOE CLEARING PATH TO AUSTRALI

REPORTS 98,000 GIVE UP IN JAV

SIX SHIPS HIT BY U. S. SUBMARIN

ROOSEVELT WARNS OF INFLATION PERIL IN RISE OF PRICES

FINDS FEW ASK TOO MUCH

INDIES STILL SILENT

Tokyo Announces a Full Surrender, but Dutch Officials Dispute It

BANDUNG FALLS TO FOE

R. A. F. HAMMERING INDUSTRIAL PLANTS NEAR PARIS

KEY STRA

Japanese, Wi Bases in Ne Raid Pap

다. 3월 11일 나는 아버지에게 3주를 사달라고 했습니다. 당시 열 한 살이던 내가 가진 돈으로는 3주까지 살 수 있었습니다.

이튿날 확인해보니 다우지수가 2.28% 하락하면서 100을 뚫고 내려갔습니다. 요즘 기준으로는 다우지수가 500포인트 하락한 셈입니다. 나는 학교에서도 주가가 궁금했습니다. 아버지는 그날 고가인 38.25달러에 매수해주었는데 종가는 37달러로 내려갔습니다. 그런데 이후 미드웨이 해전이 벌어질 때까지 미국이 고전하는 양상이었는데도 시티서비스 주가는 계속 상승해서 200달러를 넘어갔습니다. 그러나 주가가 27달러까지 내려가는 모습을 보았던 나는 겨우 주당 1.75달러를 남기고 40달러에 팔아버렸습니다. 이 사례에서 얻을 만한 교훈은 무엇일까요?

우리가 1942년 3월 11일로 돌아갔다고 상상해봅시다. 당시 미국인들은 누구나 우리가 전쟁에 승리할 것이라고 믿었습니다. 미국 시스템은 잘 돌아가고 있었습니다. 이 시점에 1만 달러를 인덱스펀드에 묻어두었다면 지금은 얼마가 되었을까요? 무려 5,100만 달러가 되었을 것입니다. 다양한 미국 기업의 일부를 사서 계속 보유하기만 하는 것으로 충분했습니다. 회계를 공부할 필요도 없고 주가 흐름을 지켜볼 필요도 없었습니다. 상승 종목을 가려낼 필요도 없고 매수·매도 시점을 선택하려고 애쓸 필요도 없었습니다. 장기적으로 미국 기업들이 난관을 극복하면서 성장하고, 미국이 계속 발전한다고 믿기만 하면 됐습니다. 가장 중요한 질문은 "내가 투자하는 평생에 걸쳐 미국 기업들이 좋은 실적을 낼 것인가?"였습니다.

만일 그 무렵 비관론을 퍼뜨리는 사람들의 말을 듣고 1만 달러를 금에 투자했다면 어떻게 되었을까요? 당시 1만 달러면 금 300온스를 살 수 있었습니다. 그 금은 지금도 300온스로 남아 있을 것입니다. 금을 안전금고에 넣어두고서 들여다보거나 쓰다듬어도 산출물은 전혀 나오지 않습니다. 이 금의 가치가 지금은 40만 달러입니다. 이렇게 생산적 자산(주식) 대신 비생산적 자산(금)에 투자했다면 그 차이는 100배 넘게 벌어졌을 것입니다. 미국 기업에 투자한 사람들이 1달러를 버는 동안, 금 같은 '가치 저장 수단'에 투자한 사람들은 1센트도 벌지 못했습니다.

그동안 미국은 우리가 상상하지도 못할 만큼 엄청난 순풍을 받으면서 성장해 놀라운 수익을 안겨주었습니다. 주식 매수·매도 시점을 선택하려고 애쓰거나 전문가로부터 유료 자문까지 받아 비생산적 자산에 투자해서 얻은 수익으로는 비교가 불가능할 정도입니다. 만일 모든 사람이 주식을 사서 계속 보유했다면, 주식 중개인들은 굶어 죽었겠지요. 우리는 회계나 전문 용어를 알 필요도 없고, 연준이 무슨 일을 하는지도 알 필요가 없습니다. 올바른 투자철학만 있으면 쓸데없는 일에 애태울 필요가 없습니다.

## 투자의 원칙, 이솝 우화를 기억하라

여러분의 주식 투자 경력은 얼마나 되나요? 길게는 10년이 넘은 분도 있겠지만 2~3년인 분이 제법 많을 것 같습니다. 코로나19로 2020년 3월 주가가 폭락하자 미 연준이 금리를 급격히 인하하면서 전 세계에 유동성 장세가 펼쳐졌고 우리나라도 주식 투자 열풍이 불었으니까요.

워런 버핏의 주식 투자 경력은 얼마나 될까요? 2023년 기준 무려 81년입니다. 버핏은 미국이 제2차 세계대전에 참전한 지 3개월이 지난 1942년 3월 11일 시티서비스 우선주를 38.25달러에 3주 매수하면서 주식 투자를 시작했습니다. 이 주식이 27달러까지 하락했다가 반등할 때 버핏이 40달러에 냉큼 팔았는데, 나중에 200달러까지 상승하는 걸 보고 버핏이 후회하기도 합니다.

그동안 버핏은 오랜 투자를 통해 얻은 깨달음을 쉽게 설명해왔는데요. 20여 년 전인 2000년대에, 지금 봐도 감탄할 수밖에 없는 가르침을 많이 남겼습니다. 오늘 살펴볼 내용은 버핏이 71세가 된 2001년 "손안의 새 한 마리가 숲속의 새 두 마리보다 낫다"라는 이솝의 투자 통찰을 가지고 설명한 투자 이야기입니다.

## 버핏의 세 가지 질문

버핏에 따르면, "손안의 새 한 마리가 숲속의 새 두 마리보다 낫다"라는 이솝의 투자 원칙을 지키기 위해서는 먼저 세 가지 질문에 답해야 합니다.

**버핏의 투자 원칙을 지키기 위한 세 가지 질문**

'손안의 새 한 마리가 숲속의 새 두 마리보다 낫다'는 말의 검증

| | |
|---|---|
| 질문 1 | 숲속에 실제로 새가 있는지 얼마나 확신하는가? |
| 질문 2 | 새가 언제, 몇 마리 나타날 것인가? |
| 질문 3 | 무위험 이자율(미국 장기국채 수익률)은 얼마인가? |

자료: 2000년 버크셔 해서웨이 주주 서한

세 가지 질문에 답할 수 있으면 숲의 최대 가치를 계산하고 지금 손안에 있는 새 몇 마리와 바꿀 것인지 알게 되며 새를 농장, 채권, 주식, 공장으로 바꿔도 똑같이 적용 가능합니다. 여기서 손안의 새는 달러(현금)로 볼 수 있습니다. 우리가 가진 현금을 투자하기 위해서는 언제, 얼마나 수익을 올릴지, 그리고 무위험(risk-free) 이자율은 얼마나 될지 계산해야 합니다.

2000년 4월 말 개최된 버크셔 해서웨이 주주총회에서 버핏은 두 가지 예를 들어서 설명했습니다. **첫 번째 예는 이자율이 5%이고 새 한 마리(1,000원)를 투자해서 5년 만에 새 두 마리(2,000원)를 잡을 수 있는 경우입니다.** 이 투자는 좋은 투자일까요? 당연히 버핏은 좋은 투자라고 평가했습니다. 연복리 수익률이 14%가 넘기 때문입니다. 새 한 마리 가격은 이해를 돕기 위해서 제가 1,000원으로 표기했습니다.

**두 번째 예는 이자율이** 20%**이고 새 한 마리(1,000원)를 투자해서 5년 만에 새 두 마리(2,000원)를 잡을 수 있는 경우입니다.** 이때는 투자하지 말아야 합니다. 현금으로 연복리 20% 수익을 올릴 수 있는데, 14% 수익을 위해서 투자해야 할 까닭은 없습니다.

버핏은 앞의 세 가지 질문이 중요하며 주가이익배수(PER), 주가순자산배수(PBR), 배당수익률 같은 일반적인 척도들은 물론 성장률까지 가치평가와는 아무 관계가 없으며, 기업의 현금 유출입 규모와 시점을 알려줄 뿐이라고 말합니다.

특히 중요한 대목은 '성장주(growth stock)'와 '가치주(value stock)'를

대조적인 투자 스타일로 말하는 시장 전문가들이 자신의 무지를 드러내고 있다며 싸잡아 비판하는 부분입니다. 우리가 흔히 가치투자자라고 여겨온 버핏의 또 다른 모습인데요. 버핏은 '성장'이 가치 방정식을 구성하는 한 요소일 뿐이라고 말합니다.

이솝의 투자 원칙과 세 번째 질문인 금리는 간단하지만 나머지 두 문제에 대답하는 건 어렵습니다. 아니, 어려운 게 아니라 사실 불가능합니다. 그래서 버핏도 대략적인 범위를 사용하라고 권하고 있습니다.

◆ 2014년 버크셔 해서웨이 주주총회 ◆

### 버크셔의 비즈니스 모델을 모방하기 힘든 이유

**Q.** **당신이 내재가치를 계산하는 방식은 벤저민 그레이엄이 《증권분석(Security Analysis)》에서 제시한 방식과 어떻게 다른가요? 경쟁사 중에서 가장 두려운 상대는 어느 기업인가요? 버크셔의 비즈니스 모델을 모방하는 기업이 많지 않은 이유는 무엇인가요?**

**버핏** 내재가치는 기업이 문을 닫을 때까지 분배하는 모든 현금을 현재가치로 환산한 값으로 볼 수 있습니다. 그래서 "손안의 새 한 마리가 숲속의 새 두 마리보다 낫다"라는 이솝의 말이 옳습니다. 투자자들은 숲속에 새 두 마리가 확실히 있는지, 그 숲이 얼마나 멀리 떨어져 있는지를 따져보아야 합니다. 숲속에 있는 새가 몇 마리인지 계산할 때, 필립 피셔(Philip Fisher)는 질적 요소를 주목했고 그레이엄은 양적 요소를 주목했습니다. 처음에 나는 양적 요소를 더 중시했고 찰리는 질적 요소를 더 중시했습니다. 기본적인 내재가치 계산 방식은 금리를 고려하면서 투자 금액과 회수 금액을 비교하는 것입니다.

마법의 탄환을 쏘고 싶은 버크셔의 최대 경쟁자를 꼽으라고 한다면, 실제로 우리가 두려워하는 경쟁자는 없습니다. 사모펀드들이 기업인수시장에서 우리와 경쟁을 벌이고 있지만 이들은 대개 차입 자금으로 기업을 인수합니다. 지금은 차입 금리가 낮아서 이들이 기업인수 경쟁에 더 유리합니다.

버크셔처럼 우량 기업을 인수하는 비즈니스 모델을 보유한 기업은 없습니다.

**멍거** 우리 비즈니스 모델은 지속성이 있어서 오래도록 유지될 것입니다. 장점이 많고 믿을 만한 모델이어서 오래갈 것입니다. 스탠더드오일(Standard Oil)을 제외하면 왕년에 잘나가던 거대 기업들은 모두 사라졌습니다. 그러나 버크셔는 실수로부터 배우면서 현재의 사업을 계속 유지할 것입니다. 우리는 탄력과 생태계를 보유하고 있습니다. 젊은 분들은 버크셔 주식을 지나치게 서둘러 팔지 않도록 유의하시기 바랍니다. 경영대학원에서는 버크셔의 비즈니스 모델을 가르치지 않으므로 우리를 모방하는 기업도 없습니다.

**버핏** 우리 비즈니스 모델을 실행하려면 오랜 세월이 걸려서 인내심이 필요하므로, 사람들이 모방하려 하지 않습니다.

**멍거** 실행에 오랜 세월이 걸리면, 죽기 전에 성과를 누리지 못할 수도 있지요.

## 버핏의 비효율적 숲 이론

미래에 나타날 새를 보수적으로 예측해도 시장에서 거래되는 가격이 가치보다 말도 안 될 정도로 낮을 때가 있는데요. 이런 현상을 버핏은 '비효율적 숲 이론(inefficient bush theory, IBT)'이라고 부릅니다. '효율적 시장 가설(efficient market hypothesis, EMH)'을 이용한 버핏의 언어 유희입니다.

버핏은 공개된 정보는 현재 가격에 반영되어 있기 때문에 장기적으로 누구도 초과수익을 올리지 못한다고 주장하는 효율적 시장 가설을 비판해온 것으로 유명하지요.

## 시장이 효율적이라 모든 평가가 완벽하다면

**Q. 효율적 시장 이론에 대한 논쟁이 앞으로도 계속 이어질까요?**

**버핏** 일반적으로 시장이 자산군(asset class, 주식, 채권, 현금 등) 평가에는 매우 효율적이지만 세부 기업 평가에 대해서도 항상 효율적인 것은 아닙니다. 나는 효율적 시장 이론의 인기가 20년 전 절정에 도달했다고 생각합니다. 당시 학계에서 엄청나게 유행했습니다. 학계에서 실적을 내려면 효율적 시장 이론을 수용할 수밖에 없었습니다. 효율적 시장 이론을 거부하는 사람은 박사학위 논문조차 쓸 수가 없었으니까요.

요즘 효율적 시장 이론은 인기가 20년 전에 못 미치는 듯합니다. 지금도 학계에서 성서처럼 받아들이는지는 모르겠습니다. 요즘 일부 학교의 교과과정은 실제 기업 평가에 유용합니다. 그러나 재무학에서 정설이 된 이론을 몰아내기는 쉽지 않습니다.

**멍거** 보수파 물리학자들 역시 자신의 신념을 고수하면서, 젊은 물리학자들의 연구를 받아들이려 하지 않았습니다. 보수파 물리학자들이 마침내 모두 죽고 그들의 가르침이 사라진 뒤에야 젊은 과학자들의 연구가 받아들여졌습니다. 효율적 시장 이론도 그렇게 될 것입니다.

**버핏** 내게는 아직도 풀리지 않는 수수께끼가 있습니다. 나보다 많이 아는 남들 덕분에 기업의 가치가 항상 완벽하게 평가된다면 나는 할 일이 전혀 없습니다. 그러면 수업 둘째 날에는 교수가 무슨 이야기를 할지 궁금합니다. 수업 첫째 날에 시장이 효율적이어서 모든 평가가 완벽하다고 말했으니, 이제 우리는 무엇을 해야 하나요?

**◆ 1992년 버크셔 해서웨이 주주총회 ◆**

## 효율적 시장 이론과 평평한 지구

**Q. 경영대학원의 투자 교육을 어떻게 평가하시나요?**

**버핏** 경영대학원에서 가르치는 투자 과정은 지난 40년 동안 뒷걸음질 쳤다고 생각합니다.

**멍거** 교수들이 효율적 시장 이론에 현혹되었기 때문입니다. 망치 든 사람에게는 모든 문제가 못으로 보이는 법입니다.

**버핏** 지금은 컴퓨터에서 방대한 데이터가 산출되므로 현대 포트폴리오 이론가들은 지저분한 데이터 속에서 답을 찾고 있습니다. 이들은 주식을 사면 기업의 일부를 소유하게 된다는 사실조차 무시하고 있습니다.
찰리와 나는 현대 포트폴리오 이론 연구를 후원해야 하겠습니다. 모든 학교에서 지구가 평평하다고 가르친다면 해운업자는 사업이 한결 수월해질 터이므로 평평한 지구 장학 기금을 설립하겠지요.

버핏은 투자자가 사업을 이해해야 하고 독자적으로 사고해서 근거가 있는 결론을 낼 수 있어야 하지만 탁월한 능력이나 눈부신 통찰력이 있어야 하는 건 아니라고 말합니다.

그런데 반대로 추정치의 범위가 넓지 않은데도 가장 뛰어난 투자자들조차 숲속의 새를 확인할 수 없는 때가 있으며 신규 사업이나 급변하는 산업에서 이런 불확실성이 자주 등장한다고 버핏은 설명합니다. 그리고 이런 상황에서 투자하는 건 투기로 간주해야 한다고 단언합니다. 왜 버핏이 그동안 기술주, 신성장산업에 투자하지 않았는지 설명해주는 대목입니다.

또 버핏은 투자와 투기가 명확하게 구분되지 않으며 투자자 대부분이 승리를 만끽할 때는 구분하기가 더욱 어려워진다고 말했습니다. 2000년 닷컴버블 붕괴로 나스닥지수가 폭락한 후인 2001년 2월 28일 이 말을 했다는 걸 생각하면 이해가 갑니다.

2017년 버크셔 해서웨이 주주총회에서 버핏은 "나보다 지능지수(IQ)가 30이나 낮은 이웃이 주식으로 돈 버는 모습을 지켜보는 것처럼 고통스러운 일도 없을 것입니다. 결국 사람들은 유혹에 굴복하고 맙니다"라고 말하기도 했습니다. 정말 공감이 가는 말 아닌가요?

◆ 2017년 버크셔 해서웨이 주주총회 ◆

### 나보다 IQ가 30이나 낮은 이웃이 주식으로 돈 버는 걸 지켜보는 고통

**Q. 투기가 만연한 중국에 가치투자 철학을 확산하려면 어떻게 해야 하는지 조언을 부탁합니다.**

**버핏** 케인스는 1936년에 출간한 저서《고용, 이자, 화폐의 일반이론(The General Theory of Employment, Interest and Money)》중 투자를 다룬 12장에서 투자와 투기, 사람들의 투기 성향과 그 위험성에 대해 설명했습니다. 투기는 언제든 발생할 수 있습니다. 투기가 만연해 투기가 효과적이라는 사회적 증거(social proof)까지 등장하게 되면 사람들은 투기에 열광할 수 있습니다. 미국 시장에서도 때때로 이런 현상이 발생합니다. 나보다 IQ가 30이나 낮은 이웃이 주식으로 돈 버는 모습을 지켜보는 것처럼 고통스러운 일도 없을 것입니다. 결국 사람들은 유혹에 굴복하고 맙니다.

역사가 짧은 시장은 역사가 유구한 시장보다 대체로 더 투기적입니다. 주위 사람들이 돈 버는 모습을 보면 사람들은 시장이 지닌 도박 속성에 강한 매력을 느낍니다. 거친 투기의 결과를 경험해보지 못한 사람들은 경험해본 사람들보다 투기에 휩쓸리기 쉽습니다. 1949년 내가 읽은 책《현명한 투자자(The Intelligent Investor)》에서 벤저민 그레이엄은 투자를 하라고 권했습니다. 이 책은 지금도 매우 잘 팔리고 있습니다.

시장이 달아오르면, 대출까지 받아서 투자하는 사람들이 높은 실적을 냅니다. 사람들은 투기에 그치지 않고 이른바 도박까지 벌이게 됩니다. 미국에서도 이런 모습이 나타납니다. 역사가 더 짧은 중국 시장에서는 더 많은 사람이 투기에 휩쓸릴 수 있으므로 매우 극단적인 상황까지 경험하기 쉽습니다.

**멍거** 확실히 동의합니다. 중국에는 문제가 더 많을 것입니다. 중국 사람들은 매우 똑똑하지만 더 투기적인 것도 사실입니다. 어리석은 짓이지요. 노력하면 올바른 편에 설 수 있지만 운도 매우 좋아야 합니다.

**버핏** 투기가 만연할 때도 침착하게 대응한다면 가치투자자는 더 많은 기회를 얻게 될 것입니다. 찰리가 말했듯이 시장에 심각한 위기가 닥칠 때도 버크셔의 실적은 꽤 좋을 것입니다. 우리는 공포감에 휩싸이지 않기 때문이죠. 공포감은 그야말로 들불처럼 퍼집니다. 몇 번 체험해보지 않고서는 믿을 수가 없습니다. 2008년 9월 초, 무려 3,800만 명이 MMF에 1조 달러를 투자하고 있었습니다. 당시에는 MMF를 환매하면 원금 손실이 발생한다는 사실을 걱정한 사람이 아무도 없었습니다. 그러나 3주 뒤, 사람들은 모두 공포감에 휩싸였습니다. 3일 만에 MMF에서 1,750억 달러가 빠져나갔습니다.

시장에서 대중의 반응 방식은 그야말로 극단적이 될 수 있습니다. 이런 반응이 가치투자자에게는 기회가 될 수 있습니다. 흔히 사람들은 경솔하게 행동하고 도박을 벌입니다. 쉽게 돈 버는 방법이 보이면 사람들은 앞다투어 몰려듭니다. 이들의 믿음은 자기충족적 예언이 되고 새로운 신도가 계속 늘어나지만 결국은 심판의 날이 옵니다. 시장이 큰 폭으로 오르내리더라도 계속 가치투자를 권유하면 여기저기서 가치투자자들이 조금씩 늘어날 것이며, 이들은 시장에 휘둘리는 대신 시장이 주는 기회를 이용하게 될 것입니다.

**멍거** 그동안 우리는 가치투자를 많이 권유했습니다.

## 무도회의 신데렐라가 된 투자자들

버핏은 거액의 불로소득(effortless money)처럼 이성을 마비시키는 건 없다고 말하는데요. 불로소득에 도취하면 분별 있는 사람들조차 무도회의 신데렐라처럼 행태가 바뀝니다. 무도회에 너무 오래 있으면(즉 미래에 창출할 현금보다 지나치게 과대평가된 기업을 가지고 계속 투기하면) 결국 마차와 말이 호박과 쥐로 돌아간다는 사실을 모두 알고 있습니다.

그런데도 사람들은 화려한 파티에서 1분도 놓치지 않으려 하고 모두 자정이 되기 1초 전에 떠나려 합니다. 문제는 무도회장에 걸린 시계에는 바늘이 없다는 점입니다. 정말 2000년 닷컴버블 붕괴를 생생하게 비유한 것 같지 않나요?

결론은 모두 아는 바와 같이 대다수 투자자의 마차와 말이 호박과 쥐로 돌아갔습니다. 2000년 3월부터 2002년 10월까지 나스닥지수는 고점 대비 80% 가까이 하락했습니다.

2001년 2월 버핏은 증권업계가 '새도 없는 숲'을 팔아넘기면서 수십억 달러를 개인투자자의 주머니에서 자신의 주머니로 옮겼다고 힐난합니다. 가치 창출이 아니라 가치 이전 현상이 발생했다는 건데요. '새도 없는 숲'은 적자만 기록하다 파산한 닷컴기업들을 뜻합니다.

버핏은 거품이 터졌을 때 신출내기 투자자들이 얻게 되는 오래된 교훈도 설명했습니다. 첫째, 월스트리트는 팔리는 것이라면 투자자에게 무엇이든 판다는 사실과 둘째, 투기는 가장 쉬워 보일 때가 가장 위험하다는 사실입니다. 우리가 새겨들어야 할 버핏의 조언입니다.

• 2006년 버크셔 해서웨이 주주총회 •

## 현자들이 처음에 하는 일을 바보들은 끝에 한다

**Q. 원자재시장을 어떻게 보시나요?**

**버핏** 밀, 옥수수, 대두 등 농산물 가격에는 거품이 끼었다고 보지 않습니다. 그러나 금속과 석유는 가격이 엄청나게 상승했습니다. 대부분 가격 추세가 그렇듯이, 처음에는 펀더멘털이 흐름을 주도하다가 이후 투기가 주도하게 됩니다. 구리 가격은 사람들이 공급 부족을 걱정하자 급등했습니다. "현자들이 처음에 하는 일을 바보들은 끝에 한다"라는 속담이 떠오릅니다. 어떤 자산이든 처음에는 펀더멘털이 가격 흐름을 주도하지만 나중에는 투기가 흐름을 지배합니다.

가격 추세가 형성되고 이웃이 거액을 벌었다는 소문이 들리면 사람들은 질투심에 눈이 멀어 충동을 따르게 됩니다. 주택은 물론 원자재시장에서도 이런 모습이 나타나고 있습니다. 술잔치는 끝나갈 무렵 소란이 극에 달합니다.

그러나 원자재 잔치가 언제 끝날지는 아무도 모릅니다. 1.60달러일 때는 거들떠보지도 않다가 이제는 세상 사람들 모두가 은을 지켜보고 있습니다. 내 짐작에 지금 구리 가격은 펀더멘털보다 투기가 주도하는 듯합니다.

**멍거** 우리의 은 거래 실적에서 원자재에 대한 우리 지식이 적나라하게 드러났다고 생각합니다. (웃음소리)

**버핏** 너무 일찍 사서 너무 일찍 팔아 겨우 몇 푼 벌었습니다. 투기 잔치가 언제 끝날지 우리는 전혀 모릅니다.
투기 잔치는 신데렐라의 무도회와 같습니다. 무도회가 시작될 때는 술도 넘치고 만사가 순조롭게 진행됩니다. 자정이 되면 마차와 말이 호박과 생쥐로 돌아갈 줄 알지만 말이지요. 그러나 화려한 분위기에 매료된 나는 댄스를 한 번 더 즐기려 하고 다른 사람들도 모두 더 즐기려 합니다. 사람들 모두 자정 직전에 빠져나오겠다고 생각합니다.
지금 구리 시세에서도 똑같은 일이 벌어지고 있습니다. 1999년 기술주가 그랬고 1950년대 우라늄 주식이 그랬습니다. 무도회는 끝이 다가올수록 더 재미있고 벽에는 시계도 없습니다. 그러나 갑자기 괘종시계가 12시를 알리면서 모든 마차와 말이 호박과 생쥐로 돌아갑니다.
우리도 한때 은이 많았지만 지금은 없습니다. 처음에 내 판단은 은 생산량과 재생량을 모두 더해도 소비량에 1억 온스나 부족하다는 생각이었습니다. 이제는 은 소비가 대폭 감소했습니다. (사진 분야에서도 소비가 감소했지만, 어차피 재생이 많이 되는 분야이므로 큰 영향은 없습니다.) 은의 공급은 여전히 부족한 상황이지만 이는 이미 널리 알려진 사실이고, 다른 분야에서 사용이 중단되어 공급량이 증가할 수 있는 상황이었습니다. 이때가 1980년대 초로서, 헌트(Hunt) 형제가 은 사재기를 시도한 시점이었습니다.

순수 은광(銀鑛)은 거의 없으므로 생산량을 늘리기가 어렵습니다. (은 대부분은 다른 광산에서 부산물로 생산됩니다.) 나는 은 공급이 부족할 것으로 생각했지만 너무 일찍 매도했습니다.

기업은 해마다 이익이 쌓이므로 계속 보유해도 좋지만, 원자재는 수급 변화를 기대할 수밖에 없으므로 매우 불리합니다.

**멍거** 우리가 산출물도 없는 원자재만 보유했다면 현재 위치까지 오지 못했을 것입니다. 실패는 널리 알리고 성공은 숨기는 것이 좋은 습관입니다.

**버핏** 그렇다면 우리는 알릴 것이 많습니다! (웃음소리)

## 다섯 가지 투자 조언, 투자의 안목 높이기

1998년 버핏이 플로리다대학교에서 MBA 학생들에게 한 강연은 지금도 자주 회자되고 있습니다. 오래되어서 그런지 인터넷에는 화질이 안 좋은 영상밖에 없는데요. 그래도 볼수록 버핏에게 빠져들 수밖에 없을 만큼 버핏의 말은 재치가 번뜩였습니다. 미국의 한 네티즌은 버핏이 한 시간 반 동안 한 강의가 그동안 학교에서 배운 것보다 더 많은 내용을 담고 있다고 댓글을 달았습니다.

이날 강연은 학생들의 질문에 버핏이 답변하는 식으로 진행되었고 학생들은 주식 투자에 관한 질문을 쏟아냈습니다. 버핏은 경제적 해자(moat), 능력범위(circle of competence), 사실 수집 기법(scuttlebutt approach, 수소문 기법), 투자 실수, 거시경제 등 주식 투자에 관한 조언을 아낌없이 나눠주었는데요. 지금 보아도 하나하나가 명언입니다.

### Q1. 당신이 좋아하는 회사의 특징은 무엇인가요?

먼저 버핏은 자신이 이해할 수 있는 회사를 좋아한다고 말하면서 이 기준으로 90%를 거른다고 이야기합니다. 자신이 이해할 수 없는 것이 수없이 많지만, 다행스럽게도 자신이 이해하는 것도 충분하다고 말했습니다.

버핏은 세상에는 수많은 회사가 있고 대부분의 회사는 상장기업이라서 모든 미국 기업에 투자할 수 있는 것과 마찬가지라며, 자신이 이해할 수 있는 범위로 대상을 좁히는 게 타당하다고 정리합니다. 참고로 2022년 말 기준 미국에 상장된 기업은 6,300개 사가 넘습니다.

이때 버핏은 단상에 있는 콜라 캔을 들고서 "나뿐 아니라 누구나 이걸 이해할 수 있습니다"라며 1886년 탄생한 코카콜라는 간단한 사업이지만 쉬운 사업은 아니라고 강조하고는 말을 이어갑니다.

**"나는 해자로 둘러싸여 있는 사업을 원합니다. 중간에는 매우 가치 있는 성이 있고, 매우 정직할 뿐 아니라 근면하고 능력 있는 공작이 이 성을 지키고 있기를 바랍니다."**

다양한 요소가 경제적 해자가 될 수 있는데, 자동차보험사인 가이코(GEICO)는 '싼 가격'이 해자입니다. 자동차보험은 의무보험이기 때문에 모든 사람은 차량마다 자동차보험에 가입해야 합니다. 사람들은 어떤 기준에 따라 자동차보험에 가입할까요? 대부분의 사람은 서비스는 엇비슷하다고 생각하기 때문에 비용을 따질 가능성이 높습니다. 그래서 가이코는 저렴한 비용에 보험을 제공하면서 이걸 '해자'로 삼고 있습니다.

그런데 멋진 성을 가지고 있으면 사람들이 성을 공격하고 뺏기 위해서 호시탐탐 노릴 것이기 때문에 끊임없이 해자를 넓혀야 합니다. 버핏 역시 버크셔의 자회사를 운영하는 경영진에게도 "해자를 넓혀야 한다"고 자주 강조한다고 합니다. 버크셔는 해자에 악어, 상어를 풀어서 경쟁자로부터 멀어져야 하며 이 과정은 서비스, 제품 품질, 비용우위, 때로는 특허, 지리적 위치에 의해서 이루어진다고 설명합니다.

바로 그 유명한 버핏의 경제적 해자입니다. 버핏이 비유를 곁들여 설명해주니 좀 더 이해가 쉽습니다.

◆ 1995년 버크셔 해서웨이 주주총회 ◆

## 이상적인 기업의 판단 기준은 '코카콜라'

**Q.** **이상적인 기업의 특징은 무엇인가요?**

**멍거** 이상적인 기업을 성에 비유하면, 넓고 튼튼한 해자로 둘러싸였으며 정직한 영주가 지키는 강력한 성입니다. 여기서 해자는 경쟁자의 시장 진입을 방어하는 것으로 낮은 생산 원가, 강력한 브랜드, 규모의 이점, 기술 우위 등을 가리킵니다. 우리는 코카콜라가 이상적인 기업인지 여부를 판단하는 기준이라고 생각합니다.

**버핏** 한 번만 잘하면 되는 사업도 있고 항상 잘해야 하는 사업도 있습니다. 소매업은 항상 공격에 시달리므로 단 하루도 긴장을 늦출 수 없지만 신문사는 처음에 한 번만 잘하면 됩니다. 한 신문 발행인은 "성공 비결이 무엇인가?"라는 질문을 받자 "독점과 족벌주의 덕분입니다"라고 대답했습니다.

■ ■

■ ■

◆ 1999년 버크셔 해서웨이 주주총회 ◆

## 해자의 폭이 9미터라고 말해주는 공식은 없습니다

**Q. 미래현금흐름에 어떤 할인율을 적용하시나요? 해자의 크기는 어떻게 측정하시나요?**

**버핏** 우리는 미래현금흐름을 할인하여 현재가치로 환산할 때 모든 기업과 기간에 국채 수익률을 적용합니다. 우리는 럭키 호스슈 컴퍼니(The Lucky Horseshoe Company, 말편자회사)가 벌어들이는 1달러나 인터넷회사가 벌어들이는 1달러나 똑같다고 생각합니다. 시장에서는 인터넷회사가 벌어들이는 1달러를 훨씬 높이 평가하지만 말이지요.

가치평가는 예술입니다. 예컨대 리글리(Wrigley)를 생각해봅시다. 이 회사의 매출, 가격, 경쟁, 자금을 활용하는 경영진의 능력 등 온갖 변수가 결합하여 기업의 실적과 해자의 크기가 결정됩니다. 훌륭한 해자를 갖춘 기업은 많지 않습니다. 코카콜라는 해자가 훌륭하고 심지어 용기(容器)마저도 해자를 갖추었습니다. 사람들이 눈가리개를 하고서도 정확하게 알아볼 수 있는 제품이 코카콜라 말고 얼마나 있겠습니까? 코카콜라는 시장 점유율은 물론 마음 점유율(mind share)도 높습니다. 사람들은 코카콜라를 좋은 이미지와 연상합니다. 10년 뒤에는 코카콜라의 해자가 마음 점유율에 의해서 더 강해질 것입니다.

해자의 폭이 9미터이고 깊이가 5미터라고 알려주는 재무 공식 같은 것은 세상에 없습니다. 그래서 학자들이 미칠 지경입니다. 학자들은 표준편차와 베타는 계산할 수 있지만 해자는 이해하지 못합니다. 내가 학자들에 대해 너무 지나친 표현을 했나 봅니다.

**멍거** 학자들에 대한 워런의 표현은 절대 지나치지 않습니다. 학자들을 생각하면 나는 롱텀캐피털매니지먼트(Long-Term Capital Management, LTCM)가 떠오릅니다. 왜 똑똑한 사람들이 멍청한 짓을 벌여 손해까지 보는지 모르겠습니다.

**버핏** 이제 재무학은 파멸적인 자기 연민에 빠져, 세상에서 가장 위험한 세력이 되어버렸습니다. 그런데도 사람들은 비싼 수업료를 지불하면서 자녀들을 그런 학교에 보내고 있습니다!

## Q2. 수치만 봐서는 사지 말아야 할 기업을 산 적이 있나요? 정량적 분석과 정성적 분석의 비중은 얼마나 됐나요?

버핏은 자신의 가장 좋은 매수가 수치로는 매수하지 말아야 하는 기회였다고 대답합니다. 왜냐하면 그럼에도 제품에 대해서 확신이 있었고 나중에 그게 맞아떨어졌다는 의미이니까요.

이어서 만약 어떤 사람이 특정 사업에 대해서 즉시 판단할 수 있을 정도로 알지 못한다면 한 달을 주어도 결과는 마찬가지일 것이라고 대답합니다. 우리가 아는 게 무엇이고 모르는 게 무엇인지를 이해하고 알 정도의 배경지식을 가져야 한다는 말인데요. 버핏은 이걸 우리의 '능력범위'를 정의하는 일로 규정했습니다.

네, 바로 버핏과 멍거가 입이 닳도록 강조하는 능력범위입니다. 버핏은 기업 매도를 위한 전화를 받는 순간 기업의 질적 측면을 즉시 이해한다며, 지금까지 매수한 기업들을 분석하는 데 기껏해야 5~10분밖에 걸리지 않았다고 이야기합니다.

버핏은 사람들은 서로 다른 능력범위를 가지고 있으며 **중요한 것은**

**능력범위가 얼마나 큰지가 아니라 능력범위 안에 머무르는 것**이라고 말합니다. 만약 뉴욕증권거래소(NYSE)에 1,000여 개 회사가 상장되어 있다면 그중 30개 회사만 능력범위 안에 포함되어도 충분합니다.

다른 자료를 많이 읽지 않아도 될 정도로 이들 회사의 사업을 잘 이해하는 게 중요하다고 강조하면서, 자신이 젊었을 때 비즈니스를 공부하던 팁을 하나 알려줍니다. 바로 《위대한 기업에 투자하라(Common Stocks and Uncommon Profits)》를 쓴 필립 피셔한테 배운 '사실 수집 기법(수소문 기법)'입니다.

버핏은 어떤 산업을 알고자 할 때마다 고객, 공급업체, 퇴직한 근로자 등 가능한 한 많은 사람에게서 사실(정보)을 수집했다고 합니다. 석탄산업을 예로 들어보겠습니다. 버핏은 모든 석탄회사에 찾아가서 최고경영자(CEO)에게 다음과 같이 물어볼 것이라고 말합니다.

**"만약 당신 회사 말고 석탄회사 한 곳의 주식을 사야 한다면 어느 회사 주식을 살 건가요? 이유는 무엇인가요?"**

이렇게 해서 모은 정보를 취합하면 석탄산업을 배울 수 있고, 특히 경쟁사가 어디인지 물어보면 여러 회사가 같은 대답을 한다고 버핏은 이야기합니다.

**"만약 한 발의 '은제 탄환(silver bullet)'으로 경쟁사 한 곳을 없앨 수 있다면 어느 회사이며, 이유는 무엇인가요?"**

역시 이 질문으로도 석탄산업에서 가장 뛰어난 회사를 찾을 수 있습니다. 문제는 버핏은 CEO를 쉽게 만날 수 있지만 우리는 CEO를 만나기 어렵다는 건데요. 그래도 소비자와 공급업체에서 쓸 만한 정보를 얻어낼 수 있습니다.

버핏은 이 방법으로 산업에 대해 많은 걸 배우게 되고, 장점은 한번 제대로 이해하면 새로운 것을 공부할 필요가 없는 것이라며, 40년 전에 리글리의 껌사업을 제대로 공부했다면 지금도 리글리의 사업을 이해할 것이라고 말합니다.

## Q3. 그동안 어떤 실수를 저질렀나요?

그동안 어떤 실수를 했는지 묻자, 버핏은 실수 목록이 끝도 없는 것처럼 "시간이 얼마나 있나요?"라고 되묻습니다.

이어서 자신과 찰리 멍거 부회장의 가장 큰 실수는, 충분히 알고 있어서 할 수 있는 투자를 하지 않고 손가락만 빨았던 부작위(omission)라고 이야기합니다. 그것도 마이크로소프트(Microsoft)처럼 버핏이 이해하지 못하기 때문에 투자하지 않았을 기회가 아니라, 헬스케어 주식처럼 충분히 이해하고 있어서 투자해야 마땅했던 기회에서요.

버핏은 1980년대 중반 모기지업체인 패니메이(Fannie Mae)에서도 돈을 벌었어야 했는데 아무것도 하지 않았다고 아쉬워합니다. 최소 10억 달러, 아니 수십억 달러짜리 실수라고 이야기하면서요.

그리고 자신이 손안에 현금을 많이 쥐고 있을 때 실수를 저지른다며, 이럴 때 찰리 멍거는 버핏한테 "사무실에서 얼쩡거리지 말고 차라리 바(bar)에 가라"고 말한다고 고백합니다. 버핏은 그래도 사무실에서 머물다가 결국 손에 있는 돈으로 멍청한 행동을 한다며 US에어(USAir) 우선주도 그래서 샀다고 '셀프 디스'를 합니다.

재밌는 건 그다음입니다. 버핏은 이제는 항공사 주식을 사고 싶을 때마다 800번으로 시작하는 무료 전화에 전화를 걸어 "저는 워런 버핏이고 항공 주식에 중독되었습니다"라고 말한다고 합니다. 그러면 상대방이 "전화 끊지 말고 계속 얘기하세요. 경솔한 행동을 하지 마세요!"라고 버핏을 진정시킨다고 하네요. 버핏은 말을 재치 있게 하는 것 같습니다.

버핏은 실수에서 배울 수 있지만 가장 중요한 것은 자신이 이해하는 산업에 집중하는 것이라고 말하는데요. 특히 다른 사람이 팁을 줬다고 해서 자신의 능력범위를 벗어난 투자를 하는 것은 실수라고 강조합니다.

버핏은 우리가 투자 결정을 할 때는 거울을 바라보면서 **"나는 제너럴모터스**(General Motors, GM) **100주를 주당 55달러에 사려고 해. 왜냐하면…**"이라고 말할 수 있어야 하며, 이유를 댈 수 없다면 주식을 사지 말아야 한다고 조언합니다.

누군가 칵테일파티에서 이 주식에 대해 말해줬기 때문에, 또는 거래량이 늘었거나 주가 차트가 좋아 보이기 때문에 사려고 한다면 그건 충분한 이유가 될 수 없다고 버핏은 말합니다. 반드시 그 기업을 사려는 이유가 있어야 하고, 바로 이게 벤저민 그레이엄이 가르쳐준 것이라고 언급하면서 버핏은 말을 끝맺습니다. 주식을 종이 쪼가리가 아니라 사업의 일부로 생각해야 한다는 의미입니다.

◆ 2017년 버크셔 해서웨이 주주총회 ◆

### 잘못을 깨달을 때 즐겁습니다

**Q. 찰리 멍거는 당신이 학습기계라고 합니다. 지금까지 배운 것 중 무엇이 가장 흥미로웠습니다까?**

**버핏** 찰리가 나보다 훨씬 대단한 학습기계입니다. 나는 전문가입니다. 찰리는 내 전문 영역에 대해서도 나만큼 박식하고 세상사에 대해서는 나보다 학습 속도가 훨씬 빠릅니다. 세상은 항상 매력이 넘치는 곳입니다. 어떤 잘못을 깨달을 때 우리는 매우 즐거워질 수 있습니다. 예컨대 낡은 아이디어가 실제로 옳지 않았음을 제대로 깨달았을 때입니다. 그러면 새로운 아이디어에 적응해야 합니다. 물론 쉬운 일은 아닙니다. 미국에서 진행되고 있는 일들, 특히 온갖 정치적 사건들이 나는 엄청나게 흥미롭습니다. 세상이 빠르게 펼쳐지듯이 세상은 빠르게 움직이고 있습니다. 나는 미래 예측을 즐깁니다. 그러나 여러분에게 유용할 정도로 특별한 통찰이 있는 것은 아닙니다.

**멍거** 버핏이 애플(Apple) 주식을 매수한 것은 좋은 신호라고 봅니다. 그는 손자와 어울리면서, 태블릿 PC를 가져가도 좋은지 물어보기도 하고 시장조사도 했습니다. 나는 우리가 계속 배웠다고 생각합니다. 더 중요한 점은 우리가 과거에 배운 것을 잊지 않았다는 사실입니다. 이것이 정말 중요합니다. 예를 들어 돈을 마구 찍어내면서 거짓말을 해댄 푸에르토리코 사람들을 보십시오. 미국령이 파산할 것이라고 누가 짐작이나 했겠습니까? 나라면 파산을 예측했을 것입니다. 그들은 천치처럼 행동했으니까요.

**버핏** 우리는 푸에르토리코 채권을 사지 않았습니다.

**멍거** 사지 않았지요. 우리는 유럽 시장에서도 국채로 포트폴리오를 구성합니다. 그리스 채권도 사지 않고 오로지 독일 채권만 삽니다. 버크셔 사람들은 모두 합리적입니다. 게다가 항상 좋은 기회를 노립니다. 공황 같은 기회가 오면 남들은 한 손을 못 쓰는 상황에 처해도 우리는 양손을 사용합니다. 그리고 다양한 선택 대안을 이용합니다. 그동안 우리는 엄청나게 많이 배웠습니다. 최근 10년 동안 온갖 경험을 했죠. 20년 전에는 생각도 못 했던 일들이었습니다.

**버핏** 최고의 투자서 중 하나가 1958년 필립 피셔가 쓴《위대한 기업에 투자하라》입니다. 나는 이 책에서 많은 질문을 던지는 이른바 수소문 기법을 배웠습니다. 벤저민 그레이엄에게는 배우지 못한 기법입니다. 가끔은 이 기법이 매우 유용합니다.

**멍거** 버핏은 이 기법을 샐러드유 스캔들 당시 아메리칸익스프레스(American Express)에 적용했고, 수십 년이 지난 지금은 애플에 적용하고 있습니다.

**버핏** 일부 사례에서는 많은 질문을 던져서 많이 배울 수 있습니다. 필립 피셔가 가르쳐준 기법입니다. 이 책은 매우 오래 전에 나왔습니다. 피셔가 영원한 승자로 꼽은 기업 중 일부는 계속 쇠퇴했습니다. 그러나 단지 질문을 던지는 것으로도 우리는 많이 배울 수 있습니다. 예를 들어 내가 훨씬 젊고 열정적인데 석탄산업에 관심이 있어서 석탄회사 하나를 선택하려고 한다면, 10개 석탄회사를 방문해 사장에게 다음과 같은 질문을 던질 것입니다.

"당신이 10년 동안 무인도에 가서 지내야 하고, 그동안 가족의 돈을 경쟁사 중 한 곳에 모두 투자해야 한다면, 어느 회사를 선택할 것이며 그 이유는 무엇입니까?" 이어서 다음과 같은 질문도 던질 것입니다. "경쟁사 중 한 곳의 주식을 공매도해야 한다면 어느 회사를 선택하겠습니까?"

사람들은 누구나 경쟁자에 대해 이야기하길 좋아합니다. 1개 회사 사람보다는 10개 회사 사람과 경쟁자에 대해 이야기할 때, 우리는 석탄산업의 경제성을 더 잘 파악할 수 있습니다. 그러나 어떤 기법이든 유용할 때가 있고 유용하지 않을 때도 있습니다. 그래도 나는 항상 배우겠다는 생각입니다. 특히 버크셔에 유용한 것을 배우고 싶습니다. 수소문 기법은 세상에 매우 유용한 태도입니다. 누가 한 말인지는 모르겠지만, 문제는 새로운 아이디어를 얻는 것이 아니라 낡은 아이디어를 버리는 것입니다. 이 말에는 많은 진실이 담겨 있습니다.

**멍거** 이스카(Iscar)나 프리시전캐스트파츠(Precision Castparts Corp, PCC)가 10년 전에 나타났다면 우리는 절대 인수하지 않았을 것입니다. 우리는 배우고 있습니다. 세상에! 아직도 배우고 있답니다.

## Q4. 현재의 허약한 경제 상황과 금리는 어떻게 보시나요?

버핏은 "저는 거시경제에 대해서는 생각하지 않습니다"라며 말문을 열었습니다. 그리고 투자에서 정말 필요한 것은 '무엇이 중요하고 알 수 있는 것(what is important and knowable)'인지 구분하는 일이라고 이야기합니다.

'중요하지 않고 알 수 없는 것(unimportant and unknowable)'은 잊어버리라고 말하면서, 질문자가 언급한 건 자신이 볼 때는 '중요하지만 알 수 없는 것(important but unknowable)'이라고 답변합니다.

반면 버핏에 따르면 우리가 이해할 수 있는 코카콜라나 리글리의 사업은 알 수 있는 것(knowable)에 속합니다. 중요한지 여부는 가치평가를 통해서 우리가 실제로 매수할지, 그리고 가격은 얼마인지 등에 좌우될 수 있습니다.

버핏은 거시경제 때문에 기업을 사거나 사지 않은 적이 단 한 번도 없다고 말하는데요. 1972년 씨즈캔디를 매수할 때도 닉슨(Richard Nixon) 대통령이 얼마 뒤 가격 통제를 시행했지만 그게 무슨 상관이냐고 말합니다. 당시 2,500만 달러에 매수했지만 지금은 세전 이익만 6,000만 달러에 달하는 투자를 놓칠 수도 있었다고 이야기하면서요.

버핏은 자신이 잘 알지도 못하는 거시경제 예측 때문에 좋은 투자를 할 수 있는 기회를 놓치기를 원치 않기 때문에 거시경제는 읽지도 듣지도 않는다고 말합니다. 그리고 대개 자산운용사의 설명회는 이코노미스트가 함께 와서 고객들에게 거시경제를 설명하면서 시작되는데 그건 한마디로 난센스라고 비판합니다.

**"앨런 그린스펀**(Alan Greenspan, 당시 연준 의장)**과 로버트 루빈**(Robert Rubin, 재무장관)**이 양쪽에 앉아서 귀에 대고 앞으로 12개월 동안 그들이 무엇을 할지 상세하게 말해준다고 해도, 내가 보험사 제너럴리**(General RE)**나 이그제큐티브 제트**(Executive Jet) **인수에 지불할 금액이나 다른 어떤 결정에도 영향을 주지 않을 것입니다."** 버핏의 결론입니다.

## 시장 예측을 위해 가치평가를 포기한다면 미친 짓

**Q. 거시경제 변수보다 개별 기업 분석을 중시하는 이유는 무엇인가요?**

**버핏** 버크셔는 기업을 인수하고 있습니다. 사람들이 식료품이나 자동차를 싸게 사려고 하듯이 우리도 기업을 싼값에 인수하려고 노력합니다. 우리는 내재가치를 평가하는 방법을 알고 있습니다. 그러나 시장 흐름을 예측하는 방법은 알지 못합니다. 알지도 못하는 방법(시장 예측)을 이용하려고 아는 방법(내재가치평가)을 포기한다면 미친 짓입니다.

**멍거** 거시경제 변수에 대해 우리는 불가지론자입니다. 그래서 우리는 개별 기업 분석에 모든 시간을 사용합니다. 시장 예측보다는 기업 분석에 대해 생각하는 편이 훨씬 효율적이니까요.

## Q5. 월스트리트에 있지 않고 오마하에 있어서 얻는 이득은 무엇인가요?

버핏은 다른 투자자처럼 월스트리트에 있는 것이 아니라 고향인 네브래스카주 오마하에 머물고 있습니다. 멍거는 버핏과 같은 오마하 출신이지만 오래전부터 로스앤젤레스에 거주하고 있습니다.

버핏은 월스트리트에서 몇 년간 일한 적이 있고, 동부와 서부 해안 양쪽에 좋은 친구들이 있으며, 그들을 만나는 걸 좋아한다고 답변했습니다. 1950년대 벤저민 그레이엄을 위해서 일할 때 뉴욕에서 지낸 것을 가리키는 듯합니다. 버핏은 뉴욕에 있는 컬럼비아 경영대학원도 다녔습니다.

그는 뉴욕에 가면 아이디어를 얻지만, 투자에 대해 생각할 수 있는 가장 좋은 방법은 아무도 없는 방 안에서 혼자 생각하는 것이라고 이야기합니다.

**"월스트리트 같은 시장 환경에서의 불이익은 과도하게 자극을 받는다는 점입니다. 여러분은 날마다 무언가를 해야 한다고 생각하게 됩니다."**

버핏이 말하는 월스트리트의 단점입니다.

버핏은 1880년대에 코카콜라 사업을 약 2,000달러에 매수한 캔들러(Asa Griggs Candler)를 생각해보라고 하면서, 그런 기업을 하나 골랐다면 다른 투자는 거의 할 필요가 없다고 말합니다. 심지어 제대로 된 투자를 하고 난 후의 요령은 아무것도 하지 않는 것이라고 버핏은 강조합니다.

코카콜라는 1919년 기업공개를 한 후 주당 약 40달러에 거래되었지만 1년 후에는 19달러까지 하락하며 주가가 반토막 납니다. 그래서 캔들러도 주식을 일부 팔아치우지만, 40달러에 코카콜라 주식을 사고 배당금을 재투자했다면 1998년 코카콜라 1주의 가치는 500만 달러로 눈덩이처럼 불어났을 것입니다.

버핏은 1년에 좋은 아이디어를 하나만 찾아도 충분하다고 강조합니다. 그리고 그 아이디어를 주가의 최대 잠재력이 발현될 때까지 타고 가라고 권하지만, 주변에서 사람들이 5분마다 주가를 외치고 코앞에 분석 보고서를 들이미는 환경에서는 아주 힘든 일이라고 설명합니다.

**"월스트리트는 활동(activity)을 통해서 돈을 버는 곳입니다. 여러분은 비활동(inactivity)을 통해서 돈을 벌게 됩니다."**

월가의 금융회사는 투자자들이 주식을 활발하게 사고팔아야 돈을 벌지만, 투자자들은 주식을 한번 사서 꿈쩍도 하지 않아야 돈을 벌 수 있다는 버핏의 일침입니다. 버핏이 투자에 관한 온갖 소음이 난무하는 월스트리트 대신 미국 중부의 조용한 도시이자 고향인 오마하에 사는 이유를 알 것 같습니다.

## 도박 때문에 가격이 잘못 매겨진 주식

**Q.** **2월 26일 주주 서한에서 당신은 시장에 흥미로운 기회가 거의 보이지 않는다고 말했습니다. 그러나 3월 10일경 앨러게이니**(Alleghany)**를 인수한다는 발표가 나왔고, 그 후에는 옥시덴탈페트롤리움**(Occidental Petroleum)**과 HP 주식 매수가 공개되었습니다. 그사이에 어떤 변화가 있었나요?**

**버핏** 찰리, 자네가 먼저 대답하겠나?

**멍거** 단기국채보다 더 마음에 드는 기회를 발견했습니다. (웃음소리)

**버핏** 늘 그랬듯이 찰리가 완벽한 대답을 했습니다. 나는 실속 없는 이야기를 길게 하겠습니다. (웃음소리) 실제로 2월 26일 서한에서 우리는 기회를 찾을 수가 없다고 인정했습니다. 그러나 바로 전날인 2월 25일 이메일을 한 통 받았습니다. 사실 나는 기계를 다루지 못하므로 내 비서 데비 보사넥이 가져다주었습니다. 그녀가 내 책상 모퉁이에 자료를 쌓아두면 나는 가끔 모아서 읽어봅니다. 오래전 버크셔에서 근무했던 내 친구가 보내온 몇 줄짜리 메시지였습니다. 그는 이제 앨러게이니의 CEO가 되었다고 말했습니다. 나는 60년 동안 앨러게이니를 유심히 지켜보면서 연차보고서를 읽었습니다. 흥미로운 회사여서 내 커다란 서류함 4개에 연차보고서가 가득 들어 있습니다. 그러므로 나는 앨러게이니에 관해서 잘 알고 있었습니다.

(중략)

이후 우리는 몇몇 주식에 큰 흥미를 느껴서 또 거액을 지출하게 되었습니다. 주식시장에 대한 이해는 정말 중요합니다. 주식시장은 항상 카지노 요소와 자본시장 요소로 구성됩니다. 간혹 시장은 건전한 투자를 중심으로 흘러갑니다. 흔히 책이나 학교에서 배우는 이른바 자본시장의 모습입니다. 그러나 다른 때는 완전히 도박장이 되어버립니다. 지난 2년 동안은 주식시장이 심각한 도박장이 되었고 월스트리트가 이런 분위기를 조장했습니다. 사람들은 1965년쯤 버크셔 주식을 사서 계속 보유했다면 경이적인 실적을 냈을 것이라고 말합니다. 하지만 그랬다면 주식 중개인들은 굶어 죽었을 것입니다.

월스트리트는 자본주의라는 식탁에 떨어지는 빵 부스러기로 돈을 법니다. 200년 전에는 상상도 할 수 없었던 방식입니다. 그러나 사람들이 가만있으면 빵 부스러기가 떨어지지 않으므로 월스트리트는 돈을 벌지 못합니다. 이들은 사람들이 투자할 때보다 도박할 때 돈을 훨씬 많이 법니다. 그래서 슬롯머신의 핸들을 연거푸 잡아당기듯 사람들이 흥분해서 하루에 스무 번씩 매매할 때 훨씬 유리해집니다. 이들이 고객의 과도한 매매를 원한다고 말하지는 않겠지만, 실제로는 고객이 과도하게 매매해야 이들이 돈을 법니다. (웃음소리) (중략)

**멍거** 현재 시장의 모습은 거의 투기 광풍입니다. 컴퓨터가 다른 컴퓨터를 대상으로 알고리즘 트레이딩을 하고 있습니다. 주식을 전혀 모르는 사람들이 더 모르는 주식 중개인들의 조언을 받고 있습니다. (웃음소리)

**버핏** 그래도 주식 중개인들이 수수료는 잘 알고 있지요.

**멍거** 믿기 어려울 정도로 말도 안 되는 상황입니다. 우리 시장은 도박에 해당하는 활동과 정당한 장기 투자가 뒤섞여 있는 기묘한 시스템입니다. 현명한 국가가 원하는 시장의 모습이 아닙니다. 여러분은 도박꾼들이 판치는 카지노 같은 시장에서 미국 주식이 거래되길 바라시나요? 나는 시장이 미쳤다고 생각합니다. 그런데도 사람들은 이런 시장을 인정하고 있습니다.

(중략)

**버핏** 아마도 주식시장의 작동 원리를 가장 잘 설명한 책은 경제사에서도 유명한 존 메이너드 케인스의《고용, 이자, 화폐의 일반이론》입니다. 케인스는 12장에서 시장의 핵심 원리를 아름다운 산문으로 설명하는데, 올해 3월 주식시장이 통째로 광풍에 휩쓸린 덕분에 우리가 옥시덴탈 주식 유통 물량의 4분의 1을 사 모을 수 있었던 과정도 이해할 수 있습니다. 우리는 훨씬 더 사 모을 수도 있었는데, 투자에 관해서 진지하게 생각하는 사람이 있었는지 의심스러울 정도였습니다.

투자는 장래에 더 많은 구매력을 창출하리라 기대하면서 현재 구매력을 남에게 이전하는 행위입니다. 즉 장래에 더 많이 소비하려고 현재 소비를 포기하는 행위지요. 이것이 교과서에서 배우는 내용이며 투자가 발생하는 원리입니다.

사람들이 농장을 사면 대개 계속 보유하다가 마침내 자녀들에게 물려줍니다. 이들은 매일 15회씩 호가를 확인하면서 콜옵션과 풋옵션을 사고팔거나 스트래들(straddle)과 스트랭글(strangle) 거래를 하지 않습니다. 대신 농장의 가치를 높이려고 노력합니다. 아파트 소유자도 월세를 높이려고 개보수 등을 합니다.

그러나 사람들은 40조 달러에 이르는 미국 기업들의 소유권(주식)을 포커 칩이나 슬롯머신처럼 취급합니다. 월스트리트는 사람들이 주식을 살 때보다 콜옵션을 살 때 돈을 더 많이 법니다. 그래서 사람들이 3일짜리 콜옵션도 살 수 있는 시스템을 개발하고 사용법까지 가르쳐줍니다. (웃음소리) 농장에 대해서는 콜옵션을 사고파는 사람이 없는데도 말이지요.

이렇게 주식시장이 제정신이 아닌 덕분에 버크셔는 좋은 기회를 잡게 됩니다. 우리가 똑똑해서가 아니라 단지 제정신이기 때문에 기회를 잡는 것입니다. 이것이 투자에 필요한 핵심 요건입니다. 찰리?

**멍거** 엄청난 주식 거래량과 매일 벌어지는 도박, 도박자를 속이려고 흥분시키는 사람들을 보면 현재와 같은 광기는 유례가 없다고 생각합니다. 도박판에서 주사위를 굴리는 사람들과 다름없으므로 자본주의의 자랑거리도 아니고 아름다운 모습도 아닙니다. 이런 모습이 세상에 무슨 보탬이 되겠습니까?

**버핏** 어떤 방식으로든 이런 시장 시스템을 이용하면 쉽게 부자가 될 수 있습니다. 때로는 직업이 사람을 선택하기도 합니다. 오래전 나도 월스트리트에 온갖 친구들이 있었습니다. 그러나 내가 이런 식으로 말하기 시작한 이후 많이 감소했지요.

사람들은 살아가면서 많은 결정을 합니다. 사실 미국 시스템이 전반적으로 보면 지극히 효과적이었지만 여러모로 매우 불공정하기도 합니다. 그러나 미국 시스템 덕분에 지금 나는 할아버지 시대보다 훨씬 뛰어난 상품과 서비스를 이용하고 있습니다. 나는 에어컨도 없고 이를 뽑기 전에 위스키를 들이켜야 했던 시대로 돌아가고 싶지 않습니다. 지금 이 세상은 전보다 훨씬 좋아졌습니다.

**멍거** 그 미친 도박 덕분에 우리가 더 잘살게 되었다고 생각합니다. 수십 년 전보다 살기 편해졌습니다.

**버핏** 우리는 도박에 의존하고 있지요.

**멍거** 그렇습니다. (웃음소리)

**버핏** 도박 덕분에 가격이 잘못 설정된 주식을 우리가 이용하고 있다는 뜻입니다. 우리가 오래전에 깨달은 사실이 있습니다. 투자에 필요한 것은 높은 IQ가 아니라 단지 올바른 태도라는 사실입니다.

## 좋은 기업 vs. 끔찍한 기업: 씨즈캔디 사례

워런 버핏이 자주 이야기하는 기업 중 하나는 제과회사인 씨즈캔디입니다. 아마 버핏의 초기 투자에서 가장 인상적인 투자이며, 인생 투자라고 불러도 될 듯합니다.

버핏은 1972년 씨즈캔디 인수를 통해서, 저평가된 주식에 투자하는 담배꽁초 투자(cigar butt investing)의 버핏 1.0시대를 지나 강력한 브랜드를 가진 훌륭한 기업에 투자하는 버핏 2.0시대에 진입합니다.

버핏의 명언 중 하나인 "적당한 회사를 훌륭한 가격에 사는 것보다 훌륭한 회사를 적당한 가격에 사는 게 훨씬 낫다"도 씨즈캔디를 통해서 깨달은 것이나 마찬가지입니다.

2007년 연례 주주 서한에서 버핏은 '위대한 기업, 좋은 기업, 끔찍한 기업(Businesses: The Great, the Good and the Gruesome)'이라는 꼭지를 통해 훌륭한 기업의 특징을 설명한 적이 있습니다. 여기서도 씨즈캔디에 상당한 분량을 할애했습니다.

◆ 1997년 버크셔 해서웨이 주주총회 ◆

## 소비재 분석의 달인 버핏과 씨즈캔디

**Q. 제품 특성과 소비자 심리를 어떻게 분석하면 탁월한 기업을 찾아낼 수 있나요?**

**버핏** 소비재를 분석할 때는 현재 그 제품에 관심을 보이는 사람들이 전 세계에 얼마나 있는지, 이들의 태도는 어떠한지를 깊이 생각해야 합니다. 아울러 5년이나 10년, 20년 뒤에는 사람들의 태도가 어떻게 바뀔지에 대해서도 깊이 생각해야 합니다. 현재 거의 모든 세계인(아마도 세계 인구의 약 75%)이 코카콜라에 관심을 보입니다. 코카콜라는 거의 모든 세계인에게 의미 있는 브랜드입니다. 반면 RC콜라(RC Cola)는 세계인 누구에게도 의미 있는 브랜드가 아닙니다. RC콜라 소유주에게나 의미가 있겠지요. 사람들 모두가 코카콜라를 기억하며 그 기억은 지극히 우호적입니다. 즐거운 경험과 관련된 기억이기 때문입니다. 즐거운 곳에서, 디즈니랜드에서, 야구장에서, 그리고 입가에 미소를 짓게 되는 거의 모든 곳

에서 코카콜라를 즐겼다는 뜻입니다. 나는 이런 곳에 버크셔 해서웨이 주주총회도 보태고 싶군요. (웃음소리)

이런 즐거운 기억은 거의 200개 국가 사람들의 마음속 깊이 뿌리 내렸습니다. 1년 뒤에는 더 많은 사람이 기억할 것이며 전반적인 이미지도 약간 달라지겠지요. 10년 뒤에는 조금 더 달라질 것입니다. 결국 관건은 시장 점유율이 아니라 마음 점유율입니다.

디즈니(Walt Disney)도 마찬가지로 수십억 명에게 의미 있는 브랜드입니다. 자녀에게 비디오를 사주려는 부모라면 매번 한 시간 반이나 들여 비디오를 미리 살펴볼까요? 부모들이 기억하는 디즈니의 이미지는 ABC와 같지 않으며 20세기폭스(20th Century Fox)나 파라마운트(Paramount)와는 더더욱 같지 않을 것입니다. 디즈니도 수십억 명이 지극히 호감을 느끼는 의미 있는 브랜드입니다. 게다가 디즈니의 활동 덕분에 호감은 더욱 커지고 있습니다.

디즈니가 확보한 마음 점유율을 돈을 주고 사려면 경쟁사는 어떻게 해야 할까요? 방법이 없습니다. 수십억 달러를 들여 광고를 하거나 탁월한 세일즈맨 2만 명을 동원해도 불가능합니다. 문제는 5년, 10년, 20년 뒤의 위상입니다. 인구는 더 증가하고, 디즈니의 인지도는 더 높아질 것이며, 부모들은 여전히 자녀들에게 비디오를 사주려 할 것이고, 자녀들은 이 비디오를 좋아할 것입니다. 소비 제품회사에 대해서 우리는 이런 방식으로 생각하고 있습니다.

찰리와 나는 씨즈캔디를 인수할 때도 이런 식으로 생각했습니다. 밸런타인데이에 애인이 "그냥 싼 걸로 샀어!"라고 말하면서 평범한 캔디 한 상자를 선물해도 입가에 미소를 지을 사람이 있을까요? 밸런타인데이에는 선물로 씨즈캔디를 받는 사람이 수백만 명에 이르며 이들은 머지않아 첫 키스를 하게 됩니다. 따라서 씨즈캔디는 아름다운 추억과 함께 마음속에 간직됩니다. 소비 제품에는 이미지가 중요합니다. 그러나 탁월한 제품을 만들어내려면 방대한 인프라가 필요합니다. 나는 만리장성에서도 체리코크를 보았습니다. 이는 사람들이 만리장성에서도 체리코크를 원한다는 뜻입니다.

제2차 세계대전 당시 아이젠하워 장군은 우드러프(Robert Woodruff) 사장에게, 미군이 있는 곳이라면 세계 어디든 코카콜라가 있으면 좋겠다고 말했습니다. 그러자 코카콜라는 세계 곳곳에 보틀링 공장을 세웠습니다. 이런 놀라운 태도는 특히 미국 제품과 잘 어울립니다. 음악, 영화, 청량음료, 패스트푸드 등 몇몇 미국 제품은 세계인들로부터 사랑받고 있습니다. 프랑스 회사, 독일 회사, 일본 회사가 세계 청량음료시장의 48%를 차지하는 모습은 도무지 상상할 수가 없습니다. 이런 제품들은 미국 문화의 한 부분이며 세계인들도 함께 열망하고 있습니다.

현재 코닥(Kodak)이 세계인들의 마음에서 차지하는 위치는 20년 전에 못 미칩니다. 그동안 후지(Fujifilm)가 치고 올라와 코닥과 대등한 자리를 차지했기 때문입니다. 이제 미국인들은 이런 사례를 원치 않습니다. 그래서 코카콜라나 디즈니는 빈틈을 보이지 않습니다. 코카콜라가 광고비를 1,000만 달러 정도 줄이더라도 매출은 조금도 감소하지 않을 것입니다. 어느 광고의 효과인지는 알 수 없지만, 세계인 거의 모두 코카콜라 제품에 대해 들어보았으며 좋은 인상을 간직하고 있다는 점만은 분명합니다.

씨즈캔디는 아직 고객 저변이 충분히 확대되지 않았지만, 우리가 계속 노력하는 한 시장 지배력을 빼앗기는 일은 없을 것입니다. 사람들이 저가 제품에는 관심을 보이지 않으므로 우리는 가격을 더 인상할 수 있습니다. 청량음료에 대해서도 사람들은 진짜(real thing)를 원하기 때문에, PB 상품들은 매출이 감소하고 있습니다.

**멍거** 씨즈캔디 사례는 우리 모두에게 흥미로운 교훈이라고 생각합니다. 우리가 처음으로 브랜드 가치에 눈을 떠 한 단계 올라선 사례인데 그 과정은 수월치 않았습니다. 소유주가 매각 가격을 10만 달러만 더 인상했더라도 우리는 씨즈캔디를 인수하지 않았을 것입니다. 워런이 당대 최고의 교수로부터 배우고 나서였는데도 말이지요. 우리 마음 자세가 여전히 부족했던 탓에 올바른 결정을 내리기가 쉽지 않았습니다. 다행히 우리는 씨즈캔디를 인수했고, 씨즈캔디가 성과를 내준 덕분에 우리는 계속 배웠습니다. 이 사례는 결국 지속적인 학습이 가장 중요하다는 사실을 일깨워 줍니다. 가끔 사람들은 우리를 '늙어가는 두 경영자'라고 부르지만, 이 세상에 '젊어지는 경영자'도 있나요? (웃음소리)

**버핏** 우리가 씨즈캔디를 인수하지 않았다면, 1988년 코카콜라 주식도 매수하지 않았을 것입니다. 따라서 우리는 씨즈캔디 덕분에 코카콜라에서 110억 달러가 넘는 이익을 얻을 수 있었다고 생각해야 합니다.

◆ 2022년 버크셔 해서웨이 주주총회 ◆

## 멍거의 신박한 아이디어 두 가지

**Q. 당신이 일반적으로 인정된 회계원칙**(GAAP)**을 변경한다면 어떻게 변경하시겠습니까?**

버핏 나는 답변을 포기하겠습니다. 찰리, 자네는 어떻게 하겠나? 사실 이 문제에는 답이 없습니다. 우선 GAAP가 무엇을 반영해야 하는지 결정해야 합니다. GAAP는 가치를 반영하지 않습니다. 물론 때에 따라서는 이것이 가치라고 말해야 합니다. GAAP는 일반적으로 감사를 보호하는 것이 관례입니다. 감사를 보호하지 않으면 온갖 이유로 모두가 모두에게 소송을 제기하기 때문입니다. 그리고 GAAP는 시장이 원하는 일정량의 정보를 보고할 수 있도록 설계됩니다.

(중략)

내가 기다리던 질문이 안 나와서 나 자신에게 질문을 던지겠습니다. (웃음소리) 내가 기다리던 질문은 앨러게이니에 제안한 인수 가격이 하필 848.02달러냐는 것입니다. 그런 가격이면 더 정확해 보일까요? (웃음소리) 내가 제안한 가격은 주당 850달러에서 투자 은행의 자문 수수료를 차감한 금액이었습니다. 앨러게이니는 투자은행의 자문을 받을 수밖에 없었습니다. 델라웨어 법에 의하면 전문가의 의견이 있어야 이사들이 보호받기 때문입니다. 나는 누군가를 비난하려고 이 이야기를 하는 것이 아닙니다. 다만 언젠가 델라웨어의 판사들, 입법자들, 기자들에게 유용할지 모르겠다는 생각은 듭니다.

자문 수수료가 1,000만 달러냐 4,000만 달러냐는 누군가에게 중요한 사안입니다. 기업을 인수하는 우리에게는 항상 중요한 사안이었지만 이 게임에는 나름의 방식이 있었습니다. 이와 관련된 사례가 있습니다. 그동안 아무도 관심이 없었지만 버크셔 해서웨이의 57년 역사 기간에 공정성 보증의견(fairness opinion)을 받아야 했던 적이 두 번 있습니다. 두 번 모두 공정성 보증의견이 필요했던 이유가 지극히 타당했습니다. 하나는 우리 투자조합이 보유한 다이버시파이드 리테일링(Diversified Retailing)과 버크셔 해서웨이가 합병하는 사례였는데, 두 회사는 주주 구성이 달랐으며 내가 최대 수혜자였습니다.

가장 많이 관련된 사람은 나였지만 합병 비율을 결정한 사람은 내가 아니었습니다. 나는 두 회사 중 한 회사에 대한 지분이 조금 더 많았습니다. 어쨌든 공정성 보증의견이 필요했습니다. 그래서 나는 당연히 찰리에게 가서 이 사실을 말했습니다. 찰리는 공정성 보증의견이 필요하다는 사실을 나보다 잘 안다고 하면서 내게 말했습니다. "어떻게 해야 공정한지 자네도 알고 나도 알며 샌디도 안다네."

소유주가 우리 세 사람뿐이었다면 10분 만에 세 사람 모두 공정하다고 여기는 합병안이 도출되었을 것입니다. 그러나 두 회사는 주주 구성이 달랐으므로 그 방식은 옳지 않았습니다. 이렇게 해서 첫 번째 사례는 1978년 11월 27일에 나왔습니다.

나는 사람들에게 두 회사의 주주 모두 합병으로부터 이득을 얻는다고 개인적으로 믿지만, 다른 주주들의 찬성표가 과반수일 때만 나도 찬성표를 던지겠다고 말했습니다. 나는 이 거래가 공정한지에 대한 판단을 사람들에게 맡기겠다고 약속했습니다. 그리고 유명한 투자은행의 공정성 보증의견도 필요했습니다. 그래서 찰리에게 말했습니다. "공정성 보증의견을 받으려면 100~200만 달러가 들 거야."

사실 투자은행은 하는 일이 아무것도 없습니다. 그들은 두 회사에서 일어나는 수많은 일을 전혀 모르면서도 공정성 보증의견을 작성합니다. 그런데도 우리는 그 서류가 필요합니다. 그래서 찰리를 찾아간 것입니다.

찰리가 말했습니다. "워런, 방법은 아주 간단해. 유명한 투자은행 10개를 선정해서 내가 말하는 대로 하면 돼." (웃음소리) 내가 "알았어. 10개를 선정한 다음에는 어떻게 하지?"라고 말하자 찰리가 대답했습니다. "1위부터 10위까지 순위를 매겨. 그리고 1위부터 순서대로 전화해서 공정성 보증의견을 작성해주면 6만 달러를 지불하겠다고 말하게. 그러면 그들은 모욕적인 가격이며 말도 안 된다고 생각할 걸세. 6만 달러만 받고 작성해주면 이후에는 다른 고객들에게 200만 달러를 받기 어려울 테니까. 그래도 6만 달러만 지불하겠다고 말하게. 십중팔구 모욕으로 받아들여 거절하겠지. 그러면 2위 투자은행에 똑같이 제안하게. 같은 방식으로 10위까지 내려가면서 계속하게. 10위까지 아무도 제안을 수락하지 않으면 다시 1위로 올라가서 8만 달러를 지불하겠다고 말하게. 그러고서 순서대로 내려가면서 똑같이 제안하게."

그래서 투자은행 10개를 선정했는데 1위 투자은행은 대표자가 잭 섀드(Jack Shad)였습니다. 섀드는 톰 머피(Tom Murphy)의 친구였고 유명한 EF허턴(E.F. Hutton)을 경영하고 있었습니다. 그는 대단히 성공적인 투자은행가였습니다. 나는 그를 잘 알지는 못했지만 다른 친구를 통해서 만난 적이 있습니다. 내가 전화를 걸어 "잭, 말도 안 되는 요청이 있다네"라고 하자 그가 대답했습니다. "모두가 자네를 무척 칭찬하더군. 내 친구들이 자네 친구들 아니겠나."

나는 말했습니다. "자네에게 전적으로 불리한 요청을 하려고 하네. 자네가 '이런 요청을 하려고 전화하다니 바보로군'이라고 말하면서 수화기를 집어 던져도 나는 충분히 이해하네. 우리 절차는 이렇다네." 나는 제일 먼저 그에게 전화했고, 그가 거절하면 페인웨버(Paine Webber)에 전화할 것이라고 설명했습니다. "선정된 사람이 열 명이네. 모두가 거절하면 다시 자네에게 전화해서 7만 5,000달러를 제안할 것이고, 누군가 수락할 때까지 똑같은 절차를 진행할 걸세. 잭, 자네가 첫 번째라서 6만 달러네. 하지만 수락하면 자네 사업이 엉망이 될 걸세. 장래에 자네 고객이 왜 버크셔는 6만 달러에 해주고 자신에게는 200만 달러를 요구하느냐고 반발할 테니까."

잭이 말했습니다. "걱정하지 말게 워런. 그 문제는 내가 처리할 수 있어. 요청을 수락하네." 이렇게 해서 한쪽의 공정성 보증의견은 확보했습니다. 다음에는 페인웨버에 전화해서 똑같이 설명하고서 말했습니다. "멍청하게도 EF허턴은 6만 달러에 한쪽의 공정성 보증의견을 써주기로 했네. 그러면 평판이 망가질 텐데 도대체 왜 써주겠다는 것인지 난 모르겠어." 그러자 페인웨버 측에서 말했습니다. "우리가 6만 달러에 다른 쪽 보증의견을 써주겠네." (웃음소리) 이렇게 해서 우리는 모든 절차를 마무리했습니다.

(중략)

지극히 현실적인 문제에 대해서 찰리가 준 네 가지 아이디어가 게임의 양상을 바꿔놓았습니다. 찰리, 자네가 그 보험사의 속임수에 대해서 말해줘야 한다고 생각하네. 1960년대에 있었던 이른바 사기성 보험금 청구 사건인데, 자네가 판돈을 키워서 공정한 게임을 해보자고 제안했던 건이네.

**멍거** 난 기억이 안 나네.

**버핏** 나는 기억하네.

**멍거** 그러면 자네가 말하게. (웃음소리)

**버핏** 찰리는 자그마한 펀드 운용회사와 퍼시픽코스트 증권거래소(Pacific Coast Stock Exchange) 회원권을 갖고 있었습니다. 회사의 명칭이 처음에는 휠러앤드멍거(Wheeler and Munger)였다가 나중에는 멍거휠러로 바뀌었습니다. 잭 휠러(Jack Wheeler)는 말했습니다. "조만간 회사 명칭이 멍거앤드컴퍼니로 바뀔 거야. 그래도 괜찮아." 잭 휠러는 매우 흥미로운 사내였는데, GM 등 몇 종목의 스페셜리스트(specialist, 해당 증권의 거래를 촉진하려고 시장을 조성하는 거래소 회원)였습니다. 그런데 어떤 직원이 회사에서 1만 2,000달러를 훔쳤습니다.

당시 찰리의 회사 휠러앤드멍거는 신원보증보험에 가입되어 있었으며, 직원이 회삿돈을 훔친 것은 분명했습니다. 찰리는 유명한 대형 보험사에 보험금 1만 2,000달러를 청구했습니다. 그러나 보험사는 보험금 지급을 거절하면서 말했습니다. "그 사람은 실제로 고용 상태가 아니었고 존재하지 않으므로 당신은 이해당사자가 아닙니다." 이제 찰리는 그 유명한 보험사의 경영자에게 편지를 썼습니다. 편지에서 찰리는 말했습니다. "우리는 보험금 1만 2,000달러를 청구합니다. 우리 직원은 돈을 훔쳤고, 우리는 절도 피해를 보상하는 보험에 가입되어 있습니다."

찰리는 계속 말했습니다. "당신과 나는 서로 처지가 다릅니다.

당신은 수많은 직원을 거느리고 있으며, 직원들은 무슨 일을 하든 월급을 받습니다. 그래서 직원들은 그저 '우리는 지급 못 합니다'라는 말만 해도 생활에 지장이 없습니다. 반면 나는 겨우 1만 2,000달러짜리 보험금을 직접 청구하느라 노닥거릴 시간이 없는 사람입니다. 이렇게 불평등한 처지를 이용해서 당신이 보험금 지급을 회피한다고 내가 주장하면 당신은 매우 불쾌할 것입니다. 이는 당신의 의도가 절대 아닐 것입니다. 그러면 보험금을 10배로 키운 12만 달러로 공정한 게임을 제안합니다. 당신이 지면 내게 12만 달러를 지급하십시오. 내가 지면 당신에게 12만 달러를 지급하겠습니다. 그러면 내 시간을 들여도 아깝지 않습니다."

찰리는 회장에게 편지를 보내면서 이 사실을 담당자에게 알려주었습니다. 그러자 회신 우편으로 1만 2,000달러짜리 수표가 왔습니다. (웃음소리) 교훈을 주는 사례입니다. 찰리의 아이디어가 두 가지 더 있지만, 너무 좋은 비법이어서 공개하고 싶지 않습니다. 언젠가 내가 사용할지도 모르니까요.

## 위대한 기업: 씨즈캔디

버핏이 찾는 기업과 위대한 기업이 되기 위한 조건을 살펴보겠습니다. 버핏은 멍거와 자신은 ① **사업을 이해할 수 있고** ② **장기적인 경제성이 좋으며** ③ **유능하고 신뢰할 수 있는 경영진이 있고** ④ **인수 가**

**격이 합리적인 기업**을 찾고 있다고 말합니다. 버핏은 가능한 한 회사를 통째로 인수하려고 하며, 경영진이 동업자가 되는 경우에도 지분 80% 이상을 인수하기를 원한다고 하네요.

물론 씨즈캔디, 가이코, BNSF처럼 경영권을 인수할 수 없을 때는 주식시장에서 위대한 기업의 지분을 소량 사들이는 것으로도 만족합니다. 아메리칸익스프레스, 코카콜라, 애플이 대표적인 사례입니다.

경제적 해자도 빠뜨릴 수 없습니다. 버핏은 정말 위대한 기업이 되기 위해서는 탁월한 수익률을 지켜줄 항구적인 해자를 가져야 한다고 말했는데요. 어떤 기업이 높은 수익을 내면 자본주의의 역학에 따라 경쟁자들이 그 성을 끊임없이 공격하게 됩니다. 그래서 탁월한 실적을 유지하기 위해서는 가이코, 코스트코의 낮은 생산 원가나 코카콜라, 질레트(Gillette)의 전 세계적인 강력한 브랜드처럼 가공할 만한 진입장벽을 가져야 합니다.

버핏은 기업의 역사를 돌아보면 **견고하게 보이던 해자가 순식간에 사라진 기업이 넘쳐난다며, 빠르게 변화하는 산업에 속한 기업들은 관심 대상에서 탈락**한다고 말합니다. 자본주의의 '창조적 파괴'가 사회에는 이롭게 작용하지만 투자에는 불확실성을 높이기 때문입니다.

대신 버핏은 안정적인 산업에 속하면서 장기적 경쟁우위를 확보한 기업, 그리고 만약 이런 기업이 성장성까지 갖췄다면 위대한 기업이 된다고 말하는데요. 바로 씨즈캔디입니다.

1972년 버핏은 씨즈캔디의 매출이 약 3,000만 달러이고 세전 이익은 500만 달러에 못 미칠 때 2,500만 달러를 주고 씨즈캔디를 인수했습니다. 당시 사업에 필요한 자본은 800만 달러였기 때문에 회사의 세전 투하자본이익률(ROIC)은 60%에 달했습니다.

두 가지 요소 때문에 씨즈캔디는 운전자본이 거의 필요하지 않았는데요. 우선 현금 판매를 했으므로 매출채권이 없었고, 생산 및 유통 주기가 짧아서 재고자산도 최소 수준을 유지했습니다.

• 2016년 버크셔 해서웨이 주주총회 •

## 최악의 정박 효과는 직전에 내린 결론

**Q. 정박(anchoring) 효과에 어떻게 대처하시나요?**

**버핏** 우리는 정박 효과를 무시합니다. 찰리와 나는 모든 기업에서 나타나는 정박 효과에 흥미를 느낍니다. 그래서 미시경제 요소들을 즐겨 들여다봅니다. 1972년 씨즈캔디를 인수할 때, 보유 매장이 140개였습니다. 우리는 장기간에 걸쳐 모든 숫자를 지켜보았습니다. 기업을 이해하는 작업은 정말로 흥미롭습니다. 정보 중 일부는 유용하지 않은 것처럼 보이지만 실제로는 유용합니다. 언젠가 사소한 변수가 등장해서 커다란 변화를 불러올 수도 있습니다. 마치 야구 경기를 지켜보는 것과 같습니다. 투수가 어떤 공을 던지든 공 하나하나가 흥미로운 것과 같습니다. 우리가 일하는 방식입니다.

**멍거** 우리가 항상 피하려고 노력하는 최악의 정박 효과는 직전에 내린 결론입니다. 직전에 떠올렸던 아이디어에서 벗어나려고 정말로 노력합니다.

**버핏** 찰리의 말에 의하면, 상대에게 반대하려면 상대의 논거를 더 잘 제시할 수 있어야 합니다. 그래야 상대에게 반대할 자격이 있습니다.

**멍거** 상대의 논거를 더 잘 제시할 수 없다면 침묵을 지켜야 합니다. 모두가 이 방식을 따른다면 정치에 기적이 일어날 것입니다.

■ ■

■ ■

**◆ 2017년 버크셔 해서웨이 주주총회 ◆**

## 좋아하는 기업의 특성

**Q. 〈HBO〉 다큐멘터리**(Becoming Warren Buffett 2017)**를 보니까, 당신은 투자를 야구에 비유하시더군요. 테드 윌리엄스**(Ted Williams, 《타격의 과학(The Science of Hitting)》에서 야구공 크기로 스트라이크존을 77개 칸으로 나눈 인물)**는 좋아하는 코스가 중앙 바로 아래였습니다. 당신이 좋아하는 투자 대상 기업의 특성은 무엇인가요?**

**버핏** 질문자 마음에 쏙 드는 용어로 정의할 수 있을지 모르겠군요. 그런 기업은 우리가 보면 압니다. 대개 이런 기업이지요. 5년, 10년, 또는 20년을 내다볼 수 있고, 현재 보유한 경쟁우위가 이 기간에 유지될지 판단할 수 있으며, 경영진이 믿을 만하고, 버크셔 문화에 어울릴 뿐 아니라 버크셔 문화에 합류하기를 갈망하며, 가격도 합리적이어야 합니다. 기업을 인수하면 우리는 그 기업이 장기간에 걸쳐 창출하리라 예상되는 자금을 기준으로 거액을 투입합니다. 우리는 더 확실한 예측이 가능할수록 더 좋아합니다.

우리가 처음으로 인수한 탁월한 기업은 씨즈캔디였습니다. 규모는 비교적 작아도 버크셔에 일종의 분수령이 된 기업이지요. 1972년 씨즈캔디를 보고는, 사람들이 먹거나 선물할 때 다른 캔디보다 씨즈캔디를 선호할 것인지 자문해보았습니다. 당시 씨즈캔디의 세전 이익은 약 400만 달러였는데 우리는 2,500만 달러를 지불했습니다. 이후 우리가 씨즈캔디에서 벌어들인 이익이 약 20억 달러입니다. 우리는 사람들이 저가 캔디를 사지는 않을 것으로 생각했습니다. 밸런타인데이에 아내나 여자 친구(물론 두 사람은 동일인이겠지요?)에게 캔디 한 상자를 선물하면서 "싼 걸로 샀어!"라고 말했다가는 본전도 찾기 어려울 것입니다. 우리는 씨즈캔디가 특별한 상품이라고 판단했습니다. 2017년까지는 몰라도 1982년과 1992년까지는 말이지요. 다행히 우리 판단이 적중했습니다. 우리는 씨즈캔디 같은 기업을 더 찾고 있습니다. 단지 규모만 훨씬 크면 됩니다.

**멍거** 당시 우리는 젊어서 무식했습니다.

**버핏** 지금 우리는 늙었는데도 무식합니다.

**멍거** 가격이 조금 더 높았더라도 우리가 씨즈캔디를 인수했을까요? 그들이 더 높은 가격을 제시했다면 우리는 사지 않았을 것입니다. 그러나 가격이 더 높았더라도 인수하는 편이 훨씬 현명한 판단이었습니다.

**버핏** 가격이 500만 달러 더 높았다면 나는 사지 않았을 것입니다. 그래도 찰리라면 기꺼이 샀을 것입니다. 다행히 우리는 그런 결정을 내릴 필요가 없었습니다. 설사 가격이 더 높았더라도 찰리는 인수를 밀어붙였을 것이고 나는 가만있었을 것입니다.

씨즈캔디를 매각한 사람은 창업자의 손자로서 사업에는 관심이 없었는데, 하마터면 생각을 바꿀 뻔했습니다. 그는 여자와 와인에 더 관심이 많았고 한때 씨즈캔디를 팔지 않으려 했습니다. 내가 없는 동안 찰리가 그에게 가서, 캔디회사보다 여자와 와인이 더 낫다고 한 시간 동안 설득했습니다. 결국 그는 씨즈캔디를 우리에게 넘겼습니다. 이런 비상사태가 벌어지면 나는 찰리를 호출합니다.

**멍거** 사업 초기에 단지 가격이 싸다는 이유로 소름 끼치는 기업을 인수했던 경험이 우리에게 큰 행운이 되었습니다. 망해가는 가망 없는 기업을 살려보려고 시도하면서 값진 경험을 했으니까요. 이후 우리는 가망 없는 기업들을 능숙하게 피했습니다. 사업 초기에 저지른 실수가 유용한 경험이 되었습니다.

**버핏** 돼지 귀로는 비단 지갑을 만들 수 없다는 사실을 배웠습니다.

**멍거** 쓴맛을 보아야 제대로 깨닫게 되지요.

## 하마터면 놓칠 뻔한 씨즈캔디

사실 버핏은 씨즈캔디를 인수하지 못할 뻔했는데요. 소유주인 시(See) 가문이 3,000만 달러를 요구했지만 버핏은 2,500만 달러 이상은 지불할 생각이 없었기 때문입니다. 담배꽁초 투자만 하던 버핏에게는 2,500만 달러도 PER 12배, PBR 3배 수준으로 상당히 비싼 가격이었습니다. 결국 소유주인 시 가문이 양보해서 버핏은 씨즈캔디를 인수하게 됩니다.

그럼 버핏이 인수한 이후 씨즈캔디의 실적은 어땠을까요? 버핏이 1984년 연례 주주 서한에서 공개한 씨즈캔디의 실적을 살펴보겠습니다. 1972~1984년 씨즈캔디의 매출액은 3,134만 달러에서 1억 3,595만 달러로 4배 이상 커졌고 세후 이익은 208만 달러에서

1,338만 달러로 6배 넘게 불어났습니다.

그런데 자세히 보면 재밌는 부분이 있습니다. 매출액은 4배 이상 커졌지만 판매량은 1,695만 파운드에서 2,476만 파운드로 약 46% 증가하는 데 그쳤습니다. 대신 1파운드(약 450그램)당 가격은 1.85달러에서 5.49달러로 3배 올랐습니다. 1974년에는 가격을 17.3%나 올리기도 했는데요. 씨즈캔디는 매년 가격을 10% 올리면서 해가 갈수록 더 많은 돈을 벌어들입니다. 바로 씨즈캔디의 브랜드와 높은 고객 충성도 때문에 가능했던 건데요. 버핏은 씨즈캔디를 통해서 브랜드 파워의 중요성을 깨닫습니다.

1972~1984년 씨즈캔디의 연간 성장률을 분석해보면, 판매량은 매년 3.2%밖에 안 늘었지만 가격이 거의 10%씩 오르면서 매출액은 13%씩, 세후 이익은 16.8%씩 눈덩이처럼 불어났습니다.

씨즈캔디는 버크셔 해서웨이의 완전 자회사라서 최근 실적을 확인하긴 어렵습니다. 버핏은 2019년 버크셔 해서웨이 주총에서 "우리가 2,500만 달러를 투자했는데 씨즈캔디는 그동안 20억 달러가 훨씬 넘는 세전 이익을 우리에게 가져다주었습니다"라고 말한 적이 있습니다.

세전 이익으로 보면 투자금의 8,000%가 넘는 수익을 가져다준 건데요. 씨즈캔디가 벌어준 돈은 버크셔의 든든한 밑천이 되어, 버핏은 이 돈으로 코카콜라에 투자하기도 했습니다. 지금은 씨즈캔디의 초콜릿 가격이 파운드당 20달러가 넘습니다. 1972년의 1.85달러에서 10배 넘게 오른 가격이지만 여전히 없어서 못 판다고 하네요.

**1972~1984년 씨즈캔디 연간 성장률**

| 연도 | 매출액 (1만 달러) | 세후 이익 (1만 달러) | 캔디 판매량 (1만 파운드) | 캔디 가격 (달러/파운드) | 가격 상승률 (%) |
|---|---|---|---|---|---|
| 1972 | 3,134 | 208 | 1,695 | 1.85 | |
| 1973 | 3,501 | 194 | 1,781 | 1.97 | 6.5 |
| 1974 | 4,125 | 302 | 1,788 | 2.31 | 17.3 |
| 1975 | 5,049 | 513 | 1,913 | 2.64 | 14.3 |
| 1976 | 5,633 | 557 | 2,055 | 2.74 | 3.8 |
| 1977 | 6,289 | 615 | 2,092 | 3.01 | 9.9 |
| 1978 | 7,365 | 618 | 2,241 | 3.29 | 9.3 |
| 1979 | 8,731 | 633 | 2,399 | 3.64 | 10.6 |
| 1980 | 9,772 | 755 | 2,407 | 4.06 | 11.5 |
| 1981 | 11,258 | 1,078 | 2,405 | 4.68 | 15.3 |
| 1982 | 12,366 | 1,188 | 2,422 | 5.11 | 9.2 |
| 1983 | 13,353 | 1,370 | 2,465 | 5.42 | 6.1 |
| 1984 | 13,595 | 1,338 | 2,476 | 5.49 | 1.3 |

자료: 1984년 버크셔 해서웨이 주주 서한

## 좋은 기업, 그리고 끔찍한 기업

좋은 기업이지만 환상적인 기업과는 거리가 먼 기업은 플라이트세이프티(FlightSafety)입니다. 플라이트세이프티는 항공기 조종사에게 비행 시뮬레이터를 이용한 첨단 비행훈련을 제공하는 회사입니다. 이 회사 역시 지속적인 경쟁우위를 확보하고 있는데요. 최고가 아닌 회사에서 비행 교육을 받는 건 돈을 아끼려고 값싼 병원에서 수술을 받는 것과 똑같기 때문입니다.

그런데 이 회사는 이익의 상당 금액을 재투자해야 성장할 수 있습니다. 버핏은 1996년 플라이트세이프티를 인수했을 때 세전 영업이익이 1억 1,100만 달러, 고정자산투자가 5억 7,000만 달러였는데, 인수 이후(2008년 2월까지) 감가상각비가 9억 2,300만 달러를 기록했다고 밝혔습니다.

자본적 지출(CAPEX)도 16억 3,500만 달러에 달했는데, 끊임없이 나오는 신형 항공기 모델에 맞는 시뮬레이터를 들여와야 하기 때문입니다. 아무리 좋은 기업이라고 해도 이렇게 끊임없이 투자해서는 돈을 많이 벌기가 힘듭니다. 버핏이 인수 이후 씨즈캔디에 투자한 금액이 채 4,000만 달러도 되지 않는 것과 비교하면 플라이트세이프티는 정말 돈 먹는 하마 같습니다.

버핏은 전력회사 등 공익기업도 플라이트세이프티와 같은 유형이라고 설명했습니다. 막대한 돈을 벌어들이겠지만 그러기 위해서는 수십억 달러를 투자해야 하기 때문입니다.

그럼 끔찍한 기업은 어떤 기업일까요? 버핏에 따르면 **최악의 기업은 빠르게 성장하는 과정에서 막대한 자본투자를 필요로 하지만 돈은 거의 벌지 못하는 기업**입니다. 버핏이 예로 든 건 항공사인데요. 라이트(Wright) 형제의 첫 비행 이후 항공산업은 끝없이 자본을 요구했으며 투자자들은 항공산업의 성장성에 매혹되어 밑 빠진 독에 돈을 쏟아부었다고 버핏은 말합니다.

버핏 역시 1989년 US에어 우선주를 사면서 바보들의 행진에 동참했고, 수표의 잉크가 마르기도 전에 주가가 폭락했지만, 1998년 항공산업이 반짝 반등할 때 이익을 남기고 우선주를 간신히 팔았습니다. 버핏이 팔고 나서 US에어는 2000년이 되기도 전에 파산했고요. 아무리 강심장을 가진 버핏이라도 안도의 한숨을 쉬었을 것 같습니다.

버핏은 위에서 말한 기업을 세 가지 저축 계좌에 비유했습니다. 위대한 저축 계좌는 금리가 이례적으로 높은 데다가 해가 갈수록 금리가 상승합니다. 바로 씨즈캔디입니다. 좋은 저축 계좌는 금리가 매력적이고 추가 예금에도 매력적인 금리를 적용해줍니다. 마지막으로 끔찍한 저축 계좌는 금리가 낮을 뿐 아니라 낮은 금리에 예금을 계속 추가해야 합니다. 금리가 이미 높은 데다가 매년 금리가 오르는 저축 계좌라니, 정말 찾고 싶은 저축 계좌입니다.

## 씨즈캔디를 통한 학습 경험이 가장 유용했습니다

**Q. 멍거 부회장님, 지금까지 한 거래 중 유난히 마음에 든 거래는 무엇인가요?**

멍거 유난히 마음에 든 거래가 있었다고는 생각하지 않습니다. 다만 학습 경험 면에서 가장 유용했던 거래는 십중팔구 씨즈캔디였습니다. 브랜드도 강력했고, 추가 자본을 투입하지 않아도 현금흐름이 끊임없이 증가하는 회사였으니까요. 우리가 씨즈캔디를 인수하지 않았다면 코카콜라에도 투자하지 않았을지 모릅니다. 나는 훌륭한 삶이란 항상 배우고 또 배우는 삶이라고 생각합니다. 나는 우리가 오랜 기간 끊임없이 배운 덕분에 버크셔에서 막대한 투자 수익을 올렸다고 생각합니다.

자본 배분 경험이 전혀 없는 사람을 CEO에 임명하는 것은 주사위를 던지는 것과 다르지 않습니다. 우리는 매우 오랜 기간 자본 배분을 했으므로 낫습니다. 그렇다고 우리 판단이 항상 옳은 것은 아닙니다. 그나마 심각한 피해를 모면하는 것은 우리가 끊임없이 배운 덕분입니다. 우리가 계속 배우지 않았다면 여러분은 여기에 있지 않을 것입니다. 그렇다고 여러분이 죽지는 않았겠지만 여기에 모여 있지는 않을 것입니다.

2장

# 실전 투자, 전략과 기법

# 애플 투자로 본 분산투자와 집중투자

워런 버핏이 이끄는 버크셔 해서웨이가 2023년 1분기 말 기준 애플 주식을 자그마치 1,510억 달러(200조 원)어치 보유한 것으로 드러났습니다. 애플 투자를 통해 버핏이 말하는 집중투자와 분산투자에 대해 한번 살펴보겠습니다.

버크셔 해서웨이는 주식을 수년, 심지어 수십 년 동안 보유할 정도로 회전율이 낮으며 소수 종목을 집중 보유하는 것으로 유명합니다. 그래서 매 분기 13F 보고서(Form 13)가 공개될 때마다 전 세계 투자자들은 버크셔의 주식 포트폴리오에 촉각을 곤두세웁니다. 버크셔 포트폴리오를 백테스팅(backtesting, 과거 성과 분석)하거나 그대로 모방하는 투자자도 많습니다.

참고로 미국 증권거래위원회(SEC)는 미국 증시에서 1억 달러 이상의 자산을 운용하는 기관투자가는 매 분기 말 기준 45일 이내에 13F 보고서를 통해 보유 종목을 공시하도록 하고 있습니다.

## 애플 비중 46.4% vs. 20%

2023년 5월 15일 버크셔가 SEC에 제출한 13F에서 가장 눈에 띄는 대목은 1분기에 애플 주식을 2,042만 주 늘린 점입니다. 버크셔의 애플 지분가치도 추가 매수와 주가 상승에 힘입어 1,510억 달러(200조 원)로 늘었습니다. 3,251억 달러(약 432조 원) 규모의 버크셔 포트폴리오에서 애플이 차지하는 비중도 2022년 말 대비 7.5%포인트 상승한 46.4%에 달합니다.

버핏의 투자 스타일을 잘 모르는 사람이라면 애플 비중이 너무 높다고 생각할 수 있을 것 같습니다. 실제로 2023년 5월 초 열린 버크셔 해서웨이 주주총회에서는 35%에 달하는 애플 비중이 너무 높지 않으냐는 질문이 나왔습니다. 애플 비중은 2022년 말에도 39%였는데 질문자가 35%로 잘못 기억한 것 같네요.

먼저 버핏은 "애플은 버크셔 포트폴리오의 35%를 차지하지 않습니다"라며 버크셔의 포트폴리오는 철도, 에너지기업, 씨즈캔디를 포함하고 있다고 대답했습니다. 버크셔는 3,251억 달러 규모의 주식 포

**2023년 1분기 말 버크셔 해서웨이 주식 포트폴리오 현황**

| 순위 | 기업명 | 지분가치(달러) | 포트폴리오 비중(%) | 버크셔의 해당 회사 지분율(%) |
|---|---|---|---|---|
| 1 | 애플 | 1,510억 | 46.4 | 5.8 |
| 2 | 뱅크오브아메리카 | 295억 | 9.1 | 12.9 |
| 3 | 아메리칸익스프레스 | 250억 | 7.7 | 20.4 |
| 4 | 코카콜라 | 248억 | 7.6 | 9.2 |
| 5 | 셰브론 | 216억 | 6.7 | 6.9 |
| 6 | 옥시덴탈페트롤리움 | 132억 | 4.1 | 23.6 |
| 7 | 크래프트하인즈 | 126억 | 3.9 | 26.5 |
| 8 | 무디스 | 75억 | 2.3 | 13.5 |
| 9 | 액티비전블리자드 | 42억 | 1.3 | 6.3 |
| 10 | HP | 35억 | 1.1 | 12.3 |

트폴리오뿐 아니라 가이코, 듀라셀(Duracell), 벌링턴노던산타페(BNSF) 등 수많은 자회사를 보유한 지주회사라는 의미입니다.

애플 주가가 상승을 지속하면서 2023년 9월 말 기준 버크셔의 애플 보유지분가치는 약 1,600억 달러를 기록했습니다. 이 금액이 버크셔 시가총액(7,850억 달러)의 약 20%이기 때문에 버핏은 버크셔의 애플 비중이 35%가 아니라고 말한 겁니다.

버핏은 애플에 대한 찬사도 쏟아냈습니다. "애플의 고객들은 약

1,500달러를 내고 아이폰을 삽니다. 사람들은 두 번째 차를 위해 3만 5,000달러를 지불하는데, 만약 두 번째 차와 아이폰 중에 하나를 포기해야 한다면 두 번째 차를 포기할 것입니다. 아이폰은 정말 놀라운 제품입니다."

버핏은 애플이 버크셔가 소유한 어떤 사업보다도 더 좋은 사업, 즉 베스트 사업이라고 말하는데요. 이 말 한마디에 버핏이 애플을 집중 보유하는 이유가 담겨 있습니다. 계속 살펴보겠습니다.

◆ 2023년 버크셔 해서웨이 주주총회 ◆

### 애플 비중은 높지 않습니다

**Q.** **애스워드 다모다란**(Aswath Damodaran) **교수는 현재 애플이 버크셔의 포트폴리오에서 차지하는 비중이 35%여서 위험 수준에 근접했다고 말했습니다. 두 분의 견해가 궁금합니다.**

**멍거** 다모다란이 제정신이 아니라고 생각합니다.

**버핏** 그런 말이 나올 줄 알았습니다. (웃음소리) 애플은 버크셔 포트폴리오의 35%를 차지하지 않습니다. 버크셔의 포트폴리오에는 철도회사, 에너지회사, 가라니멀(Garanimals), 씨즈캔디 등 온갖 회사가 포함됩니다. 게다가 애플의 장점은 우리 지분이 더 증가할 수 있다는 점입니다. 현재 애플의 유통 주식은 약 157억 주인데, 자사주 매입을 통해서 150억 주로 감소하면 우리 지분은 5.6%에서 6%로 증가합니다.

BNSF에 대한 우리 지분은 100%를 넘길 수 없습니다. 가라니멀이나 씨즈캔디 지분도 100%를 넘길 수 없고요. 훌륭한 기업들이어서 지분을 200% 보유하고 싶지만 그럴 수는 없습니다. 우리가 애플을 평가하는 기준은 우리가 보유한 기업들을 평가하는 기준과 다릅니다. 애플은 우리가 보유한 기업들보다 좋은 기업입니다. 우리는 애플에 막대한 자금을 투입했지만 우리가 BNSF에 투입한 금액보다는 적습니다. 우리 철도회사도 매우 좋은 기업이지만 애플이 더 좋은 기업입니다. BNSF는 애플의 근처도 못 따라갑니다. 애플의 고객들은 약 1,500달러를 내고 아이폰을 삽니다. 사람들은 두 번째 차를 위해 3만 5,000달러를 지불하는데, 만약 두 번째 차와 아이폰 중에 하나를 포기해야 한다면 두 번째 차를 포기할 것입니다. 아이폰은 정말 놀라운 제품입니다. 우리가 지분을 100% 보유한 기업 중에는 애플 같은 기업이 없습니다.

하지만 우리는 애플 지분을 5.6% 보유해서 대단히 행복하며, 지분이 0.1% 증가할 때마다 무척 기쁩니다. 애플의 이익 중 우리 몫이 1억 달러씩 증가하는 셈이기 때문입니다. 애플이 이익으로 우리 동업자들(다른 애플 주주들)의 지분을 매입하는 모습을 보면 우리는 기쁩니다. 자사주 매입으로 유통 주식 수가 감소하면 인덱스펀드도 주식을 매도해야 합니다. 2년 전 나는 세금 혜택을 받으려고 애플 주식을 일부 매도했는데 실수였습니다.

찰리가 이미 비판했지만, 애플은 버크셔 포트폴리오의 35%가 아닙니다. 버크셔의 포트폴리오는 우리가 운용하는 자금입니다. 우리는 훌륭한 기업들도 보유하고 풍부한 유동성도 보유합니다. 우리 포트폴리오에는 제한이 없습니다. 찰리, 앞에서 자네가 한 비판에 보탤 말 없나?

**멍거** 요즘 대학에서 가르치는 어리석은 내용 하나가 주식 투자에 광범위한 분산투자가 절대적으로 필요하다는 것입니다. 이는 얼빠진 생각입니다. 좋은 기회를 찾아내기는 쉽지 않습니다. 투자 기회가 3개뿐이더라도 나는 그중 가장 나쁜 기회 대신 가장 좋은 기회에 투자하겠습니다. 가장 좋은 아이디어와 가장 나쁜 아이디어도 구분 못 하는 사람들이 있습니다. 기존 투자가 훌륭하다고 판단되면 그대로 유지하는 편이 낫다고 생각해야 합니다.

나는 우리가 남들보다 실수가 적다고 생각합니다. 이는 우리에게 축복입니다. 우리는 그다지 영리하지 않지만 우리의 강점이 무엇인지는 알고 있습니다. 이것이 실용 지능의 핵심 요소입니다. IQ 높은 천재 중에는 자기가 실제보다 훨씬 영리하다고 생각하는 사람이 많습니다. 그런 사람은 위험합니다. 자신의 능력과 강점을 잘 안다면 이른바 포트폴리오 '다악화(diworsification)'가 필요하다는 전문가들의 주장을 무시해야 합니다.

■ ■

## 애플 주식을 일부 매도한 건 실수

**Q. 애플을 버크셔의 네 번째 보석이라고 말하면서, 2020년에 애플 주식을 더 매수하지 않고 일부 매도한 이유는 무엇인가요?**

**버핏** 현재 우리의 애플 지분은 1분기에 다소 증가해서 약 5.3%입니다. 우리도 자사주 매입을 했고, 애플도 자사주 매입을 한 덕분입니다. 최근 애플은 추가 자사주 매입 계획을 발표했습니다. 애플은 우리가 지분 5.3%를 보유한 자회사라고 볼 수 있습니다. 다만 시장성 유가증권이므로, 우리가 보유한 다른 시장성 유가증권보다 훨씬 많아 보입니다. 참고로 유니언퍼시픽(Union Pacific)은 시가총액이 약 1,500억 달러이며, 우리 BNSF는 유니언퍼시픽보다 규모가 더 크므로 가치가 조금 더 높을 것입니다.

애플의 팀 쿡(Tim Cook)은 환상적인 경영자입니다. 그는 한동안 능력을 제대로 인정받지 못했지만 내가 본 경영자 중 세계 정상급 경영자입니다. 애플은 사람들로부터 절대적인 사랑을 받고 있습니다. 애플 사용자들의 만족률은 99%에 이릅니다. 안드로이드폰을 원하는 고객에게는 여러 회사가 제품을 판매할 수 있지만, 애플폰을 원하는 고객에게는 오로지 애플만 제품을 판매할 수 있습니다.

애플은 정말 놀라운 브랜드입니다. 사람들의 생활에서 애플이 담당하는 역할을 생각하면 애플은 가격이 매우 저렴합니다. 나처럼 애플을 전화기로 사용하는 사람은 미국에 한 명뿐일 것입니다. 어쩌면 알렉산더 그레이엄 벨(Alexander Graham Bell, 최초로 '실용적' 전화기를 발명한 인물)의 후손들도 전화기로 사용할지 모르겠습니다. 그러나 사람들에게는 애플이 필수품입니다.

앞으로 5년 동안 3만 5,000달러짜리 자동차와 애플폰 중 하나를 포기해야 한다면 사람들은 어느 쪽을 포기할까요? 작년에 우리는 애플을 더 매수할 기회가 있었는데도 일부를 매도했습니다. 다행히 자사주 매입 덕분에 우리 주주들의 애플 지분은 더 증가했지만 말이지요. 그러나 매도는 십중팔구 실수였습니다. 찰리, 절제된 표현으로 말해주게. 자네도 애플 매도가 실수였다고 생각하지?

**멍거** 실수였네.

**버핏** 찰리는 그다지 좋아하지 않았지만 나는 코스트코(Costco)와 애플을 매도했습니다. 둘 다 찰리의 판단이 옳았을 것입니다. 팀 쿡은 위대한 경영자입니다. 스티브 잡스(Steve Jobs)처럼 혁신적 제품을 창조한 것은 아니지만 회사를 매우 훌륭하게 경영했습니다. 스티브 잡스도 팀 쿡만큼 회사를 훌륭하게 경영하지는 못했을 것입니다.

**멍거** 버핏이 열거한 선도적 미국 기업들을 보면 신기술 분야에서 미국 기업들이 매우 중요한 역할을 담당하고 있습니다. 나는 이들 선도적 미국 기업이 반독점법 등 때문에 몰락하는 일이 없기를 바랍니다. 나는 이들의 독점에 의한 폐해가 많다고 생각하지 않습니다. 이들은 미국과 문명사회에 기여한다고 생각합니다.

**버핏** 크게 기여하고 있습니다.

**멍거** 크게 기여하고 있으므로 우리에게 유리합니다.

## 집중투자 vs. 분산투자

1993년 연례 주주 서한에서도 버핏이 집중투자와 분산투자에 대해서 자세히 언급한 적이 있습니다. 한번 볼까요?

당시 버핏은 오래전에 멍거와 자신은 평생 투자를 해도 현명한 결정을 수백 번 내리기는 너무도 어렵다고 판단했다며 이제 좋은 아이디어를 1년에 한 번만 내기로 했다고 이야기합니다.

이어서 버크셔의 전략은 일반적인 분산투자 이론을 따르지 않는다면서, 전문가들은 버크셔의 전략이 전통적인 분산투자 전략보다 위험하다고 여길 것이라고 말합니다. 하지만 집중투자 전략을 사용하면 기업을 더 강도 높게 분석할 수 있고 기업의 경제 특성에 대해 더 안

심할 수 있으므로 위험을 낮출 수 있다고 강조합니다.

또 버핏은 자신이 위험을 사전적 의미대로 '손실이나 피해 가능성'으로 정의하는 반면 학자들은 투자 '위험'을 주식이나 포트폴리오의 상대적 변동성, 즉 시장 전체와 비교한 변동성이라고 주장한다고 이야기합니다. 베타(Beta)를 의미합니다.

조금 복잡한 내용인데요. 어쨌든 버핏은 베타와 투자 위험을 동일시하는 건 의미가 없다며 분산투자 이론을 비판합니다. 투자자라면 누구나 실수를 저지를 수 있지만, 이해하기 쉬운 영역에 집중할 경우 일정한 지식이 있고 부지런하다면 투자 위험을 정확하게 분별할 수 있다고 얘기하면서요. 버핏이 자주 강조하는 능력범위와 맞물려서 생각해야 할 것 같습니다.

버핏이 분산투자가 필요하다고 여긴 분야도 있습니다. 바로 차익거래와 같은 투자 전략은 거래 한 건에 따르는 위험이 크다면 연관성이 없는 거래 여러 건으로 분산해서 전체 위험을 낮춰야 한다는 건데요.

그럼에도 버핏은 어느 정도 지식이 있는 투자자로서 사업의 경제성을 이해하고 적당한 주가에 거래되며 장기적인 경쟁우위를 확보한 기업을 5~10개 찾아낼 수 있으면 전통적인 분산투자가 맞지 않는다고 이야기합니다. 대개 실적은 감소하고 위험은 오히려 증가한다고 말하면서요.

버핏은 스무 번째로 선호하는 종목에 투자하는 대신 자신이 가장 잘 이해하고 위험이 낮으며 이익 잠재력이 큰 1위 종목 투자를 늘려야 한다고 강조합니다. 버크셔 주식 포트폴리오에서 애플 비중이 46.4%(2023년 1분기 기준)에 달하는 것도 이해가 갑니다.

◆ 2021년 버크셔 해서웨이 주주총회 ◆

## 자본주의의 핵심은 자본이익률

**Q. 주주 서한에서 당신은 최소 자산으로 높은 수익을 내는 기업에서 최고의 투자 실적이 나온다고 말했습니다. 앞으로 투자에서 토드 콤스(Todd Combs)와 테드 웨슐러(Ted Weschler)의 역할이 더 커짐에 따라 버크셔 포트폴리오에서 고수익 대형 기술주가 차지하는 비중이 증가할까요?**

**버핏** 아시다시피 그린 비즈니스(green business, 사회에 부정적인 영향을 최소화하거나 긍정적 영향을 미칠 수 있는 기업)는 매우 적은 자본으로 빠르게 성장하는 기업입니다. 애플, 구글(Google), 마이크로소프트, 페이스북(Facebook) 등이 대표적인 예입니다. 애플은 고정자산이 370억 달러인데도 고정자산이 1,700억 달러인 버크셔보다 버는 돈이 훨씬 많습니다. 그러므로 버크셔보다 훨씬 좋은 사업입니다. 마이크로소프트와 구글 역시 버크셔보다 훨씬 좋은 사업입니다. 우리는 1972년 씨즈캔디를 인수하고서 이 사실을 깨달았습니다. 씨즈캔디는 많은 자본이 필요 없습니다. 주방이라고 부르는 제조 공장이 2개 있지만 재고자산이 많지 않고 매출채권도 많지 않습니다. 이런 기업이 최고의 기업이지만 가격이 매우 높습니다. 게다가 이런 기업은 흔치 않으며 항상 최고의 기업으로 유지되는 것도 아닙니다.

우리는 항상 이런 기업을 찾고 있습니다. 우리도 이렇게 훌륭한 기업을 몇 개 보유하고 있지만 규모는 크지 않습니다. 모두가 이런 기업을 찾고 있습니다. 자본주의의 핵심은 자본이익률(return on capital, ROC)입니다. 자본이익률을 높이려면 투하자본이 많지 않아야 합니다. 공익기업(utility, 수도, 전기, 가스 사업)처럼 막대한 자본을 투자해야 한다면, 매우 높은 자본이익률은 기대할 수 없습니다. 그 자본이익률은 구글 근처에도 못 미칩니다. 우리가 텍사스주에 제안한 거래의 자본이익률은 9.3%였습니다. 찰리, 더 보탤 말 있나?

**멍거** 없네.

## 일곱 번째로 좋은 아이디어에 투자해서 부자가 된 사람은 없다

버핏이 1998년 플로리다대학교에서 MBA 학생들에게 한 강연에도 재밌는 내용이 있습니다.

이날 버핏은 분산투자에 대한 질문을 받고 만약 목표가 지수보다 훨씬 더 좋은 수익을 올리는 게 아니라면 인덱스펀드를 매수해서 폭

넓게 분산하고, 아예 거래를 하지 말라고 조언합니다. 이렇게 미국의 일부를 소유하는 결정만 해도 충분히 가치가 있을 것(시장 수익률 획득)이라고 말합니다.

하지만 만약 투자의 세계에 들어가서 시간과 노력을 투자해 제대로 기업을 평가하려고 한다면 분산투자는 끔찍한 실수라고 버핏은 이야기합니다.

"만약 여러분이 정말 비즈니스를 제대로 이해한다면 기업 6개 이상을 보유해서는 안 됩니다."

버핏의 말은 만약 훌륭한 사업 6개를 찾을 수 있다면 분산투자는 충분하다는 의미이며, 6개 기업 보유를 통해 많은 수익을 올릴 수 있다는 뜻입니다. 그런데 여기서 더 재밌는 말을 합니다.

**"첫 번째 사업(베스트 아이디어)에 돈을 더 투자하는 대신 일곱 번째 사업에 투자하는 것은 끔찍한 실수라고 단언할 수 있습니다. 일곱 번째로 좋은 아이디어로 부자가 된 사람은 거의 없으니까요. 많은 사람이 그들의 베스트 아이디어로 부자가 되었습니다."**

한 걸음 더 나아가 버핏은 투자자가 정말 사업을 제대로 이해한다면 여섯 번째 종목에 투자하는 것도 우스운 일이라며 자신은 가장 좋아하는 종목에 절반쯤 투자할 것이라고 말합니다. "저는 개인적으로 분산하지 않습니다"라는 말을 덧붙이면서요.

## 좋은 기회에 충분히 투자해야

**Q. 소수 종목에 집중투자하면 불안하지 않나요?**

**버핏** 자기 돈으로 투자할 때 강하게 확신하는 종목을 발견하면 한 종목에 순자산의 75%를 투자해도 문제가 없습니다. 그러나 한 종목에 순자산의 500% 이상을 투자한다면 문제가 있습니다. 나는 개인 재산의 75%를 한 종목에 투자한 적이 여러 번 있습니다. 그렇게 하지 않으면 오히려 잘못이라고 생각했습니다. 하지만 그런 기회는 흔치 않습니다. 언론도 알려주지 않고 친구들도 말해주지 않습니다. 75%가 과도한 집중투자는 아니겠지, 찰리?

**멍거** 나는 가끔 개인 재산의 100% 이상을 한 종목에 투자했습니다.

**버핏** 찰리는 노름판 물주였군요. LTCM은 순자산의 25배를 투자했다가 몰락했습니다. 여기 모인 주주들 중에는 재산의 90% 이상을 버크셔에 투자한 사람도 있습니다. 2002년에는 정크본드 중에도 집중투자할 만한 종목이 있었습니다. 1974년에는 캐피털시티(Capital Cities)가 그런 종목이었습니다. 주가가 보유 부동산 가치의 3분의 1이었고, 경영진은 최고였으며, 사업도 잘 돌아가고 있었으니까요. 우리가 코카콜라를 매수했을 때 순자산의 100%를 투입했더라도 위험에 처하지 않았을 것입니다.

**멍거** 경영대학원 기업금융 시간에 학생들은 분산투자야말로 대단한 비법이라고 배웁니다. 그러나 사실은 그 반대입니다. 아무것도 모르는 투자자라면 분산투자를 해야 하지만 전문가가 분산투자를 한다면 미친 짓입니다. 투자의 목적은 분산투자를 하지 않아도 안전한 투자 기회를 찾아내는 것입니다. 일생일대의 기회가 왔을 때 20%만 투자한다면 합리적인 선택이 아닙니다. 정말 좋은 기회에 우리가 충분히 투자하는 경우는 매우 드뭅니다.

**◆ 1993년 버크셔 해서웨이 주주총회 ◆**

## 성공 투자의 열쇠

**Q. 어떤 투자서를 읽어야 하나요?**

**버핏** 《현명한 투자자》를 읽어보세요. 그러나 이 책에 투자의 비법이 들어 있는 것은 아닙니다.

투자는 그다지 복잡하지 않습니다. 일단 회계는 기업의 언어이므로 배워야 합니다. 성공 투자의 열쇠는 합당한 기질을 갖춘 사람이 올바른 마음 자세로 원칙을 지켜나가는 것입니다. 능력범위를 벗어나지만 않으면 좋은 실적을 얻게 될 것입니다.

**멍거** 40개 이상 기업에 투자하면서도 좋은 실적을 내는 사람은 거의 없습니다. 평생 8~10개 기업이면 충분하고 심지어 1개 기업으로도 좋은 실적을 얻을 수 있습니다.

## 인덱스펀드와 헤지펀드의 승부

투자자 중에는 상장지수펀드(ETF) 등 인덱스펀드에 투자하는 대신 직접 주식을 고르는 사람이 많습니다. 자신이 선별한 주식의 수익률이 지수 수익률을 넘길 것을 기대하기 때문입니다.

그런데 막상 뚜껑을 열어보면 지수 수익률을 초과하기는 쉬운 일이 아닙니다. 상승장이나 하락장에 관계없이 절대 수익을 추구한다는 헤지펀드 역시 마찬가지입니다.

### S&P500 인덱스펀드와 헤지펀드의 수익률 승부

2007년 워런 버핏은 인덱스펀드와 헤지펀드의 수익률 내기를 롱벳

(Longbet, 미래 예측 결과에 베팅하는 비영리 사이트)에 올렸습니다. 롱벳은 예측자(predictor)가 2년 이상의 장기적 관점에서 사회적 또는 과학적으로 중요한 내기 주제를 제시하면 도전자(challenger)가 이에 맞서 도전하며, 양측이 내기에 건 돈은 승자가 지정한 자선 기관에 기부하는 시스템입니다.

버핏이 건 내기는 다음과 같습니다.

**버핏과 헤지펀드의 내기**

> **"2008년 1월 1일부터 2017년 12월 31일까지 10년간 S&P500지수는 수수료, 비용, 경비를 차감한 성과로 측정할 때 헤지펀드로 구성된 포트폴리오보다 더 나은 성과를 올릴 것이다."**

버핏은 논거로서 "수많은 영리한 사람이 헤지펀드 운영에 몰두하고 있으나 그들의 노력은 자기 중화적(self-neutralizing)으로 작동하며(즉 상쇄되며) 높은 IQ 역시 투자자에게 부과하는 수수료를 정당화할 만큼 높은 수익을 내지 못할 것"이라고 말했습니다. 또 "투자자는 장기적으로 재간접펀드(fund-of-funds)보다 저비용 인덱스펀드를 통해서 더 높은 수익을 올릴 것"이라고 덧붙였습니다.

버핏이 내기를 건 이유는 **펀드매니저가 종목을 선정하는 '액티브' 펀드보다 지수를 단순 추종하는 '패시브' 펀드가 더 유리하다**는 것을 입증하기 위해서입니다. 버핏은 미국 투자자들이 매년 터무니없이 많은 보수(수수료)를 자산운용사에 내고 있지만 과연 투자자들이 낸 돈이 값어치를 하는지에 대해 회의적입니다. 즉 투자자들이 얻는 수익이 지급한 수수료만큼 높아지지 않는다는 것입니다.

◆ 2021년 버크셔 해서웨이 주주총회 ◆

## 퀀트 전문가 채용은 생각하지 않습니다

**Q. 짐 사이먼스(Jim Simons)의 메달리온펀드(Medallion Fund)는 30년 수익률이 보수를 제외하고 연 39%입니다. 버크셔도 퀀트 전문가를 채용하면 어떤가요?**

**버핏** 퀀트 전문가 채용은 생각하지 않습니다. 먼저 찰리의 대답을 들어보겠습니다.

**멍거** 흥미로운 질문입니다. 퀀트 펀드는 단기 트레이딩에서 엄청난 실적을 냈습니다. 이들은 주가 예측력을 높이는 알고리즘을 개발했습니다. 이들은 돈벌이가 되는 한 이 알고리즘을 계속 사용하고 있습니다. 그러나 장기 주가 예측에 똑같은 시스템을 기계적으로 계속 사용하면 실적이 예전만 못했습니다. 단기적으로도 이 시스템에 지나치게 의존하면 이점을 상실했습니다. 그러므로 퀀트 운용 규모에는 한계가 있었습니다.

**버핏** 하지만 이들은 매우 똑똑합니다.

**멍거** 네. 이들은 큰 부자가 되었습니다. 매우 똑똑하고 부유하지요. 짐 사이먼스는 매우 우수한 인물입니다.

**버핏** 그래도 우리는 트레이딩으로 돈을 벌려고 하지 않습니다. 우리는 방법을 모릅니다. 방법을 안다면 이미 트레이딩을 하고 있겠지요. 누군가 대신 해주겠다고 해도 우리는 아무도 믿지 않습니다. 답은 간단합니다.

**멍거** 우리는 해류에 대해서는 예측하지 않습니다. 누가 해류를 거슬러 헤엄칠 것인지 예측합니다.

■ ■

■ ■

**• 2021년 버크셔 해서웨이 주주총회 •**

## 사회가 도박을 중심으로 돌아가서는 안 됩니다

**Q. 모든 연령대가 주식시장에 참여하게 해주는 로빈후드**(Robinhood) **같은 트레이딩 애플리케이션에 대해 어떻게 생각하시나요?**

**버핏** 나는 로빈후드의 S1(기업공개를 앞둔 비상장회사가 SEC에 제출하는 유가증권신고서)을 고대하고 있습니다. 로빈후드는 최근 1년 반 동안 주식시장에 합류한 카지노 집단 중 거물이 되었습니다. 이들은 고객에게 거래 수수료를 받지 않는다고 말하는데 어떻게 돈을 버는지 궁금합니다. 이들의 설명이 흥미로울 것입니다. 이들이 끌어들인 카지노 고객의 12~13%가 풋옵션과 콜옵션 거래를 하고 있습니다. 애플을 찾아보니 7일짜리 옵션과 14일짜리 옵션도 거래되고 있습니다. 장담하건대 사람들이 로빈후드를 통해서 매도하는 옵션이 많을 것입니다. 사람들은 7일이나 14일 후 애플의 주가를 놓고 도박을 벌이고 있습니다. 물론 불법도 아니고 부도덕한 일도 아닙니다.

그러나 사회가 도박을 중심으로 돌아가서는 안 된다고 생각합니다. 구조 가능성이 전혀 없는 무인도에 사람들이 불시착했다고 가정합시다. 내가 이렇게 말합니다. "내가 거래소를 세워서 옥수수 선물 등 온갖 상품을 거래하겠습니다." 대중의 도박 본능을 악용하는 사람들에게 사회는 커다란 보상을 해주고 있습니다. 그다지 칭찬받을 만한 일이 아닌데도 말이지요. 그동안 미국이 이룬 성과는 전반적으로 매우 훌륭합니다. 그런데 미국 기업들은 투자와 저축 대상으로도 훌륭하지만 도박용 칩도 잘 만듭니다.

어떤 기업은 처음 돈을 번 사람들에게 도박용 칩을 주면서 그들의 거래 정보를 이용하는 대가로 매일 무료로 30~50회 거래할 수 있다고 말합니다. 이런 기업이 더는 없으면 좋겠습니다. 나는 이들의 사고방식이 궁금합니다. 찰리?

**멍거** 내게 이런 질문을 하는 것은 황소 앞에서 붉은 깃발을 흔드는 것과 같습니다. 그런 기업이 선량한 문화 시민을 끌어들이는 행위는 매우 불쾌합니다. 심각한 잘못입니다. 사람들에게 해로운 상품을 팔아 돈을 벌어서는 안 됩니다.

**버핏** 미국은 여러 주에서 복권을 판매하고 있습니다.

**멍거** 그것도 나쁜 짓입니다. 점잖은 사람들이 복권을 사게 하므로 매우 나쁜 짓입니다. 주 정부도 로빈후드만큼 나쁩니다.

**버핏** 어떤 의미에서는 더 나쁘죠. 실제로는 세금을 부과하는 셈이니까요. 희망에 부과하는 세금입니다. 그렇게 부과하는 세금이 찰리와 내가 내는 세금보다 많습니다.

**멍거** 미국의 주 정부들이 마피아가 하던 숫자놀음을 대신하고 있습니다. 주 정부가 "그 사업 우리가 해야겠어"라고 말하면서 마피아를 밀쳐냈습니다. 나는 우리 정부가 부끄럽습니다.

버핏에게 도전장을 내민 건 뉴욕의 헤지펀드, 프로테제파트너스(Protégé Partners)입니다. **버핏은 뱅가드(Vanguard) S&P500 ETF**를 선정했고, **프로테제파트너스는 헤지펀드에 투자하는 재간접펀드 5개**를 선정했습니다.

2008년 루이스 머피라는 네티즌이 롱벳에 "워런 버핏과 반대로 투표한다고? 나는 헤지펀드 분야는 초보자나 다름없지만 절대로 버핏에게 맞서서 투표하지 않을 거야. 시간이 말해주겠지"라고 댓글을 달았는데, 딱 맞는 말이네요. 2018년 한 네티즌은 "시간이 말해주었어. 미래로부터"라고 재치 있게 답글을 달았습니다.

결과는 당연히 버핏의 승리입니다. 프로테제파트너스가 선정한 재간접펀드 5개의 10년 누적수익률 평균은 36.3%를 기록한 반면 S&P500 인덱스펀드의 10년 누적수익률은 125.8%에 달했습니다.

**2008~2017년 인덱스펀드와 헤지펀드의 누적수익률 비교**

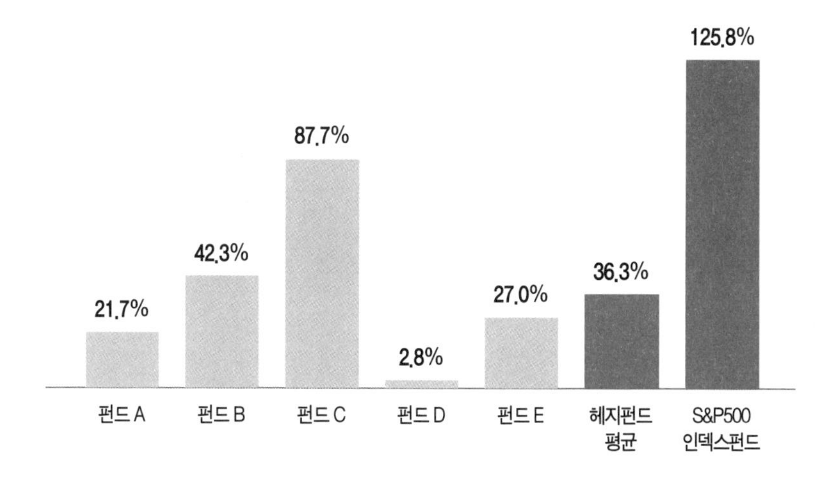


자료: 2017년 버크셔 해서웨이 주주 서한

## 공매도를 했다면 우리는 무일푼이 되었을 것

**Q.** **공매도가 위험한가요?**

**멍거** 공매도는 위험합니다.

**버핏** 찰리와 나는 그동안 약 100개 종목을 공매도 후보로 생각했습니다. 우리 생각은 거의 모두 적중했지만, 실제로 공매도를 실행했다면 우리는 무일푼이 되었을 것입니다. 거품은 인간의 본성을 이용합니다. 거품이 언제 터질지는 아무도 모르며, 터지기 전에 주가가 얼마나 상승할지도 알 수 없습니다.

1950년대 말~1960년대 초에 롱숏 모형을 보유한 AW존스(A.W. Jones)는 유명한 헤지펀드를 만들어냈습니다. 이들은 시장 중립 펀드였지만 원칙을 지키지 않았고 결국 문제가 발생했습니다. 그 결과 자펀드 대부분이 망했습니다. 재산을 날리고 자살한 사람도 있고 택시 운전사가 된 사람도 있습니다.

벤저민 그레이엄도 공매도에서는 실적이 좋지 않았습니다. 그의 페어 트레이딩은 성공률이 매우 높았지만 마지막 공매도 포지션에서 큰 손실을 보았습니다.

나도 1954년 공매도를 했다가 큰 손실을 보았습니다. 나는 10년 동안 공매도에 대한 예상이 적중했지만 이후 10주 동안 예상이 크게 빗나갔습니다. 결국 10년 동안 벌어들인 돈이 10주 동안 모두 날아갔습니다.

공매도는 정말 어렵습니다. 한다면 소액만 해야 합니다. 모든 기업을 공매도해서도 안 됩니다. 기업 하나만 잘못 골라도 망할 수 있으니까요. 주가가 상승하면 손실 금액이 갈수록 증가합니다.

또 10년간 S&P500 인덱스펀드의 연간 수익률은 8.5%를 기록한 반면, 5개 재간접펀드의 연간 수익률은 최저 0.3%, 최고 6.5%를 기록했으며 평균 약 3%에 불과했습니다. 복리로 따지면 엄청난 차이입니다. 이렇게 수익률 차이가 큰 이유는 도대체 뭘까요?

◆ 2019년 버크셔 해서웨이 주주총회 ◆

## 지브롤터 바위산처럼 안심하고 의지할 수 있는 대상이 되고 싶습니다

**Q. 버크셔는 초과 현금 중 200억 달러만 현금으로 보유하고 나머지는 인덱스펀드에 투자하는 편이 낫지 않나요?**

**버핏** 지극히 훌륭한 질문입니다. 내 후계자가 채택하고 싶을 법한 대안이군요. 나도 단기국채보다는 인덱스펀드를 선호합니다.
그러나 우리가 이 전략을 2007~2008년에 실행했다면 2008~2009년 말에 자금을 원하는 대로 사용하기 어려웠을 것입니다. 자금 규모가 10억~20억 달러라면 모르겠지만 1,000억~2,000억 달러일 때는 단기국채로 보유하지 않으면 원하는 시점에 사용하기가 어렵습니다. 하지만 지극히 합리적인 의견입니다. 특히 지난 10년 동안 이어진 강세장을 돌아보면 확실히 눈에 띄는 전략입니다.
장래에 버크셔가 거액을 운용할 때는 그 방법도 합리적이라 생각합니다. 그러나 매우 신속하게 1,000억 달러를 지출해야 하는 상황이 올 수도 있으며 그때는 단기국채가 인덱스펀드보다 훨씬 낫습니다. 우리는 그런 기회가 올 것이라고 생각합니다. 그때 다른 사람들은 자본을 배분할 형편이 되지 않을 것입니다.

**멍거** 내가 다른 사람들보다 더 보수적이라는 점은 인정합니다. 하지만 그래도 괜찮다고 생각합니다. 지나고 보면 S&P500보다 더 유리한 투자 기회도 많았습니다. 하지만 당시에는 절호의 기회에 대비해서 현금을 보유해야 했습니다.
우리처럼 거대한 기업이 현금을 다소 넉넉하게 보유하는 것은 잘못이 아니라고 생각합니다. 하버드대학은 학부모로부터 선납받은 수업료 등 현금을 모두 털어 사모펀드에 거액을 투자했으나, 그 시점을 잘못 선택한 탓에 2~3년 큰 고통에 시달렸습니다. 우리는 하버드대학처럼 시달리고 싶지 않습니다.

**버핏** 절호의 기회를 잡으려면 거액을 매우 신속하게 동원할 수 있어야 합니다. 물론 그런 기회가 자주 오는 것은 아닙니다. 그러나 향후 20~30년 동안 하늘에서 금이 비처럼 쏟아지는 기회가 두세 번 올 것입니다. 그때는 빨래통을 들고 밖으로 뛰어나가야 합니다. 하지만 그때가 언제인지 알 수 없으므로 우리는 막대한 자금을 보유하고 있어야 합니다.

만일 내가 단기국채와 S&P500 인덱스펀드 중 하나만 보유해야 한다면 인덱스펀드를 선택하겠습니다. 그러나 우리에게는 여전히 희망이 있습니다. 그리고 우리 주주들 중에는 버크셔 주식이 거의 전 재산인 사람도 많다는 사실을 분명히 인식해야 합니다. 나 역시 그런 주주입니다.

우리는 모든 주주에게 돈을 벌어드리고 싶습니다. 그러나 내재가치 근처 가격에 매수한 주주들에게도 영구 손실이 발생하지 않도록 매우 확실한 방법으로 돈을 벌어드리고 싶습니다. 우리는 주주가 100~200만 명까지 증가하고 이들 중 다수가 손실을 보는 상황은 원치 않습니다. 세상이 큰 혼란에 휩싸이면 사람들은 지브롤터 바위산처럼 안심하고 의지할 대상을 원하게 됩니다. 우리는 그런 대상이 되고 싶습니다.

■ ■

## 승패를 결정한 건 수수료

바로 '수수료'입니다. 버핏은 매년 약 2.5%에 달하는 수수료가 5개 재간접펀드의 매니저와 이들 펀드가 담은 헤지펀드의 매니저에게 분배되었을 것이라고 추정했습니다. 헤지펀드의 표준 보수는 연간 2%의 운용 수수료와 수익의 20%를 가져가는 성과 수수료로 구성되기 때문입니다. 반면 현재 뱅가드 S&P500 ETF의 연간 수수료는 0.03%에 불과합니다.

버핏이 수수료에 대해서 재밌는 이야기를 하는데요. 실적은 좋아지기도 하고 나빠지기도 하지만 수수료는 절대 영향받지 않는다는 겁니다. 위의 경우 수익률에서 주식이 오르든 내리든 항상 -2.5%를 적용해야 하는 거죠. 그래서 버핏은 헤지펀드가 벌어들인 이익 중 약 60%를 펀드매니저가 가져갔을 거라고 추정합니다.

버핏의 논리는 간단합니다. 투자자 전체를 A그룹(적극적 투자자, 즉 펀드 투자자)과 B그룹(소극적 투자자, 즉 인덱스펀드 투자자)으로 구분한다면 A와 B의 비용 차감 전 실적은 시장 평균이 될 수밖에 없고 A그룹에서 상당한 비용이 발생한다면 B그룹보다 실적이 뒤처질 수밖에 없다는 논리입니다. 이제 왜 버핏이 인덱스펀드 투자를 권장하는지 이해됩니다.

그리고 높은 수수료를 받고 좋은 실적을 내는 펀드매니저도 가끔 있지만, 이들도 대개 개인투자자와 마찬가지로 단기간 운이 좋을 뿐이라고 버핏은 말합니다.

마지막으로 버핏은 세 가지 현실적인 문제 때문에, 성공했던 펀드도 실패로 끝나기 쉽다고 이야기합니다. 첫째, 실적이 좋은 펀드에는 막대한 자금이 몰려듭니다. 둘째, 운용자산이 커지면 수익률을 높이기가 어려워집니다. 100만 달러라면 굴리기 쉽지만 10억 달러가 되면 아무래도 버거워지니까요. 셋째, 그럼에도 대부분의 펀드매니저는 신규 자금을 끌어모읍니다. 운용자산이 늘어날수록 펀드매니저의 수입도 증가하니까요. 결국 펀드 수익률도 하락할 수밖에 없습니다.

마지막으로 버핏은 높은 보수가 적용되는 수조 달러 규모의 펀드가 월가에서 운용되고 있지만 막대한 이익을 얻는 사람은 투자자가 아니라 펀드매니저들이라고 말합니다. 버핏은 큰손이든 개미든 모두 저비용 인덱스펀드로 갈아타라고 말하네요. 여러분은 어떻게 생각하시나요?

참, 버핏은 자신의 사후에 아내에게 남겨진 유산 중 90%를 S&P500 ETF에 투자하라고 할 만큼 S&P500을 좋은 투자 수단으로 여기고 있습니다. 이 말은 낮은 수수료로 미국 경제에 투자하라는 말과 마찬가지입니다.

## 인덱스펀드의 시대는 끝났다는 말에 동의할 수 없습니다

**Q. 최근 액티브 펀드매니저들은 패시브 투자의 시대가 끝났다고 말합니다. 이제는 인덱스펀드에 장기 투자해도 안전하지 않다고 말합니다. 어떻게 생각하시나요?**

**버핏** 나는 유서를 변경하지 않았습니다. 내 아내는 상속받는 돈의 90%를 인덱스펀드로 보유하게 됩니다. 증권업계에서 인덱스펀드를 권유하지 않는 것은 팔아도 돈벌이가 되지 않기 때문입니다. 그러나 "인덱스펀드의 시대는 끝났다"라는 말은 "미국에 투자하는 시대는 끝났다"라는 말과 다르지 않습니다. 그래서 나는 절대로 동의할 수 없습니다. 인덱스펀드에 뭔가 특별한 문제가 있다는 주장이지만, 그 근거를 찾기 어렵습니다. 높은 보수를 받는 펀드와 낮은 보수를 받는 인덱스펀드 중 장기적으로 어느 쪽이 승리할지 나는 분명하다고 생각합니다.

뛰어난 실적을 안겨줄 수 있다고 고객을 설득해야 돈을 버는 사람이 많습니다. 이들 중에는 운이 좋아서 실적을 내는 사람도 일부 있고 실력으로 실적을 내는 사람도 소수 있습니다. 그래서 사람들은 짐 사이먼스 같은 탁월한 실력자를 찾을 수 있다는 생각에 매료됩니다. 짐 사이먼스는 실력으로 탁월한 실적을 달성했지만 이는 매우 이례적인 경우이며 보수도 매우 높습니다. 게다가

펀드 규모가 커지면 실적을 유지하기 어려워지므로 이런 펀드는 모집을 중단하기도 합니다.

자산운용업계에서는 펀드 판매만 잘해도 돈을 벌고, 판매도 잘하고 운용도 잘하면 더 많이 법니다. 그런데 업계의 실상을 보면 운용을 잘해서 버는 돈보다 판매를 잘해서 버는 돈이 훨씬 많습니다.

## 버핏이 말하는 성장투자와 가치투자

워런 버핏은 흔히 가치투자의 대명사로 여겨지지만 사실 그의 투자 스타일은 가치투자라는 용어에 국한되지 않습니다.

1950년대 초기 투자 시절 버핏은 벤저민 그레이엄의 영향으로 별 볼 일 없는 회사를 싼값에 사는 담배꽁초 투자에 집중했지만 얼마 안 있어 이 투자법의 단점을 알아차립니다. 담배꽁초를 주워서 한 모금 빤 후에는 또다시 담배꽁초를 찾아다녀야 하기 때문입니다.

1959년 버핏은 평생 파트너인 찰리 멍거를 만난 후 점차 사업의 질과 성장성을 중시하는 방향으로 투자철학이 바뀝니다. 멍거는 그레이엄 방식으로 크게 성공한 버핏의 투자 스타일을 바꾸는 건 어려운 일이었다고 토로한 적이 있습니다. 하지만 1972년 버핏은 순자산이

800만 달러에 불과한 씨즈캔디를 2,500만 달러라는 '거금'에 매수하면서 투자 스타일을 바꿉니다. PBR 약 3배에 달하는 매수 대금을 지불하는 건 그레이엄 방식이라면 어림없는 일입니다.

• 2002년 버크셔 해서웨이 주주총회 •

### 틀렸다고 말해주는 파트너는 소중한 존재

**Q. 당신은 어떤 방식으로 피드백을 받나요?**

**버핏** 사람들은 새 정보를 입수하면, 기존에 내린 결론이 손상되지 않는 방향으로 해석합니다. 이것이 인간의 본성입니다. 그래서 훌륭한 파트너가 꼭 필요합니다. 찰리는 내가 하는 말이라고 해서 무조건 받아들이지 않습니다. 내 생각이 틀렸을 때 틀렸다고 말해주는 파트너야말로 더없이 소중한 존재입니다.

대부분 기업에서는 조직 구조상 CEO의 신념과 편견이 강화되기 쉽습니다. 직원들은 CEO의 생각에 거스르는 대안은 제시하려 하지 않습니다. 오로지 CEO가 원하는 대안만 제시합니다. 이사회도 CEO를 견제하지 않으므로 CEO는 거의 모두 자기 뜻대로 합니다.

피드백 구조는 지극히 중요합니다. 우리 피드백 구조는 매우 훌륭합니다.

## 버핏이 말하는 성장 vs. 가치

버핏은 자신의 투자는 85%의 벤저민 그레이엄과 15%의 필립 피셔로 이루어졌다고 말했습니다. 그레이엄이 정량적 분석을 중시하며 보수적으로 투자하는 스타일이었다면, 피셔는 정성적 분석을 중시하며 다소 공격적으로 투자하는 스타일입니다.

버핏은 피셔의 사실 수집 기법(수소문 기법)도 자주 활용했습니다. 애플에 투자할 때도 아이폰과 아이패드를 쓰는 손자들에게 제품에 대해 물어봤을 뿐 아니라 직접 사용해봤다고 합니다. 애플 투자만 봐도 버핏이 가치투자만 한다고 말하기는 어렵습니다. 버핏은 2016년 1분기에 애플 주식을 사기 시작해서 지금까지 무려 310억 달러를 쏟아부었습니다. 애플 시가총액이 3조 달러에 육박하면서 버핏의 보유지분가치도 2023년 9월 말 기준 1,600억 달러 이상으로 불어났습니다.

◆ 2016년 버크셔 해서웨이 주주총회 ◆

### 그레이엄 덕분에 투자를, 멍거 덕분에 사업을

**Q. 당신이 대중보다 앞서간 비결은 무엇인가요?**

**버핏** 나는 벤저민 그레이엄 덕분에 투자에 대해 많이 배웠고, 찰리 덕분에 사업에 대해 많이 배웠습니다. 나는 평생 기업을 들여다보면서 왜 어떤 기업은 잘되고 어떤 기업은 안되는지 패턴을 분석했습니다. 요기 베라(Yogi Berra)는 "지켜보기만 해도 많이 배울 수 있다"라고 말했습니다. 바로 찰리와 내가 오랜 기간 지켜보면서 배웠습니다.

능력범위를 인식하는 것도 중요합니다. 우리는 공이 특정 코스로 들어올 때만 방망이를 휘둘렀습니다. 우리 비결은 이보다 더 복잡하지 않습니다. 다른 활동보다 투자에 더 높은 IQ가 필요한 것은 아닙니다. 그래도 감정 조절은 필요합니다. 매우 똑똑한 사람들이 어리석게도 불필요한 위험을 떠안기도 하더군요. 이런저런 자멸 행위를 되풀이하는 사람이 많습니다. 천재까지는 필요 없지만 자멸 행위는 하지 말아야 합니다.

**멍거** 단순하면서 효과적인 방법이 있습니다. 인내심과 유연성을 겸비한 기질입니다. 기질은 대부분 유전이지만 어느 정도는 학습이 됩니다. 지금까지 버크셔가 매우 잘한 것 하나는 항상 올바르게 행동하려고 노력한다는 점입니다. 증조할아버지가 돌아가셨을 때 목사님이 말했습니다. "공정한 방법으로 성공하고 현명하게 소비한 사람은 절대 질투하면 안 됩니다." 이것이 바로 버크셔가 추구하는 바입니다.

사람들은 부자 대부분을 증오합니다. 돈을 번 방법이 옳지 않기 때문입니다. 우리는 도박회사와 담배회사 등 죄악 회사에는 투자하지 않습니다. 나는 버크셔가 단지 교활하기만 했다면 이렇게 성공하지 못했을 거라고 생각합니다. 우리는 공정한 방법으로 성공하여 현명하게 소비하는 기업으로 인정받고 싶습니다.

◆ 1997년 버크셔 해서웨이 주주총회 ◆

## 버핏이 스승 그레이엄을 뛰어넘은 이유는 투자를 더 즐겼기 때문

**Q. 그레이엄과 도드, 필립 피셔가 당신의 투자철학에 어떤 영향을 미쳤나요?**

**버핏** 그레이엄과 도드, 필립 피셔 어느 쪽을 따랐더라도 좋은 성과가 나왔을 것입니다. 나는 피셔보다 그레이엄에게 받은 영향이 확실히 더 많습니다. 나는 경영대학원에서 그레이엄으로부터 세 가지 기본 아이디어를 배웠습니다. 주식은 기업의 일부로 보아야 하고, 시장을 보는 적절한 관점을 유지해야 하며, 적정 안전마진을 확보해야 한다는 것입니다. 모두 그레이엄으로부터 직접 배운 내용입니다. 피셔는 내가 훌륭한 기업을 찾아낼 수 있도록 눈을 뜨게 해주었습니다. 훌륭한 기업 발굴에 대해서는 찰리가 피셔보다 더 영향을 주었지만, 피셔는 이 관점을 한결같이 지지했으며 나는 1960년대 초부터 피셔의 책을 읽었습니다. 피셔(1907~2004)는 아직 살아 있고 내게 큰 가르침을 주었지만, 그레이엄(1894~1976)은 세상에 둘도 없는 스승이었습니다.

**멍거** 그레이엄은 정말로 엄청난 인물이었습니다. 그의 글은 명쾌했으며, 몇 가지 단순한 아이디어만 철저하게 이해해도 큰 성과를 거둘 수 있다고 거듭 말했습니다. 일부는 내가 그레이엄으로부터 직접 배우기도 했지만, 워런을 통해서 간접적으로 배운 그레이엄의 아이디어 덕분에 실제로 큰 성과를 거두었습니다.
흥미롭게도 제자였던 워런이 스승 그레이엄을 뛰어넘었습니다(워런은 그레이엄이 컬럼비아대학에서 30년 동안 가르친 학생들 중 최고였습니다). 이는 자연스러운 결과였습니다. 뉴턴(Isaac Newton)은 말했습니다. "내가 다른 사람들보다 멀리 볼 수 있었다면 거인의 어깨 위에 올라선 덕분이다." 워런도 그레이엄의 어깨 위에 올라섰지만 결국 그레이엄보다도 더 멀리 보았습니다. 마찬가지로 언젠가 우리보다도 훨씬 뛰어난 사람이 틀림없이 등장할 것입니다.

**버핏** 나는 투자를 그레이엄보다 더 즐겼습니다. 적어도 내가 알기로 그레이엄에게는 투자가 부수적인 업무에 불과했습니다. 그레이엄이 투자보다 흥미를 느낀 주제가 아마 10여 개는 될 것입니다. 반면 나는 오로지 투자에만 흥미를 느꼈으므로 내가 투자와 기업에 대해 생각하면서 보낸 시간이 훨씬 많았습니다. 십중팔구 내가 그레이엄보다 기업에 대해 훨씬 많이 알았을 것입니다. 그레이엄은 다른 관심사가 많았지만 나는 투자에만 전념했으므로, 단순히 실적을 비교한다면 적절치 않습니다.

■ ■

버핏은 ① 사업을 이해할 수 있고 ② 장기적인 경제성이 좋으며 ③ 유능하고 신뢰할 수 있는 경영진이 있고 ④ 인수 가격이 합리적인 기업을 찾고 있다고 말했는데요. 1972년 씨즈캔디 인수에서 볼 수 있는 것처럼 일찍부터 성장도 중시했습니다. 버핏이 1992년 연례 주주 서한에서 가치투자에 대한 생각을 자세히 밝힌 적이 있습니다. 한번 살펴보겠습니다.

버핏은 대부분의 애널리스트가 가격의 매력도를 평가할 때 '가치'와 '성장' 가운데 하나를 선택해야 한다고 생각하지만 자신은 가치와 성장을 일심동체로 여긴다고 이야기합니다. **성장은 가치평가에 항상 포함되는 요소**로서, 그 중요성은 미미한 정도에서 엄청난 수준까지 이를 수 있고, 영향 역시 긍정적이 될 수도 부정적이 될 수도 있다고 말을 이어갔습니다.

여기서 핵심은 성장이 가치평가에 항상 포함되는 요소라는 표현입니다. 성장률을 기업 가치를 평가하는 방정식의 한 구성 요소로 끌어들인 것입니다. 버핏은 기업 내재가치 계산을 위해 현금흐름할인법(DCF)을 이용하는 것으로 알려졌는데요. 미래현금흐름(분자)을 적당한 할인율을 이용한 분모로 할인하는 방법입니다. 성장률은 미래현금흐름을 결정하는 데 가장 중요한 요소이고요.

## '가치투자'라는 용어는 군더더기

많은 사람이 가치투자자로 여기는 버핏이 충격적인 말을 던졌는데요. 바로 **'가치투자'라는 용어 자체가 군더더기**라고 한 것입니다. 버핏은 '투자'가 지불하는 가격보다 더 높은 가치를 추구하는 행위가 아니면 무엇인지 반문합니다.

버핏은 가치투자라는 용어가 널리 사용되고 있으며 대개 PER, PBR이 낮거나 배당수익률이 높은 주식에 투자하는 것을 가리키지만, 이런 속성을 가진 종목을 산다고 해서 가격을 웃도는 '가치'를 확보하는 건 절대 아니라고 강조합니다. 반대로 PER, PBR이 높거나 배당수익률이 낮은 주식을 산다고 해서 '가치'를 상실하는 것도 아니고요.

한 걸음 더 나아가 버핏은 기업의 성장 자체가 가치를 알려주는 건 아니라고 말합니다. 성장이 흔히 가치에 긍정적 영향을 미치며 때로는 가치에서 상당한 비중을 차지하기도 하지만요. 버핏이 예로 든 건 항공산업입니다. 투자자들은 미국 항공사에 계속해서 돈을 쏟아부었지만, 항공산업이 성장할수록 투자자들의 손실은 더 커졌다고 비판합니다.

대신 주식, 채권, 기업의 현재가치는 자산의 남은 수명 동안 기대되는 (적정 이자율로 할인된) 현금 유출입으로 결정된다면서, 투자자는 현금흐름할인법(DCF)으로 계산해서 가장 싼 주식을 사야 한다고 이야기합니다.

그리고 가격을 떠나 투자하기에 가장 좋은 기업은 거액의 추가 자본을 매우 높은 수익률로 장기간 사용할 수 있는 기업이며, 반대로 갈수록 많은 자본을 매우 낮은 수익률로 사용하는 기업이 가장 투자하기 나쁜 기업이라고 말합니다. 후자의 대표적인 사례가 앞서 언급한 항공산업입니다. 항공기 구매에 막대한 자본을 투자해야 하지만 투자 수익률은 극히 낮기 때문입니다.

가장 좋은 기업은 더 찾기 어렵습니다. 수익률이 높은 기업들은 대개 필요한 자본이 많지 않기 때문입니다. 추가 자본 투입 없이 수익이 늘어나는 씨즈캔디와 애플이 바로 이런 기업입니다.

## 예측하기 어려운 미래에 대응하는 버핏의 두 가지 방법

버핏은 미래는 예측하기 어려우며 이 문제를 두 가지 방법으로 해결한다고 이야기합니다. **첫째, 이해할 수 있는 기업에만 투자하는 방법입니다.** 사업이 비교적 단순하고 안정적이어야 한다는 뜻인데요. 사업이 복잡하거나 계속 바뀌면 미래현금흐름을 예측할 수가 없기 때문입니다. 버핏이 능력범위를 강조하고 애플 투자 전까지 어지간해서는 기술주에 투자하지 않은 이유를 알 것 같습니다.

**둘째, 매입 가격에서 안전마진을 확보하는 방법입니다.** 버핏은 자신이 계산한 가치가 가격을 간신히 웃도는 수준이라면 거들떠보지도 않습니다. 상당한 폭의 안전마진을 확보하고 나서야 주식 매수에 나서기 시작합니다. 벤저민 그레이엄의 영향으로 성공 투자의 초석이 안전마진이라고 굳게 믿고 있기 때문입니다.

1992년 버크셔 해서웨이 주주총회에서 버핏은 "성장투자와 가치투자를 어떻게 구분하시나요?"라는 질문에 대해 다음과 같이 대답한 적이 있습니다.

"성장투자와 가치투자를 구분하는 것은 아무 의미가 없습니다. 모든 투자는 가치투자가 될 수밖에 없습니다. 장래에 더 많이 얻으려고 하는 투자이니까요. 내재가치는 기업이 마지막 날까지 창출하는 현금을 적정 금리로 할인한 현재가치입니다. 내재가치를 계산하려면 ① 현금흐름을 추정해서 ② 적정 금리로 할인해야 합니다."

버핏의 말은 이어집니다.

"기업의 성장은 내재가치를 높일 수도 있고 낮출 수도 있습니다. 예를 들어 1970년대에 전력회사들은 성장을 위해 자본을 투입할 수밖에 없었으므로 수익률이 낮아졌습니다."

버핏의 말을 듣고 보니 정말 굳이 성장주와 가치주를 구분할 필요가 없는 것 같습니다. '투자'는 지불하는 '가격'보다 높은 '가치'를 추구하는 행위이기 때문입니다.

## 성장투자와 가치투자

**Q. 당신은 성장투자와 가치투자를 어떻게 구분하시나요?**

**버핏** 성장투자와 가치투자를 구분하는 것은 아무 의미가 없습니다. 모든 투자는 가치투자가 될 수밖에 없습니다. 장래에 더 많이 얻으려고 하는 투자이니까요. 내재가치는 기업이 마지막 날까지 창출하는 현금을 적정 금리로 할인한 현재가치입니다. 내재가치를 계산하려면 ① 현금흐름을 추정해서 ② 적정 금리로 할인해야 합니다.

기업의 성장은 내재가치를 높일 수도 있고 낮출 수도 있습니다. 예를 들어 1970년대에 전력회사들은 성장을 위해 자본을 투자할 수밖에 없었으므로 수익률이 낮아졌습니다.

미국 항공사들의 성장은 투자자들에게 사형 선고가 되었습니다. 라이트 형제가 최초로 비행에 성공한 이후, 항공사들은 해마다 적자를 기록했습니다. 그런데도 항공사들은 투자자들에게 해마다 더 많은 돈을 요구했습니다. 투자자들은 계속 돈을 요구하는 기업이 아니라 돈을 벌어주는 기업을 찾아내야 합니다.

**멍거** 항공사들을 분석해보면, 고정비가 높은 동질재 산업에서 경쟁하면 어떻게 되는지 알 수 있습니다.

**버핏** 순자산가치는 기업 가치 분석에 거의 쓸모가 없습니다. 순자산가치는 기업에 이미 투입된 비용을 기록한 숫자에 불과하니까요. 기업 가치 분석의 핵심은 그 기업이 향후 벌어들일 돈이 얼마인지 알아내는 것입니다.

투자는 이표(利票, 이자지급교부표의 약자)에 금리가 적히지 않은 영구채를 사는 것과 같습니다. 이표 금리는 우리가 적어 넣어야 하며, 이 금리가 정확해야 현명한 투자가 됩니다. 이표 금리를 도무지 추측할 수 없다면 그런 기업에는 투자하면 안 됩니다.

◆ 2000년 버크셔 해서웨이 주주총회 ◆

## 가치주와 성장주의 구분

**Q. 가치주와 성장주를 어떻게 구분하시나요?**

**버핏** 가치주와 성장주의 차이는 뚜렷하지 않습니다. 기업의 가치는 그 기업이 창출하는 현금의 현재가치입니다. 그러므로 우리가 가치주와 성장주를 평가하는 방법은 다르지 않습니다. 관건은 그 기업에서 나오는 가치를 얼마로 판단하느냐입니다. 우리는 주식을 매수할 때도 전체 기업의 일부를 인수한다고 생각합니다.

세계 최초의 투자 지침은 이솝이 제시한 "손안의 새 한 마리가 숲속의 새 두 마리보다 낫다"입니다. 이솝이 빠뜨린 말은 '숲속의 새 두 마리를 잡는 시점은 언제이고, 적용하는 할인율은 얼마인가?' 입니다. 사람들은 숲속의 새를 성장주로 생각하지만 그 새가 언제 손안에 들어오는지도 파악해야 합니다. 흔히 사람들은 반드시 해야 하는 계산을 빠뜨리기도 합니다.

**멍거** 지능적인 투자는 모두 가치투자입니다. 지불하는 가격보다 얻는 가치가 더 많기 때문입니다. 몇몇 훌륭한 기업을 찾아내서 끈질기게 보유하는 투자 방식입니다.

◆ 1993년 버크셔 해서웨이 주주총회 ◆

## 가격이 잘못 매겨진 도박

**Q. 자산의 내재가치는 어떻게 평가하나요?**

**버핏** 자산의 내재가치는 그 자산에서 창출되는 미래현금흐름을 적정 금리로 할인한 현재가치와 같습니다. 대부분 현금흐름에 적용되는 적정 할인율은 장기국채 수익률이라고 생각합니다. 기업의 현금흐름을 예측하기는 매우 어렵지만 그 대가로 큰 보상을 받을 수 있습니다.

**멍거** 애널리스트들은 현금흐름을 예측하려고 방대한 과거 데이터를 살펴보지만(IQ가 높을수록 더 많은 데이터를 살펴보지만) 시간 낭비에 불과합니다. 진정한 투자는 패리뮤추얼베팅(pari-mutuel betting, 수수료를 공제하고 판돈을 승자에게 모두 배분하는 내기)에서, 예컨대 확률은 50%인데 배당은 3배인 곳에 돈을 거는 것과 같습니다. 가치투자는 '가격이 잘못 매겨진 도박(mispriced gamble)'을 찾아내는 행위입니다.

**버핏** 우리가 경마장의 말들을 모두 평가하려고 한다면 아무런 우위도 확보하지 못할 것입니다. 평가 대상을 잘 선택해야 우위를 확보할 수 있습니다. 과거 통계나 공식에 의존하면, 실적은 화려하지만 곧 아교 공장에 팔려갈 늙은 말에 돈을 걸기 쉽습니다.

## "좋은 기업이 싸네", 매수·매도 시점 선택

1942년부터 주식에 투자했고 게임회사에도 서슴없이 투자할 정도로 거리낌이 없는 버핏이 주식을 살 때 분석하는 것은 무엇일까요? 2013년 연례 주주 서한에서 버핏은 주식을 살 때 분석하는 법을 자세히 설명한 적이 있습니다.

초보 투자자에게 추천한 투자 방법도 있는데요. 상당히 인상적인 비유를 들었습니다.

### 버핏이 주식을 살 때 분석하는 것들

버핏은 멍거와 자신이 기업의 지분 일부, 즉 주식을 사들일 때 분석하는 방법은 기업을 통째로 살 때 분석하는 방법과 매우 비슷하다고 말문을 열었습니다. **먼저 5년 이상 이익을 합리적으로 추정할 수 있는지 판단합니다. 이익 범위를 추정할 수 있고, 그 이익을 버핏이 추정하는 범위의 하한선으로 가정하더라도 주가가 합리적인 수준이라면 주식을 산다**고 버핏은 이야기합니다.

다만 버핏은 미래 이익을 추정할 수 없다면 포기하고 다음 후보로 넘어간다고 말하는데요. 그래도 거시경제나 정치 환경 때문에 매력적인 매수 기회를 포기한 적은 한 번도 없다고 강조합니다. 또 능력범위는 반드시 인식해야 하며 그 안에 머물러야 한다고 강조했습니다.

이렇게 했음에도 주식 투자와 사업에서 실수를 피할 수 없었지만, 그래도 장기 상승장에 현혹되어 주가 상승을 바라고 주식을 샀다가 큰 손실을 보는 것만큼 심각한 타격은 입지 않는다고 합니다.

버핏은 비전문가를 위한 제안도 내놓았습니다. 앞서 말한 방법도 필요 없고 좋은 실적이 나올 만한 대표 기업들로 포트폴리오를 구성하라는 것입니다. '미국' 기업들은 훌륭한 실적을 기록했고 앞으로도 그럴 것이기 때문인데요. 20세기에 다우존스지수가 66에서 1만 1,497로 상승했고 덤으로 배당까지 지급했다고 설명했습니다.

버핏은 '비전문가', 즉 일반 투자자의 목표는 대박 종목 고르기가 되어서는 안 된다며 대신 저비용의 S&P500 인덱스펀드를 추천했습니다. 투자 시점 역시 중요하다고 말했는데요. 버핏은 거시경제 전망을 귀담아듣지 말라고 기회 있을 때마다 강조하지만 매매 시점 선택

(market timing)에 탁월한 재능을 보였습니다.

## 버핏의 탁월한 매매 시점 선택

2022년 5월 버크셔 해서웨이 주주총회에서 한 주주가 버핏의 매매 시점 선택에 관해 질문을 던진 적이 있습니다.

"돌아보면 당신은 매매 시점 선택이 탁월했습니다. 1969년과 1970년에 시장에서 빠져나와 주가가 정말 낮았던 1972년과 1974년에 다시 들어갔고 1987년, 1999~2000년에도 그렇게 했습니다. 지금은 주가가 하락 중인데 막대한 현금을 보유하고 있습니다. 당신은 어떤 방법으로 매매 시점을 선택하시나요?"

버핏의 대답은 아래와 같습니다.

"흥미롭게도 월요일 시장이 열릴 때 우리는 향후 주가 흐름이 어떻게 될지 전혀 알지 못합니다. 예측해본 적도 전혀 없고요. 찰리나 나나 함께 일해온 기간 내내 시장 예측을 근거로 매매하자고 말해본 적이 없고 생각해본 적도 없습니다. 우리는 향후 경제가 어떻게 될지도 알지 못합니다."

버핏은 2008년 9~10월 껌 제조업체 리글리와 골드만삭스에 약 150억 달러를 투자했는데, 그때는 몰랐지만 나중에 보니 정말 불리한 시기였다고 털어놓았습니다.

## 매매 시점 선택을 잘해본 적이 없습니다

**Q. 실적을 돌아보면 당신은 매매 시점 선택이 탁월했습니다. 1969년과 1970년에 시장에서 빠져나와 주가가 정말 낮았던 1972년과 1974년에 다시 들어갔으며 1987년, 1999~2000년에도 그렇게 했습니다. 지금은 주가가 하락 중인데 막대한 현금을 보유하고 있습니다. 당신은 어떤 방법으로 매매 시점을 선택하시나요?**

**버핏** 당신에게 일자리를 제안하고 싶군요. (웃음소리) 흥미롭게도 월요일 시장이 열릴 때 우리는 향후 주가 흐름이 어떻게 될지 전혀 알지 못합니다. 예측해본 적도 전혀 없고요. 찰리나 나나 함께 일해온 기간 내내 시장 예측을 근거로 매매를 하자고 말해본 적도 없고 생각해본 적도 없습니다. 우리는 향후 경제가 어떻게 될지도 알지 못합니다. 그런데 재미있게도, 모두가 시장을 비관하던 2008년 나의 낙관론이 적중했다는 이유로 사람들이 나를 인정하기도 합니다. 하지만 우리는 어리석게도 매우 불리한 시점에 막대한 금액을 투자했습니다. 정정합니다. '우리'가 아니라 '나'입니다. 과거 우리는 3~4주에 걸쳐 리글리와 골드만삭스에 약 150억 달러를 투자했는데 당시에는 지금보다 엄청나게 큰 금액이었습니다. 그때 나는 유리한 시점인지 불리한 시점인지 알지 못했는데, 지나고 보니 정말 불리한 시점이었습니다. 나는 〈뉴욕타임스〉에

'미국을 사라(Buy American)'라는 제목으로 기고도 했습니다. 내게 시점 선택 감각이 있었다면 6개월 더 기다렸다가 시장이 저점에 도달한 3월에 기고했을 것이며 〈CNBC〉에도 출연했을 것입니다. 그러나 나는 2009년 3월에 찾아온 저점 매수 기회를 완전히 놓쳤습니다.

우리는 매매 시점 선택을 잘해본 적이 없습니다. 우리가 투자한 돈에 대해서 충분한 가치를 얻는지는 상당히 잘 파악했지만 말이죠. 그리고 어떤 주식을 사기로 하면 우리가 그 주식을 더 살 수 있도록 주가가 한동안 하락하기를 바랐고, 심지어 매수를 완료해서 우리 돈이 바닥난 뒤에도 더 하락하기를 바랐습니다. 그 기업이 싼 가격에 자사주를 매입해서 우리 지분을 높여주길 기대했으니까요. 이는 초등학교 4학년이면 배울 수 있는 내용입니다. 그러나 학교에서는 가르쳐주지 않습니다. 그러므로 절대 우리가 시점 선택을 잘한다고 칭찬하지 마십시오. 대신 우리가 매우 똑똑하다고 모든 사람에게 말해주십시오. 하지만 우리는 똑똑하지 않습니다. (웃음소리)

우리는 시점 선택을 해본 적이 없습니다. 경제의 흐름을 꿰뚫어본 적도 전혀 없습니다. 나는 열한 살이던 1942년 3월 12일 다우지수가 90일 때 주식을 매수했습니다. 오전에는 다우지수가 101이었고 종가는 99였습니다. 지금은 목요일보다 1,000 하락해서 3만 4,000입니다. 그러므로 미국 주식을 보유했다면 좋은 판단을 내린 것입니다. 하버드 기부금 펀드나 GM 연금 기금 등이 당시에 투자했다면, 주식과 현금의 균형을 유지해야 한다고 생각하면서 아마 60% 정도를 주식으로 보유했을 것입니다. 그러고서 3개월마다 여러 펀드매니저의 말을 듣고 비중을 조정했겠지요. 그러나 50~100년 투자할 생각으로 다트를 던져 종목을 선정하고, 채권 대신 주식으로 계속 보유했다면 실적이 더 좋았을 것입니다.

놀랍게도 증권계 사람들은 정말 단순한 게임을 매우 어렵게 만듭니다. 그러나 이 사람들이 모두에게 투자가 단순한 게임이라고 사실대로 말해주면 수입의 90% 이상이 사라질 것입니다. 그러므로 투자는 혼자 힘으로도 할 수 있으며 증권계 사람들은 실제로 아무 보탬도 되지 않습니다. 그러나 이 사람들이 이 사실을 말해주길 바란다면 인간 본성에 대해 지나친 기대를 하는 셈입니다.

이런 예를 들기는 싫지만, 원숭이에게 다트를 던지게 해서 종목을 선정하면 운용 보수 등 온갖 비용을 절감할 수 있습니다. 나는 원숭이를 선택하겠습니다. 그러나 나는 원숭이가 우월한 종이라고 생각하지 않습니다. 그러므로 현재의 이웃 대신 원숭이를 이웃으로 두고 싶지는 않습니다. 찰리, 뭔가 유쾌한 이야기 없나?

(웃음소리)

(중략)

**버핏** 그렇군요. 정말 흥미로운 주장입니다. 온갖 좋은 일이 소나기처럼 쏟아지는 행운을 잡았다면, 찰리가 인생 후반기에는 인생 전반기보다 더 나은 사람이 되어야 마땅합니다. 이 정도라면 지나친 기대는 아니겠군요. 당신이 난소 복권에 당첨되어 미국에서 태어났고 온갖 좋은 일이 발생했다고 가정합시다. 그런데 돌아보니 당신이 그동안 온갖 어리석은 일을 저질렀다면 당신의 인생 후반전은 전반전보다 나아져야 마땅합니다.

이번에는 당신이 IQ나 능력은 나쁘지 않으나 흙수저 출신이라서 아무것도 배우지 못했다고 가정합시다. 그래서 사람들과의 교류를 통해서만 배울 수 있다고 가정합시다. 당신이 두 살이라면 그동안 세상에서 온갖 지식을 아무리 많이 습득했어도 머릿속에 든 지식은 많지 않을 것입니다. 그러나 30~40년 동안 실제로 인간의 행동 방식을 체험하면서 계속 지식을 습득하면 이야기가 달라집니다. 그러면 인생 후반전에는 당신이 전반전보다 나은 사람이 될 것입니다.

그리고 인생 후반전에 더 나은 사람이 되었다면, 인생 전반전에도 좋은 사람이었더라도 전반전은 잊어버리십시오. (웃음소리) 후반전을 즐기세요. 찰리와 나는 긴 인생을 사는 호사를 누리고 있으므로 훌륭하고 희망적인 후반전을 보내게 되었습니다. 우리는 무엇이 행복을 주는 요소인지도 알게 되었고 사람들에게 불행을 주는 요소도 잘 인식하게 되었습니다. 나는 인생의 전반전보다 후반전으로 평가받고 싶고 찰리도 그럴 것입니다.

**멍거** 네, 물론입니다. 나는 젊은 시절에 한 일은 돌이켜 보지도 않습니다. 부끄러우니까요.

**버핏** 나중에 누구든지 찰리에게 구체적인 사례를 물어볼 수 있습니다. (웃음소리)

◆ 2020년 버크셔 해서웨이 주주총회 ◆

## 주가가 50% 폭락해도 느긋하게 견딜 수 있어야

**Q. 당신은 주주들에게 주식을 매수하라고 권유하지만 버크셔는 막대한 현금을 보유하고 있으므로 주식 매수를 꺼리는 듯합니다.**

**버핏** 현재 우리 포트폴리오 규모는 그다지 크지 않습니다. 최악의 가능성을 생각할 때, 나는 확률이 희박한 사건에 대해서도 생각합니다. 나는 그런 사건이 발생하지 않길 바라지만 그래도 발생 가능성이 없는 것은 아닙니다. 예컨대 보험사업을 하다 보면 사상 최대 규모의 허리케인이 발생할 수 있습니다. 1개월 후에는 사상 최대 규모의 지진까지 발생할 수도 있습니다. 그래서 우리는 한 가지 사건에만 대비하지 않습니다. 문제가 가속적으로 확대될 가능성에도 대비합니다.

예컨대 2008~2009년 세계 금융위기에서도 첫날에 모든 문제가 한꺼번에 발생하지는 않았습니다. 9월 초 패니메이, 프레디맥

(Freddie Mac) 등 정부 지원 기관(Government Sponsored Enterprises)이 법정관리에 들어가자 문제가 본격적으로 시작되었습니다. 이어서 MMF시장이 붕괴하면서 순자산가치가 액면가 밑으로 떨어졌습니다. 이렇게 한 사건이 다른 사건을 불러일으키기도 합니다. 그래서 우리는 사람들이 생각하는 최악의 사례보다 훨씬 나쁜 시나리오에 대비합니다.

나는 주식을 오늘, 내일, 다음 주, 다음 달에 매수하라고 권유하는 것이 아닙니다. 매수 시점은 여러분의 상황을 고려해서 선택해야 합니다. 그러나 매우 장기간 보유할 생각이고 금전적·심리적 충격까지 버텨내기로 각오한 사람이 아니라면, 주식을 매수해서는 안 됩니다. 농부들이 농지 시세에 관심 기울이지 않고 계속 농지를 보유하듯이, 주식 시세에 관심을 기울이지 말고 계속 보유해야 합니다. 주가가 바닥일 때 매수하려 해서도 안 됩니다. 여러분에게 바닥 시점을 알려줄 수 있는 사람은 아무도 없습니다. 주식을 매수하고 나서 주가가 50% 이상 폭락해도 느긋한 태도로 견뎌낼 수 있어야 합니다.

몇 년 전 연차보고서(2017년 주주 서한)에서 밝혔듯이, 버크셔도 주가가 50% 이상 폭락한 적이 3회 있었습니다. 만일 차입금으로 버크셔 주식을 보유하고 있었다면 포지션이 청산되었을 것입니다. 이렇게 주가가 50% 이상 폭락했을 때, 실제로 버크셔에는 아무 문제가 없었습니다. 그러나 주가가 폭락하는 모습을 보고 대응하려고 했거나 남의 조언을 들었다면 주식을 계속 보유하기 어려웠을 것입니다. 투자 심리가 흔들려서는 안 됩니다. 하지만 공포감에 쉽게 휘둘리거나 부주의한 사람들도 있습니다. 바이러스에 유난히 취약한 사람들이 있는 것과 마찬가지입니다.

나는 손실을 두려워하지 않고 찰리도 마찬가지입니다. 그러나 투자 심리가 불안정한 사람은 주식을 보유해서는 안 됩니다. 잘못된 시점에 주식을 매수하거나 매도할 것이기 때문입니다. 다른 사람의 조언에 의지해서도 안 됩니다. 자신이 스스로 이해하고 결정해야 합니다. 자신이 이해하지 못하면 남의 말에 휘둘리게 되니까요.

오늘이 매수에 적기인지 나는 알지 못합니다. 1~2년 보유하면 좋은 실적이 나올지도 나는 알지 못합니다. 그러나 20~30년 보유한다면 좋은 실적이 나올 것입니다.

◆ 2021년 버크셔 해서웨이 주주총회 ◆

## 2020년 3월 주가 폭락기에 주식을 매수하지 않은 이유는?

**Q.** **코끼리 사냥**(대기업 인수) **자금을 장기간 모아왔는데도 2020년 3월 주가 폭락기에 주식을 매수하지 않은 이유는 무엇인가요?**

**버핏** 지금까지 우리의 보유 현금 규모는 우리가 보유한 기업 가치의 약 15%였는데 이는 건전한 수준입니다. 지금까지 필수 보유 현금 규모는 200억 달러였는데 이 금액은 높일 예정입니다. 이제는 버크셔의 규모가 커져서 언제든 500~750억 달러를 사용할 수도 있기 때문입니다.

연준이 행동에 나서기 직전에 우리는 전화를 두 통 받았지만 2~3일 동안은 아무것도 할 수 없었습니다. 3월 23일 연준의 신속하고도 과감한 조처가 나온 뒤에야 멈췄던 경제가 다시 가동되면서 상황이 호전되었기 때문입니다. 그 전에는 심지어 국채시장마저 거래가 중단된 상태였습니다. 버크셔도 십중팔구 채권을 발행할 수 없었을 것입니다. 널리 보도되지는 않았지만 MMF 대규모 인출 사태도 발생했습니다. 일별 데이터를 보면 2008년 9월이 반복되고 있었습니다.

당시 나는 버냉키(Ben Bernanke)와 폴슨(Henry Paulson)을 깊이 신뢰했습니다. 그러나 이번에는 연준이 필요한 조처를 모두 하겠다고 말하는데도, 3월 23일 실제로 행동에 나서기 전날까지 버크셔조차 채권을 발행할 수 없었습니다. 다행히 1~2일 후에는 카니발크루즈라인(Carnival Cruise Line)도 채권을 발행할 정도로 상황이 호전되었습니다. 이후 적자 기업들, 영업 중단 기업들의 회사채 발행량마저 기록을 세웠으므로, 상상하기 어려운 극적인 반전이 이루어졌습니다. 당시 연준 의장이 "재정정책을 검토해보시죠"라고 말하자 이번에도 의회가 적극적으로 호응했습니다.

2008~2009년에는 사람들이 부정한 은행들에 자금을 한 푼도 지

원하지 말라고 주장했습니다. 그러나 이번에는 지원을 비난하는 사람이 아무도 없었습니다. 그래서 의회도 호응했고 재정정책도 놀라운 방식으로 실행되었습니다. 그 결과 연준, 재무부, 기타 누가 예상했던 것보다도 좋은 성과가 나왔습니다. 지금 경제의 85%는 최고 속도로 가동되고 있으며 인플레이션도 어느 정도 나타나고 있습니다.

우리는 2008~2009년에 배운 교훈을 적용해보았습니다. 그러나 2008~2009년 상황이 반복될 것으로 확신할 수가 없었습니다. 버크셔는 남에게 의존하기를 원치 않습니다. 우리는 은행이 아니므로, 자금이 필요할 때 연준에 의존할 수가 없습니다. 우리는 어떤 상황에서도 핵전쟁을 막을 수 없음을 명심해야 합니다. 영화 〈욕망이라는 이름의 전차(A Streetcar Named Desire)〉에서 블랑쉬 뒤부아(Blanche DuBois)는 "나는 남들의 친절에 의존한다"라고 말합니다. 그러나 극단적인 상황에서 우리가 친구들의 친절에 의존할 수는 없습니다. 나는 다양한 곳에서 그런 상황을 보았습니다.

작년(2020년) 3월 중순에는 모든 은행이 신용한도를 축소했습니다. 은행들은 그런 상황을 예상하지 못했습니다. 고객들은 열흘 후에도 자금 인출이 가능할지 확신할 수 없었으므로 MMF에서 서둘러 돈을 인출했습니다. 나는 통화정책과 재정정책 둘 다 깊이 신뢰하지만 상황이 호전될 것으로 확신할 수는 없었습니다. 통화정책과 재정정책이 어떻게 실행될지 나는 알 수 없었지만 확실히 효과가 있었습니다. 누구의 예상보다도 더 효과적이었다고 생각합니다. 찰리도 이에 대한 견해가 있으므로 들어봐야겠지요.

**멍거** 누군가 매우 똑똑해서 자금을 모아두었다가 위기가 닥쳤을 때 바닥시세에 투자할 수 있다고 생각한다면 미친 짓입니다. 물론 우연히 그렇게 투자하는 사람은 항상 존재합니다. 그러나 이는 지나치게 엄격한 평가 기준입니다. 버크셔에 그런 기대를 하는 사람은 제정신이 아니지요.

**버핏** 찰리와 나는 춤을 잘 춘 적도 없고 잘 출 수도 없습니다.

**멍거** 우리는 잘 출 수 없으며, 잘 출 수 있는 사람은 거의 없습니다.

**버핏** 자금이 수백억 달러라면 더 그렇습니다.

**멍거** 네. 그렇습니다.

**버핏** 우리 자산은 수천억 달러입니다. 그런데도 지금까지 잘 풀렸습니다. 우리 재무상태표를 보면 1분기에 약 250억 달러를 지출했고, 이후에는 더 많이 지출했습니다. 그것도 가장 좋은 방식으로 말이죠. 우리는 우리 회사를 살 때 가장 싸게 살 수 있습니다. 우리가 자사주만큼 싸게 살 수 있는 주식은 없다는 말입니다. 그래서 자사주 매입에 상당한 자금을 투입했습니다. 그러나 돌아보면 더 잘할 수도 있었습니다. 우리는 항공주와 은행주를 매도했습니다. 그러나 이때 다른 주식을 매수했어야 했는지는 다른 문제입니다.

이어서 2008년 10월 16일 〈뉴욕타임스〉에 '미국을 사라. 나는 사고 있다(Buy American. I am.)'라는 글을 기고했지만, 매매 시점 선택 감각이 있었다면 5~6개월 기다렸다가 시장이 바닥을 찍은 2009년 3월에 기고하고 〈CNBC〉에도 출연했을 거라고 버핏은 농담처럼 이야기합니다.

다우존스지수는 버핏이 〈뉴욕타임스〉에 글을 발표한 2008년 10월 1만 포인트를 깨뜨리고 9,000선으로 주저앉았고 2009년 3월 6,000선까지 하락한 후에야 바닥을 치고 상승하기 시작합니다. 아무리 버핏이지만 단기 바닥을 정확하게 예측하기는 어렵다는 사실을 보여줍니다. 물론 중장기적으로 보면 바닥을 거의 정확하게 포착했습니다.

버핏은 거시경제 흐름을 살피는 '탑다운(top-down)' 방식이 아니라 좋은 기업들이 너무 싸졌다는 '바텀업(bottom-up)' 방식을 통해서 바닥을 포착할 수 있었습니다. **수익성 좋은 기업이 터무니없이 싸졌기 때문에 사들였고 나중에 보니 역시 그때가 바닥이었던 겁니다.**

## 강세장에서 시장이 과열됐을 때 진입하면 위험한 이유

버핏이 투자 시점이 중요하다고 한 이유는 초보 투자자가 시장이 극단적으로 과열됐을 때 진입해서 평가손실이 발생하면 시장에 환멸을 느낄 수 있기 때문입니다. 버핏은 미국의 투자자 바턴 비그스(Barton Biggs)가 말한 "강세장은 성관계와 같다. 끝나기 직전이 가장 좋다"라는 표현을 빌려서 강세장을 설명했습니다.

이런 실수를 피하려면 장기간에 걸쳐 주식을 사 모아야 하고, 특히 악재가 나오거나 주가가 고점에서 큰 폭 하락했을 때는 절대로 팔지 말아야 합니다. 이 원칙대로 비용을 최소화(인덱스펀드 투자)하고 분산해서 투자한다면 아무것도 모르는 투자자도 틀림없이 만족스러운 실적을 올릴 것이라고 버핏은 말합니다.

자신의 약점을 아는 순진한 투자자의 장기 실적이, 자신의 약점을 전혀 깨닫지 못하는 박식한 전문가보다 높을 거라는 게 버핏의 진단입니다.

또 버핏은 증권사와 투자자문사 들이 끊임없이 주식을 매매하라고 투자자들을 현혹한다고 비판합니다. 투자자들 전체로 보면 아무런 이득이 없이 막대한 거래비용만 발생하는데도 말입니다. 버핏은 이들의 권유를 무시하고 비용을 최소화하면서 농장에 투자하듯 주식에 투자하라고 권합니다. 사람들이 농장을 한번 사면 오랫동안 보유하고 날마다 농장 가격이 올랐는지 내렸는지 확인하지 않는 것처럼 말입니다.

버핏이 초보 투자자에게 주는 조언은 유서에 남긴 투자 조언과 똑같을 정도로 버핏이 좋다고 생각하는 투자 방법입니다. 버핏은 자신이 사망하면 재산 중 99%를 차지하는 버크셔 주식은 기부하고 자신이 가진 현금은 아내를 수익자로 해 수탁자에게 전달되도록 했는데, 현금의 10%는 단기국채에 넣고 나머지 90%는 저비용 S&P500 인덱스펀드에 투자하도록 지시했습니다.

## 초보 투자자에게 주는 조언

**Q. 새로 투자를 시작하는 사람들에게 조언을 부탁합니다.**

**버핏** 읽을 수 있는 책은 모두 읽어야 합니다. 나는 열 살 때 오마하 시립도서관에 있는 투자 서적을 모두 읽었고 두 번 읽은 책도 있습니다. 서로 맞서는 다양한 사고를 접하면서 그중 어느 것이 타당한지 판단해야 합니다. 그다음에는 물속으로 뛰어들어야 합니다. 소액으로 직접 투자해보아야 한다는 말입니다. 계속 모의투자만 한다면 연애 소설만 읽는 셈이지요. (웃음소리) 조만간 자신이 투자를 즐기는지 알게 됩니다. 시작은 빠를수록 더 좋습니다.

나는 열아홉 살에 《현명한 투자자》를 읽었습니다. 나는 일흔여섯인 지금도 열아홉 살에 그 책에서 배운 사고 프로세스로 투자하고 있습니다. 나는 지금도 눈에 보이는 책은 모조리 열정적으로 읽고 있습니다. 나처럼 로리머 데이비드슨(Lorimer Davidson) 같은 인물을 만날 기회가 있다면 절대 놓치지 마십시오. 내가 네 시간 동안 그에게 배운 내용이, 대학이나 대학원에서 배운 어떤 과목보다도 소중했습니다.

**멍거** 버크셔 이사 샌디 가츠먼(Sandy Gottesman)은 훌륭한 대형 투자회사를 경영하고 있습니다. 그가 직원을 채용하는 방식이 주목할 만합니다. 그는 인터뷰에서 "당신은 어떤 종목을 보유하고 있으며, 보유하는 이유는 무엇입니까?"라고 질문합니다. 관심 가는 종목이 없어서 보유 종목이 없다고 대답하면, 그는 다른 일자리를 찾아보라고 말합니다.

**버핏** 찰리와 나는 매우 다양한 방법으로 돈을 벌었습니다. 그중 일부는 30~40년 전에는 전혀 예상하지 못했던 방법이었습니다. 우리가 세부 지침을 세워둘 수는 없지만, 다양한 시장과 다양한 증권 등을 보면서 다양한 사고를 축적해둘 수는 있습니다. 비결은 우리가 몰랐던 사실을 알게 되었다는 점입니다. 우리는 계속 살펴보았습니다. LTCM 위기가 발생했을 때는 기회가 많은 줄 알았으므로 우리는 매일 8~10시간씩 자료를 읽고 생각했습니다. 우리는 경험을 축적해야 했습니다. 그래도 우리가 모든 기회를 찾아내지는 못해서 온갖 기회를 놓쳤습니다.

하지만 거액을 잃어서는 안 되므로 일종의 원칙이 필요합니다. 우리 투자 아이디어가 남들의 투자 아이디어보다 수익이 더 높지는 않았지만 손실은 확실히 적었습니다. 우리는 2보 전진했다가 1보 후퇴한 적이 한 번도 없습니다. 아마도 몇 분의 1보만 후퇴했습니다.

**멍거** 그리고 젊은 시절에는 시장이 비효율적이라고 생각해야 합니다. 그러나 한 제약회사의 파이프라인이 다른 제약회사의 파이프라인보다 나을 것이라고 짐작해서는 안 됩니다.

**버핏** 시장에 다른 경쟁자가 거의 없을 때 실적을 내기 쉽습니다. 정리신탁공사가 대박 기회를 보여준 대표적인 사례입니다. 정리신탁공사는 부동산은 수천억 달러 규모로 보유하고 있었지만 자금이 없었으므로, 부동산을 서둘러 처분하고자 했습니다. 그러나 다른 투자자들은 큰 손실을 본 탓에 자금이 없었습니다.

간혹 투자 기회가 부족하다고 느낄 때도 있겠지만, 평생 투자 기회가 부족하지는 않을 것입니다.

■ ■

■ ■

◆ 1999년 버크셔 해서웨이 주주총회 ◆

## 투자를 아주 일찍 시작하든가, 아주 오래 살든가

**Q. 오늘 투자를 시작해도 똑같은 방법으로 하시겠습니까?**

**버핏** 우리는 매우 긴 언덕 꼭대기에서 이 눈덩이를 굴리기 시작했습니다. 내 조언은 아주 일찍 시작하든지, 아주 오래 살라는 것입니다.

내가 투자를 다시 시작해도 방법은 똑같을 것입니다. 아마 소기업부터 인수하고 우량 대기업도 인수하겠지요. 아니면 기업의 일부에 해당하는 이른바 주식을 매수할 것입니다.

**멍거** 처음에 10만 달러를 모으는 과정이 십중팔구 가장 어려울 것입니다. 합리적인 태도를 유지하면서 소득 중 지출을 대폭 절감하는 방법도 유용합니다.

• 2007년 버크셔 해서웨이 주주총회 •

## 사업은 빨리 시작할수록 성공 가능성이 높습니다

**Q. 10세 소년이 돈을 버는 최선의 방법은 무엇인가요?**

**버핏** 내가 10세 시절에 많이 생각했던 주제군요. 신문을 배달하기에는 너무 어린 듯합니다. 나는 신문 배달로 자본의 절반을 모았습니다. 나는 혼자 할 수 있어서 신문 배달을 좋아했습니다. 12~13세에는 질문자도 신문 배달을 할 수 있습니다. 나는 고등학교를 졸업할 때까지 스무 가지 사업을 시도해보았습니다. 가장 좋은 사업은 핀볼 기계(pinball machine) 사업이었지만 지금은 추천하지 않겠습니다.

사업 성공과 다양한 변수(학점, 부모, MBA 학위 등) 사이의 상관관계를 분석한 연구를 보았더니, 상관관계가 가장 높은 변수는 처음 사업을 시작한 나이였습니다. 운동 경기와 음악에서도 처음 시작한 나이가 가장 중요했습니다.

사람들이 하기 싫어하는 분야를 찾아보십시오. 이리저리 알아보고 다른 어린이들이 무엇을 하는지도 살펴보세요. 신문 배달도 좋습니다. 빚이 있는 사람이라면 하루 한 시간 반 더 일해서 빚을 갚을 수 있습니다.

**멍거** 내가 어린 시절에 읽은 《바빌론 부자들의 돈 버는 지혜(The Richest Man in Babylon)》에서는 소득의 일부만 지출하고 남은 돈을 투자하라고 했습니다. 나는 그대로 실천했는데 과연 효과가 있었습니다. 나는 지능도 복리로 늘려야겠다고 생각하고 하루 중 가장 좋은 시간을 내 지능 개발에 투자했습니다. 그러면 세상에서 나머지 시간을 내 뜻대로 살아갈 수 있다고 생각했습니다. 이기적인 생각처럼 들리겠지만 효과가 있었습니다. 매우 믿을 만한 사람이 되면, 원하는 어떤 일을 해도 좀처럼 실패하지 않을 것입니다.

## 버핏이 말하는 투자 실수와 원인 분석

워런 버핏은 2016년부터 애플에 투자해서 불과 7년 만에 약 1,300억 달러(약 173조 원)를 벌어들이는 등 수많은 투자 신화를 썼습니다. 하지만 그도 실수를 피할 수는 없었습니다.

1998년 플로리다대학교에서 한 MBA 학생이 버핏의 투자 실수를 묻자 버핏은 '시간을 얼마나 줄 수 있는지' 재치 있게 반문했는데요. 버핏이 매년 주주에게 보내는 주주 서한에서도 빠지지 않는 부분이 버핏의 '흑역사', 바로 실수 사례입니다. 버핏도 인간인지라 끊임없이 실수를 저지르지만, 실수에 대한 복기를 통해서 끊임없이 개선해왔습니다.

버핏처럼 자신의 실수를 거리낌 없이 공개하는 투자자도 드뭅니다. 〈블룸버그(Bloomberg)〉 칼럼니스트 저스틴 폭스(Justin Fox)는 2023년

2월 말 '당신이 워런 버핏의 실수에서 배울 수 있는 것(What You Can Learn From Warren Buffett's Mistakes)'이라는 칼럼에서 버핏이 연례 주주 서한에서 실수를 언급한 횟수를 분석했습니다.

1만 단어당 '실수'라는 단어가 언급된 횟수를 계산한 건데요. 1979년 주주 서한에서는 무려 16.5회로 최고 수치를 기록했습니다. 1977년부터 2022년까지 46년간 버핏은 1만 단어당 평균 3.5회 실수를 언급했습니다. 그 횟수는 늘었다 줄었다 하다가 2022년에는 다시 9회로 늘어났습니다. 버핏이 얼마나 많은 실수를 했기에 이렇게 실수라는 말을 많이 한 걸까요? 제프 베이조스(Jeff Bezos) 아마존(Amazon) 창업자가 24년간 주주 서한에서 딱 세 번 실수를 언급한 것과도 좋은 대조를 이룹니다.

**버핏이 밝힌 최대 실수는 '부작위'의 실수입니다.** 보험 자회사 가이

**버크셔 해서웨이 주주 서한에서 1만 단어당 실수를 언급한 횟수**

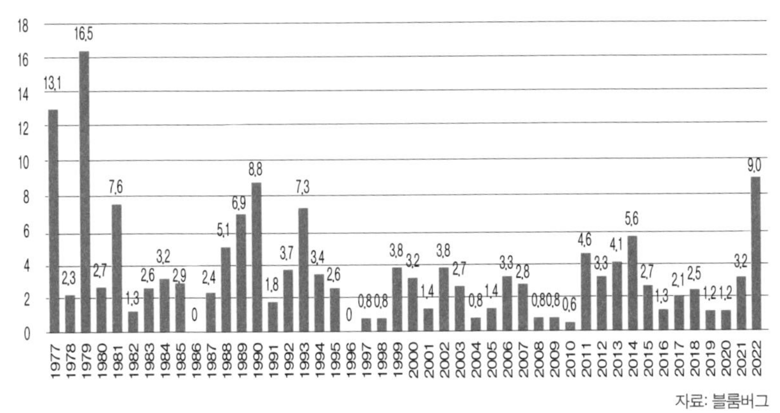


자료: 블룸버그

코가 구글에 낸 광고 효과를 보고도 구글에 투자하지 않았고, 월마트(Walmart) 주식을 매입하다 주가가 소폭 오르자 내리기를 기다렸으나 주가는 그대로 날아가 버리는 등, 멍거의 표현처럼 손가락만 빨다가 날려버린 기회가 많습니다.

하지만 버핏이 자신 있게 투자했다가 손절매해야 했던 실수도 많으니 그 실수들을 살펴보겠습니다.

◆ 2019년 버크셔 해서웨이 주주총회 ◆

## 버크셔의 아마존 주식 매수

**Q. 최근 아마존 주식 매수는 버크셔의 가치투자 철학에 변화가 생겼다는 뜻인가요?**

**버핏** 지난 1분기에 토드와 테드 중 한 사람이 아마존 주식을 매수했는데, 장담하건대 둘 다 가치투자자입니다. 사람들은 가치투자가 저PBR, 저PER 등과 관련되었다고 생각하지만 찰리도 말했듯이, 장래에 더 많이 얻으려고 하는 투자는 모두 가치투자입니다. 아마존의 PER이 높긴 해도, PBR이 0.7인 은행 주식을 사는 것과 마찬가지로 여전히 가치투자라는 말입니다.

두 사람은 나보다 훨씬 더 넓은 영역에서 수백 개 종목을 조사하면서, 기업이 마지막 날까지 창출하는 현금 등 온갖 변수를 분석하여 가치투자 원칙에 따라 투자 종목을 선정합니다. 이 과정에서 두 사람의 의견은 서로 일치할 필요가 없으며, 내 의견과 일치할 필요도 없습니다. 두 사람은 매우 똑똑하고 헌신적이며 인품도 훌륭합니다. 지난 60여 년 동안 찰리가 내 결정을 뒤늦게 비판한 적이 없듯이, 나도 두 사람의 결정을 뒤늦게 비판하지 않습니다.

결국 우리는 BC 600년 이솝이 한 말 "손안의 새 한 마리가 숲속의 새 두 마리보다 낫다"를 생각해야 합니다. 우리도 아마존을 살 때, 숲속에 있는 새가 세 마리, 네 마리, 다섯 마리인지, 그 새가 손안에 들어오는 시점은 언제가 될 것인지 등을 생각합니다.

**멍거** 우리는 나이가 많아서 사고의 유연성이 매우 부족합니다. 아마존을 일찌감치 사지 않은 것에 대해서는 후회하지 않습니다. 베이조스는 경이로운 인물입니다.

**버핏** 어리석게도 나는 구글도 알아보지 못했습니다. 사실 우리는 구글의 위력을 간파할 기회가 있었습니다. 우리는 클릭당 10달러를 지불하면서 구글에서 가이코 광고를 한 적이 있습니다. 당시 구글의 한계 비용은 제로였는데도, 우리 광고는 효과가 있었습니다.

**멍거** 이렇게 광고 효과를 확인하고서도 우리는 손가락만 빨고 있었지요. (웃음소리)

**버핏** 찰리가 더 과격한 표현을 쓰지 않아서 다행입니다. (웃음소리)

## 1962~1964년 버크셔 해서웨이

아이러니하게도 버크셔 해서웨이 역시 버핏의 투자 실수입니다. 1960년대 초반 버핏은 벤저민 그레이엄의 영향으로 그저 그런 회사를 헐값에 사는 담배꽁초 투자에 집중했습니다. 방직업체인 버크셔 해서웨이는 방직사업이 사양산업이 되면서 주가가 순자산 가격에 훨씬 못 미치는 헐값에 거래되고 있었고요.

당시 버크셔는 공장을 하나씩 폐쇄하면서 자사주를 매입하는 데 자금을 사용하고 있었습니다. 버핏은 버크셔에 되팔 요량으로 낮은 가격에 주식을 매입했고 1964년 버크셔 소유주와 협상에 나섭니다.

버크셔 소유주는 버핏이 보유한 주식을 주당 11.5달러에 매입하기로 약속했는데, 나중에 버핏과의 약속을 어기고 11.375달러에 주식을 매수하겠다고 밝힙니다. 버핏과 약속한 가격보다 0.125달러가 낮은 금액입니다.

버핏은 배신당했다는 생각에 화가 났고 결국 버크셔를 통째로 인수한 후 소유주를 해고합니다. 이후 끊임없이 손실을 보면서도 20년 넘게 버크셔의 방직사업을 살리기 위해 골머리를 썩이지만 결국 방직업을 포기하고 맙니다.

나중에 버핏은 똑같은 돈을 버크셔 해서웨이가 아니라 보험사에 투자해서 오늘날의 버크셔 해서웨이 같은 회사로 키웠더라면 시가총액이 2,000억 달러는 더 높았을 것이라고 후회했습니다. 버핏이 말하는 투자 인생의 최대 실수가 바로 버크셔 해서웨이입니다. 참 역설적으로 들리는 부분입니다.

◆ 2021년 버크셔 해서웨이 주주총회 ◆

## 투자는 자녀 양육과 다릅니다

**Q. 주주 서한에서 당신은 2016년 프리시전캐스트파츠의 정상 수익 잠재력을 지나치게 낙관한 실수 탓에, 인수에 지나치게 높은 가격을 지불했다고 말했습니다. 구체적으로 어떤 실수를 하셨나요?**

**버핏** 인수 대상 기업을 찾을 때 우리는 기업의 경쟁력, 인수 가격, 경영진 등을 모두 평가합니다. 경영진 평가에서는 실수하지 않았지만 평균 수익력 평가에서 실수했습니다. 보잉 737 맥스에서 문제가 발생하면 그것은 확률의 문제입니다. 거대 기업에서는 언제든 온갖 일이 발생할 수 있습니다. 그리고 실제로 온갖 일이 발생하는 모습을 보았는데도 나는 평균 수익력에 대해 지나치게 높은 금액을 지불했습니다. 물론 훌륭한 기업이고 경영진 등 모든 면이 만족스럽지만 GE의 엔진 수요가 우리 생각만큼 많지는 않습니다. GE는 전력 등 다양한 사업을 하고 있습니다. PCC의 사업들이 침체할 것으로는 생각하지 못했습니다. 우리는, 아니 나는 앞으로도 계속 실수를 할 것입니다.

**멍거** 나머지 사람들이 도울 것입니다.

**버핏** 우리가 인수하는 기업 중에는 훌륭한 기업도 있고 형편없는 기업도 있습니다. 그런데 여기에 좋은 점이 있습니다. 형편없는 기업은 버크셔에서 차지하는 비중이 자연스럽게 감소한다는 점입니다(PCC에 관한 말은 아닙니다). 반면 1996년에 경영권을 인수한 가이코는 그동안 매출이 15배 증가하면서 버크셔에서 차지하는 비중이 훨씬 커졌습니다. 이렇게 기대 이상으로 성장한 기업들의 비중이 자연스럽게 커져서 결국 우리는 우량 기업에 집중투자하는 셈이 됩니다. 찰리가 말하듯 투자는 자녀 양육과 다릅니다. 자녀 중에는 말썽꾸러기가 문제를 더 일으켜 관심의 비중이 더 커집니다.

초창기에 찰리와 내가 보유한 기업은 3개였습니다. 버크셔는 직물회사였고, 다이버시파이드 리테일링은 백화점이었으며, 블루칩(Blue Chip Stamps)은 경품권회사였습니다. 3개 모두 망했습니다. 석탄이 우리 주변에서 서서히 사라졌듯이 이들도 버크셔에서 차지하는 비중이 서서히 감소하다가 사라졌습니다. 가장 큰 위험 요소는 나쁜 경영진입니다. 나쁜 경영자가 회사를 맡으면 이사들도 가식적인 나쁜 사람들로 채워집니다. 나쁜 경영자가 10~15년 직물회사나 백화점을 경영하면서 사업을 확장하는 것이 단연 가장 위험합니다. 경영자가 보고서에 열거하는 위험 요소는 변호사들이 알려준 요소이므로, 실질적인 위험 요소가 아닙니다.

## 1975년 웜벡 방직회사

버핏은 사양산업인 방직사업에 종사하는 버크셔 해서웨이를 인수한 것을 후회했지만, 10년 뒤인 1975년 또다시 방직업체인 웜벡(Waumbec Textile Company)을 인수하는 실수를 저지릅니다.

2014년 연례 주주 서한에서 버핏은 "내가 1975년에 또 다른 뉴잉글랜드 방직업체인 웜벡을 산 걸 여러분은 믿을 수 있나요?"라고 말을 꺼냅니다. 그러고 나서 "매입 가격은 우리가 인수하는 자산과 버크셔와 창출할 것으로 기대되는 시너지 효과에 비하면 헐값이었습니다. 그럼에도 웜벡 인수는 처참한 실수였고 몇 년 지나지 않아 문을 닫아야만 했습니다"라고 고백합니다.

웜벡 인수에 대해 버핏은 2017년 미국 경제 방송 〈CNBC〉와의 인터뷰에서도 "**성공하지 못하면 새로운 전략으로 나아가야 한다**"라고 반성했습니다.

버핏은 1985년에야 비로소 버크셔의 방직사업부를 폐쇄하고 방직사업에서 해방됩니다. 하지만 그가 20년 동안 방직사업을 위해 쏟은 시간과 자금을 다른 데 투자했더라면 하는 아쉬움이 남습니다.

버핏이 담배꽁초 투자 방식을 버리고 "적당한 회사를 훌륭한 가격에 사는 것보다 훌륭한 회사를 적당한 가격에 사는 게 훨씬 낫다"라는 투자철학으로 나아가는 데는 두 번에 걸친 방직업체 인수 실패도 영향을 미쳤습니다.

## 1989년 US에어

US에어 투자도 버핏이 자주 언급하는 흑역사 중 하나입니다. 버핏은 이상하게 항공주에 투자해서는 성공한 적이 드물죠. 그런데도 자꾸 항공주에 투자한다며 자신이 '항공 중독자(aeroholic)'라고 셀프 디스하기도 했습니다.

1990년대에 버핏이 자주 셀프 디스 소재로 삼은 것이 US에어 투자입니다. 버핏은 1989년 US에어의 금리 9.25%짜리 전환우선주(CPS)에 3억 5,800만 달러를 투자했습니다. 전환 가격은 60달러였지만, 당시 52달러였던 주가는 단 한 번도 60달러까지 상승하지 못했고 1995년에는 보유지분가치가 매입가의 25% 수준인 8,950만 달러까지 떨어졌습니다.

버핏은 본전 가격에 팔 수 있게 되자 뒤도 돌아보지 않고 US에어 전환우선주를 팔아버렸습니다. 이후 US에어는 2000년이 되기도 전에 파산했고 2002년에도 파산을 신청했으며 나중에 아메리칸에어라인(American Airlines)에 합병됩니다.

버핏은 공개 석상에서 항공사 주식을 사고 싶으면 800번으로 시작하는 무료 전화에 전화를 걸어 항공 주식에 중독됐다고 말하고 상담을 받는다고 농담을 한 적도 있습니다.

## 1993년 덱스터슈

1993년 버핏은 신발회사 덱스터슈(Dexter Shoe)를 버크셔의 클래스 A주 2만 5,203주(4억 3,300만 달러 상당)를 주고 매수합니다. 당시 버크셔 주식의 1.6%에 달하는 수량입니다.

당시 덱스터슈는 세계에서 가장 유명한 신발회사 중 하나였지만, 중국 등 개발도상국 등이 저렴한 노동력으로 싼 가격에 신발을 생산하면서, 브랜드에 의존했던 덱스터슈는 가격 경쟁력을 잃고 결국 파산합니다.

문제는 버크셔 주식으로 인수 대금을 지불한 건데요. 2007년 연례 주주 서한에서 버핏은 현금으로 덱스터슈를 인수하지 않은 것을 후회하며, 2007년 버크셔 주가로 계산한 덱스터슈 인수 가격이 35억 달러가 넘는다고 이야기합니다. 2014년 연례 주주 서한에서는 덱스터슈 인수를 위해 지불한 버크셔 주식 가치가 57억 달러라고 말합니다.

그리고 "기네스 세계 기록에 오를 만한 금융 재난"이라고 버핏은 말했는데요. 2023년 버크셔의 클래스 A주 가격인 약 51만 6,000달러로 계산하면 덱스터슈의 인수 가격은 130억 달러로 늘어납니다. 버크셔 주식이 30년 동안 30배 올랐기 때문입니다. 현금으로 지급했으면 그나마 나았을 텐데, 버핏은 주식으로 준 것을 더 아쉬워할 것 같습니다.

## 가장 기억에 남는 실패 사례

**Q. 지난 50년 동안 버크셔에서 가장 기억에 남는 실패 사례는 무엇인가요?**

**버핏** 연차보고서에서 여러 번 논의했지만, 1990년대 중반 4억 달러에 인수한 덱스터슈입니다. 치열한 경쟁 탓에 이 회사의 가치는 결국 제로가 되었습니다. 게다가 덱스터 인수 대금을 주식으로 지급했는데 현재 가치로는 60~70억 달러에 이릅니다. 이 어리석은 결정을 생각하면 지금 버크셔 주가가 하락하길 바랄 정도입니다. 덱스터는 나를 속이지 않았습니다. 단지 내가 잘못 판단했을 뿐입니다. 우리는 주식을 발행할 때마다 실패했습니다. 그렇지 않은가, 찰리?

**멍거** 그래서 이제 웬만해서는 주식을 발행하지 않습니다.

**버핏** 다른 실패 사례는 우리가 초창기에 더 적극적으로 투자하지 않은 것입니다. 그러나 나와 가족과 친구들의 모든 재산이 버크셔에 들어가 있었으므로 매우 신중할 수밖에 없었습니다. 조금 더 적극적으로 투자할 수는 있었겠지요. 하지만 가족이 무일푼 될 확률이 1%에 불과하더라도, 좋은 기회를 놓칠지언정 더 위험을 떠안고 싶지는 않았습니다. 사람들은 우리가 과거에 큰 기회를 놓쳤다고 말할 것입니다.

**멍거** 레버리지를 사용했다면 버크셔가 훨씬 더 커졌겠지요. 그러나 우리는 밤잠을 설쳤을 것입니다. 밤잠을 설치는 것은 미친 짓입니다.

**버핏** 특히 돈 때문에 설친다면 말이지요!

## 1998년 제너럴리

1998년 버크셔는 신주 27만 2,200주를 발행해서 재보험사 제너럴리를 인수했습니다. 이 발행으로 버크셔의 유통 주식 물량은 무려 21.8% 증가했습니다.

제너럴리 인수는 두 가지 문제가 있었습니다. 먼저 제너럴리는 파생상품에 대한 익스포저(exposure)가 너무 컸고 회사 명성도 일부 악화된 상태였습니다.

버핏은 오랜 기간에 걸쳐 제너럴리의 파생상품 포지션을 정리해나갔는데요. 2005년에는 만기가 100년인 계약을 정리하면서 도대체 고객의 어떤 수요를 충족하려고 이런 계약을 체결했는지 황당해하기도 했습니다.

버핏은 제너럴리의 파생상품사업 부문을 정리하면서 "당신을 잘 알고 나니 나의 애정이 예전과 같지 않구려"라는 컨트리송 가사로 자신의 심정을 표현했습니다. 버핏의 마음을 이해할 만하지요?

2016년 연례 주주 서한에서 버핏은 제너럴리가 초기의 문제점을 해결하고 훌륭한 보험사가 되었지만, 인수 대금을 버크셔 주식으로 지불한 자신의 실수 때문에 버크셔 주주들은 받은 것보다 훨씬 많은 대가를 지불했다고 고백했습니다.

### 2006~2014년 테스코

버핏은 영국 최대 식료품 유통업체 테스코(Tesco) 주식을 2006년부터 매수했습니다. 경영 부진으로 테스코의 수익성이 점차 하락했지만 버핏은 크게 주의를 기울이지 않았습니다. 2012년에는 실적 악화 경고에도 테스코 지분을 5%까지 늘려나갔습니다.

그러나 2013년 결국 버핏은 회사 경영진에게 실망하고 보유 중인 4억 1,500만 주 중 1억 1,400만 주를 매도해서 4,300만 달러의 수익을 실현합니다. 사실 버핏의 실수는 이때 주식을 다 팔아버리지 않고 약 3억 주를 그대로 보유한 것입니다. 테스코의 점유율이 하락하고 수익이 감소하면서 주가도 계속 하락했기 때문입니다.

엎친 데 덮친 격으로 테스코의 분식회계 문제까지 터지자 2014년 마침내 버핏은 테스코 주식을 모두 매도합니다. 버핏의 손실은 4억

4,400만 달러였는데요. 아주 큰 금액은 아니지만 매도를 망설이다가 손실이 커진 게 아쉬운 점입니다.

2014년 연례 주주 서한에서 버핏은 "나의 여유로운 매도는 비싼 것으로 판명 났습니다. 찰리는 이런 행동을 '손가락 빨기'라고 부릅니다(매도를 늦춰서 입은 손실을 고려하면 찰리는 부드러운 편입니다)"라고 말하며 자신의 실수를 인정했습니다. 또 "업계에서 나쁜 뉴스는 연달아 드러납니다. 만약 부엌에서 바퀴벌레를 발견했다면 또 다른 바퀴벌레들이 연이어 나타나는 것처럼 말입니다"라고 말했습니다. 정말 그렇습니다.

## 2008년 코노코필립스

2008년 유가가 역대 최고치를 경신할 때 정유회사들이 주주에게 막대한 배당금을 지급하자 투자자들이 정유주에 관심을 보이기 시작합니다. 버핏도 그중 한 명이었습니다. 버핏은 그해 코노코필립스(ConocoPhillips) 주식을 대거 매입합니다. 결과는 어땠을까요?

2009년 2월 공개한 연례 주주 서한에서 버핏은 다음과 같이 고백합니다. "찰리와 다른 사람의 충고 없이 나는 유가와 천연가스 가격이 사상 최고치에 근접했을 때 코노코필립스 주식을 대량 사들였습니다. 나는 지난 반년간 에너지 가격이 극적으로 하락하리라고는 전혀 예상하지 못했습니다."

버핏은 코노코필립스 주식 8,500만 주를 매입하기 위해 70억 달러 이상을 쏟아부었고, 주주 서한을 공개할 당시 지분가치는 44억 달러에 불과했습니다.

## 2011~2018년 IBM

2011년 버크셔 해서웨이는 107억 달러를 투자해서 IBM의 지분 5.5%를 인수합니다. 버핏은 컴퓨터 하드웨어보다 IBM이 제공하는 소프트웨어에 관심이 많았습니다. IBM이 기업들에 제공하는 솔루션은 IT 아웃소싱 분야에서 IBM의 독점적인 위치에 힘입어 안정적이고 성장성이 좋아 보였습니다.

그러나 몇 년 후 클라우드 컴퓨팅이 부상하면서 IBM의 경쟁우위는 크게 약화합니다. 2017년 버크셔 해서웨이 주총에서 IBM과 애플은 다르다고 보는지 묻자 버핏은 다음과 같이 대답했습니다.

"둘은 다르다고 봅니다. 6년 전 IBM 매수를 시작했을 때, 나는 지금보다 더 좋은 실적이 나올 것으로 기대했습니다. 애플은 소비재회사에 훨씬 가깝다고 생각합니다. 해자와 소비자 행동을 보면 애플은 온갖 기술을 보유한 제품입니다. 그러나 IBM과 애플의 미래 잠재고객을 비교 분석하는 것은 전혀 다른 문제입니다. 두 분석은 성격이 달라서 정확성을 기대하기 어렵습니다. IBM에 대한 나의 판단은 틀렸습니다. 애플에 대한 나의 판단이 옳았는지는 두고 보면 알겠지요."

버핏이 IBM 투자가 실수였다고 인정했지만, 이 투자는 버핏이 애플 투자로 능력범위를 확장하는 계기가 되었습니다.

버핏은 2018년 초 IBM 주식을 모두 매각했습니다. 그동안 받은 배당을 포함하면 손실을 보지는 않았지만, 6년 넘게 투자해서 거의 수익을 올리지 못한, 실망스러운 투자로 끝났습니다.

이처럼 버핏도 감정이 개입하거나 너무 서두르면 잘못된 투자를 하는 걸 알 수 있습니다. 버핏은《현명한 투자자》서문을 위해 쓴 글에서 "성공적으로 투자하기 위해 필요한 것은 대단한 지능지수, 특별한 사업 통찰력 또는 내부자 정보가 아닙니다. 필요한 것은 의사결정을 할 수 있는 건전한 지적 체계와, 이 체계를 감정이 방해하지 않도록 막는 능력입니다"라고 강조했습니다.

버핏의 값비싼 투자 실수에도 불구하고 버크셔 해서웨이는 성장을 거듭했습니다. 버핏이 말한 것처럼 투자에서 실수는 불가피하며 핵심은 실수에서 배움으로써 실수를 (최대한) 반복하지 않는 것이기 때문입니다.

## 기술주 분야에서 저지른 최악의 실수는 구글을 놓친 것

**Q. IBM과 애플은 다르다고 보시나요?**

**버핏** 둘은 다르다고 봅니다. 6년 전 IBM 매수를 시작했을 때, 나는 지금보다 더 좋은 실적이 나올 것으로 기대했습니다. 애플은 소비재회사에 훨씬 가깝다고 생각합니다. 해자와 소비자 행동을 보면 애플은 온갖 기술을 보유한 제품입니다. 그러나 IBM과 애플의 미래 잠재고객을 비교 분석하는 것은 전혀 다른 문제입니다. 두 분석은 성격이 달라서 정확성을 기대하기 어렵습니다. IBM에 대한 나의 판단은 틀렸습니다. 애플에 대한 나의 판단이 옳았는지는 두고 보면 알겠지요. 나는 두 회사가 똑같다고 보지도 않지만 완전히 다르다고 보지도 않습니다. 그 중간 어디쯤이라고 생각합니다.

**멍거** 우리는 기술주에 대한 경쟁우위가 없다고 생각했으므로 기술주를 피했습니다. 남들보다 뒤떨어지는 분야에는 접근하지 않는 편이 낫다고 생각하니까요. 되돌아보았을 때 우리가 기술주 분야에서 저지른 최악의 실수가 무엇이냐고 묻는다면 구글을 알아보지 못한 것이라고 생각합니다. 초창기 구글에 광고했을 때, 그 효과가 다른 어떤 매체보다도 훨씬 좋았습니다. 구글의 광고 효과가 뛰어나다는 사실은 파악하고서도 정작 구글은 알아보지 못한 것이지요.

**버핏** 우리 가이코가 초창기 구글의 고객이었습니다. 오래전 데이터이지만 내 기억에 우리는 클릭당 10~11달러를 지불했습니다. 우리가 비용을 전혀 부담하지 않으면서 고객 반응당 10~11달러를 지불하는 조건이라면 훌륭한 거래입니다. 라식 수술은 다른 비용은 전혀 없으면서 클릭당 60~70달러였던 듯합니다. 구글 투자 설명서를 작성한 사람들이 나를 찾아온 적도 있습니다. 그들은 버크셔 소유주 안내서(Owner's Manual)를 조금 본떠서 작성했다고 하더군요. 나는 얼마든지 질문해서 구글을 파악할 기회가 있었는데 놓쳐버렸습니다.

**멍거** 월마트도 기회를 놓쳐버린 사례입니다. 확실히 잡을 수 있는 기회였지요. 우리는 월마트를 제대로 파악하고서도 놓쳐버렸습니다. 우리 최악의 실수는 놓쳐버린 실수입니다.

**버핏** 중요한 것은 실행입니다. 내 생각이 옳은지는 모르겠지만, 다양한 기술 분야에서 승자를 예측하기도 어렵고, 클라우드 서비스 같은 분야에서 가격 경쟁 강도를 예측하기도 어려울 것입니다. 그런데 한 사람이 매우 다른 두 분야에서 거의 동시에 이례적인 성과를 거두었다면 이는 정말 놀라운 일입니다.

**멍거** 빈손으로 시작했는데도 말이지요.

**버핏** 경쟁자들은 자본이 풍부했고 아마존 CEO 제프 베이조스는 빈손이었는데도, 그는 소매와 클라우드 서비스 양 분야에서 성공을 거두었습니다. 물론 멜론(Mellon) 같은 회사는 수많은 산업에 투자했습니다. 그러나 베이조스는 백지상태에서 두 회사를 동시에 설립하여 키워낸 CEO입니다. 앤디 그로브(Andy Grove, 인텔을 세계 최고의 반도체회사로 키워낸 CEO)가 즐겨 던진 질문이 있습니다. 경쟁자를 제거할 수 있는 은제 탄환이 한 발 있다면 누구를 쏘고 싶으냐는 것입니다. 소매와 클라우드 서비스 분야라면 베이조스를 쏘고 싶은 사람이 많을 것입니다. 그가 가장 뛰어났기 때문이지요. 경쟁자들이 두려워하는 기업을 둘이나 만들어낸 것은 놀라운 성과입니다. 그는 단지 자금만 공급한 것이 아니라 실제로 회사를 만들어냈습니다.

**멍거** 멜론과 마찬가지로 우리도 마음에 드는 사람들에게 자금만 공급한 구닥다리입니다. 그러나 베이조스는 전혀 다른 별종입니다.

**버핏** 우리는 아마존을 완전히 놓쳤습니다. 단 1주도 보유하지 않았습니다.

## 순이익이 아닌 영업이익을 주목하라

버크셔 해서웨이의 분기 보고서가 나올 때마다 자주 등장하는 기사가 있습니다. '투자의 귀재 워런 버핏, 57조 원 손실' 같은 기사인데요. 2022년 2분기 미국 증시가 하락하면서 버크셔의 주식 포트폴리오에서 57조 원의 투자 손실이 발생하자 위와 같은 기사가 많이 나왔습니다.

2023년 11월 발표된 버크셔 해서웨이의 2023년 3분기 보고서를 보면 235억 달러(30조 5,500억 원)에 달하는 투자 손실이 발생했습니다. 이때 13F 보고서도 함께 공개되었습니다. 미국 증권거래위원회(SEC)는 1억 달러 이상 운용하는 기관투자가는 분기 말 기준 45일 이내에 13F 보고서를 통해 보유 종목을 공시하도록 요구하고 있습니다. 왜

**2023년 3분기 버크셔 해서웨이 영업이익과 순이익**

(단위: 억 달러)

| | 2023년 3분기 | 2022년 3분기 | 2023년 1~9월 |
|---|---|---|---|
| 보험(영업손익) | 24.2 | -10.7 | 45.8 |
| 보험(투자손익) | 24.7 | 14.1 | 68.1 |
| 철도 | 12.2 | 14.4 | 37.3 |
| 에너지 | 5.0 | 16.0 | 17.0 |
| 파일럿트래블센터 | 1.8 | - | 3.8 |
| 제조, 서비스 및 유통 | 33.4 | 32.5 | 97.1 |
| 기타 비지배기업 | 2.3 | 3.5 | 13.3 |
| 외환거래 환차익 등 기타 | 4.0 | 6.8 | 6.3 |
| 영업이익 합계 | 107.6 | 76.5 | 288.7 |
| 투자 및 파생상품 손익 | -235.3 | -104.5 | 297.8 |
| 순이익 | -127.7 | -28.0 | 586.5 |

자료: 버크셔 해서웨이 홈페이지

버크셔가 손실을 기록했는지 3분기 실적을 먼저 살펴보고 보유 종목도 들여다보겠습니다.

버핏이 2021년 버크셔 해서웨이 주주 서한에서 말한 것처럼 버크셔의 4대 사업 부문은 △ 보험 부문(가이코 등) △ 철도 부문(BNSF) △ 에너지 부문(BHE, 버크셔 해서웨이 에너지) △ 애플 보유 지분입니다.

2023년 3분기 보고서를 보면 버크셔는 보험, 철도, 에너지뿐 아니라 제조, 서비스 및 유통 분야의 자회사를 통해 108억 달러(14조 원)에 달하는 영업이익을 올렸습니다. 2022년 같은 기간보다 약 40% 증가한 수치입니다. 하지만 235억 달러(30조 5,500억 원)의 투자 및 파생상품 손실(이하 '투자 손실')이 발생하면서 약 128억 달러(16조 6,400억 원)의 순손실을 기록했습니다. (2023년 1~3분기 누적으로는 298억 달러의 투자 수익이 발생했습니다.)

## 미실현 투자 손실이라는 게 중요

그런데 중요한 점은 이 투자 손실이 '미실현 투자 손실'이라는 사실입니다. 미국 일반회계기준(GAAP)은 유가증권을 시가로 평가해서 미실현 투자 손익을 당기이익에 반영하도록 요구하고 있습니다. 버크셔의 주식 포트폴리오는 3,000억 달러(390조 원)가 넘기 때문에, 버핏이 손 하나 까딱하지 않아도 포트폴리오 가치가 7% 하락하면 200억 달러가 넘는 투자 손실이 발생합니다.

2023년 3분기 투자 손실도 버크셔 포트폴리오의 50%를 차지하는 애플이 약 12% 하락하면서 보유 지분 가치가 200억 달러 넘게 감소한 영향이 컸습니다. 3분기 말 이후 애플 주가는 약 10% 반등하면서 2023년 11월 15일 종가 기준 188.01달러로 마감했습니다. 3분기 버크셔의 투자 손실이 이미 상당 부분 사라졌음을 뜻합니다.

이렇게 투자 손실은 들쭉날쭉하기 때문에 버핏은 기회 있을 때마다 주주들에게 투자 손실에 신경 쓰지 말고 영업이익을 보라고 말하고 있고, 2019년 버크셔 해서웨이 주주총회에서도 아래와 같이 강조했습니다.

"작년 말 적자를 기록했던 버크셔가 올해 1분기에 순이익 216억 달러를 기록했다고 신문에서 보도하는 일이 없기를 바랍니다. 순이익은 앞으로도 매우 변덕스러울 것입니다. 학교에서 회계를 제대로 공부하지 않았다면, 매우 똑똑한 사람도 신문에서 보도하는 순이익 실적에 현혹되기 쉽습니다. 따라서 앞으로는 순이익 대신 영업이익을 주목하고, 단기간에 발생한 자본손익은 무시하기를 바랍니다. 분기나 연간 투자 손익은 예측력이나 분석 가치가 전혀 없습니다. 우리는 언론도 영업이익이 중요하다는 사실을 이해하도록 소통에 노력하겠습니다."

실제로 버핏은 실적 발표 때마다 영업이익에 집중하라고 말하고 있는데요. 이번 3분기 실적 발표와 동시에 나간 보도자료에서 버크셔는 **"특정 분기의 투자 이익·손실은 대개 무의미하며 이에 따른 주당 순이익(손실)은 회계 원칙에 대한 지식이 없는 투자자에게 상당한 오해의 소지가 있습니다"**라고 강조했습니다.

버크셔의 2023년 3분기 보고서와 13F의 가장 큰 특징은 계속된 주식 매도로 인해 버크셔의 현금성 자산(보유 현금, 현금 등가물, 단기국채)이 사상 최고치인 1,572억 달러(204조 원)로 늘어났다는 점입니다. 미국 단기국채로 보유 중인 금액만 1,264억 달러(164조 원)에 달합니다. 미국 단기국채의 연수익률이 5%에 달할 정도로 고공행진 중이기 때문에

**버크셔 해서웨이의 현금성 자산 추이**

버크셔는 국채 보유로도 쏠쏠한 수익을 올리고 있습니다.

대신 3분기 버크셔는 제너럴모터스(GM)와 액티비전블리자드(Activision Blizzard) 주식을 모두 팔아치웠고 HP 지분도 약 15% 줄였습니다. 셰브론(Chevron) 지분도 10% 줄이면서 2023년 1~9월 보유주식 236억 달러어치를 현금화했습니다. 주식을 팔면서 보유 현금을 늘린 것을 보면 버핏은 투자 대상을 물색 중이며 본격적인 매수는 시작하지 않은 것으로 보입니다.

2023년 3분기 말 버크셔 해서웨이 포트폴리오 현황

| 순위 | 기업명 | 지분가치(달러) | 포트폴리오 비중(%) |
|---|---|---|---|
| 1 | 애플 | 1,567억 | 50.0 |
| 2 | 뱅크오브아메리카 | 283억 | 9.0 |
| 3 | 아메리칸익스프레스 | 226억 | 7.2 |
| 4 | 코카콜라 | 224억 | 7.1 |
| 5 | 셰브론 | 186억 | 5.9 |
| 6 | 옥시덴탈페트롤리움 | 145억 | 4.6 |
| 7 | 크래프트하인즈 | 109억 | 3.5 |
| 8 | 무디스 | 78억 | 2.5 |
| 9 | 액티비전블리자드 | 34억 | 1.1 |
| 10 | HP | 26억 | 0.8 |

자료: 2023년 3분기 버크셔 해서웨이 13F 보고서

## 시장 침체기도 견디고 실수에서도 살아남아야

여러 종목을 매도했지만 버핏은 주력 종목에는 손도 대지 않았습니다. 2023년 3분기 말 버크셔 보유 종목 중 애플 지분가치는 1,567억 달러(204조 원)로 1위를 차지했고 포트폴리오 비중은 무려 50%에 달합니다. 뱅크오브아메리카, 아메리칸익스프레스, 코카콜라가 2~4위를 차지했는데 버핏은 1~4위 종목은 한 주도 팔지 않았습니다.

버핏은 1988년부터 35년째 코카콜라에 투자 중이며 1993년부터 30년째 아메리칸익스프레스에 투자하고 있습니다. 이 밖에도 버핏은 셰브론, 옥시덴탈페트롤리움 등 정유업체와 크래프트하인즈(Kraft Heinz), 무디스에 투자하고 있습니다.

2023년 3분기 말 기준 버크셔의 주식 포트폴리오 규모는 3,133억 달러이며 상위 10개 종목의 비중이 91.9%에 달합니다. 애플 비중이 50%에 달하는 등 좋은 기업에 집중투자하는 버핏의 성향을 엿볼 수 있는 대목입니다.

버크셔의 13F에서 우리가 배울 수 있는 건 뭘까요? 미국 투자 전문지 〈배런즈(Barron's)〉에 실린 평가가 재밌습니다. 〈배런즈〉는 버핏에게서 배울 수 있는 것은 '실패는 성공에 수반하는 것'이라며, 버크셔 역시 제너럴모터스 매수처럼 실수할 때가 있다고 전했습니다.

또 〈배런즈〉는 '시장 침체기를 견디고 실수에도 살아남는 능력'이 버핏이 성공한 가장 큰 비결이라고 평가했습니다. 모건 하우절(Morgan Housel)이 《돈의 심리학(The Psychology of Money)》에서 지적했듯이 버핏이 이룬 부의 대부분은 60대 중반 이후에 형성되었고 이는 상당 부분이 버핏이 70년 이상 시장에서 머물면서 이룬 복리의 결과로 설명될 수 있기 때문입니다.

버핏이 주는 교훈은 **"게임에 오래 머무르면 승리하기가 쉬워진다"**입니다. 시간과의 싸움인 주식 투자에서는 정말 그런 것 같습니다.

3장

# 버핏의 기질과 경영 철학

## 네티즌이 분석한 버핏의 성격과 기질

요즘 MZ 세대에서 'MBTI' 열풍이 불고 있습니다. MBTI는 마이어스-브리그스 유형 지표(Myers-Briggs Type Indicator)의 약자로 스위스 정신분석학자 카를 융(Carl Jung)의 심리 유형론을 근거로 캐서린 브리그스(Katharine Briggs)와 이사벨 마이어스(Isabel Myers) 모녀가 개발했습니다.

'오마하의 현인' 워런 버핏의 MBTI가 궁금해서 한번 찾아봤습니다. 버핏의 MBTI 파악을 위해 신상 정보를 간략히 소개하자면, 미국 중서부 네브래스카주 오마하에서 1930년 태어난 워런 버핏은 백인 남성이며 약 1,200억 달러(158조 원)의 재산을 가지고 있습니다.

그는 네브래스카대학에서 경영학 학사학위를 취득했고 컬럼비아 경영대학원에서 '가치투자의 아버지' 벤저민 그레이엄의 수업을 들으며 경제학 석사 과정을 마쳤습니다. 그는 미리 작성한 유언장에 자산의 99%를 기증하겠다고 약속했습니다.

MBTI를 간단히 설명하면 네 가지 척도로 성격을 구분해서 ENTJ, ISTP 등 16개 유형으로 분류하는 건데요. 너무 성격을 정형화해서 바라본다는 단점도 있지만 전반적인 성격을 파악하는 데 도움이 되기도 합니다.

네 가지 척도는 ① 내향(Introversion) – 외향(Extroversion) ② 직관(iNtuition) – 감각(Sensing) ③ 감정(Feeling) – 사고(Thinking) ④ 인식(Perceiving) – 판단(Judging)입니다.

여러분이 생각하는 버핏의 MBTI는 무엇인지요? 결론부터 말하자면 버핏의 MBTI는 ISTJ일 가능성이 가장 큽니다. 유명 인사들의 MBTI를 추측해서 투표하는 퍼스널리티 데이터베이스(Personality

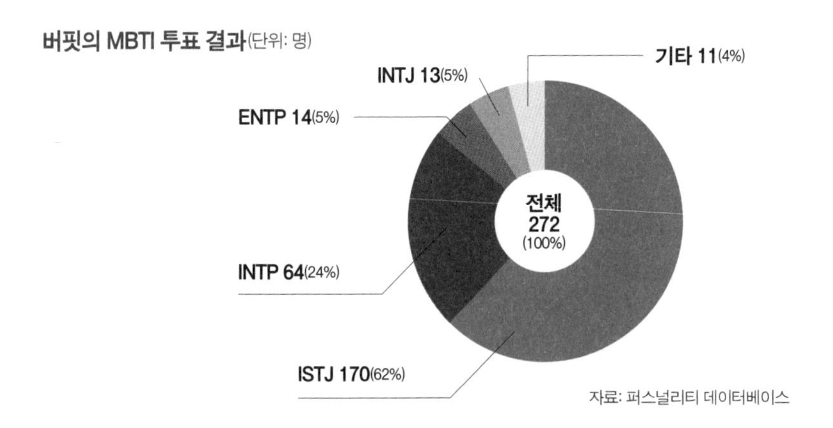

Database)라는 사이트가 있습니다. 여기서 네티즌 272명이 버핏의 MBTI를 추측했는데 이 중 170명(62%)이 ISTJ에 투표했습니다. INTP에 투표한 네티즌도 64명(24%)에 달합니다.

ISTJ 유형은 팩트를 중요시하고 실용적이며 민감하고 체계적인 특성이 있습니다. 버핏 역시 팩트에 기반한 체계적인 접근 방법을 투자에 적용하고 있습니다. 또 심층적인 내재가치 분석을 통해서 적당한 가격에 훌륭한 기업을 찾는 과정을 따르고 있습니다. 이미 입증된 방법에 집중하면서 직감이나 미래에 대한 예감보다는 측정 가능한 결과를 중시하는 것도 ISTJ 유형의 성격과 비슷합니다.

### 내향형(I) > 외향형(E)

하나씩 살펴볼까요? 일단 버핏을 내향형으로 보는 시각이 대부분입니다. 결혼 후에도 하루 종일 서재에 틀어박혀서 자료를 뒤적거리고 투자에만 몰두한 사람이 바로 버핏입니다.

버핏은 2017년 〈HBO〉가 방영한 다큐멘터리 '워런 버핏 되기(Becoming Warren Buffett)'에서 "나는 여전히 하루에 대여섯 시간씩 읽습니다"라고 말한 적이 있습니다. 아주 버핏다운 말이고 외향형과는 좀 거리가 멀지요.

그런데 버핏을 단순히 내향형으로만 봐서는 안 됩니다. 버핏은 젊었을 때 대중 연설을 두려워했지만, 스물한 살 때 데일 카네기(Dale

Carnegie)의 대중 연설 강의를 듣고 나서는 대중 연설에 익숙해졌습니다. 지금도 매년 5월 버크셔 해서웨이 주주총회에서 다섯 시간 넘게 주주들의 질문에 답변하고 종종 〈CNBC〉 방송에 나가 미국 경제에 대한 생각을 나눌 정도로 사람들과의 소통을 즐깁니다.

◆ 2004년 버크셔 해서웨이 주주총회 ◆

## 역사에서 배운 것은 사람들이 역사로부터 배우지 못한다는 사실

**Q. 지속적인 학습을 어떻게 실천하셨나요?**

**버핏** 건전한 투자의 기본 원칙은 지속적으로 학습할 필요가 없었습니다. 벤저민 그레이엄의 원칙을 여전히 사용하고 있으니까요. 그러나 우량 기업 발굴에 관해서는 찰리와 필립 피셔의 영향을 많이 받았습니다. 그리고 세월이 흐를수록 기업 경영에 대해 더 많이 배웠습니다.

사고 체계는 대부분 《현명한 투자자》에서 배울 수 있습니다. 이후 실제로 사업을 하면서 깊이 생각해보면 사업을 이해할 수 있습니다. 여기에 적절한 기질까지 갖추면 성공할 수 있습니다.

**멍거** 나는 워런을 수십 년 동안 지켜보았습니다. 그는 지속적으로 많이 배웁니다. 워런은 페트로차이나(Petrochina) 같은 기업을 멸시

할 수도 있었지만, 지속적인 학습을 통해서 능력범위를 확대한 덕분에 페트로차이나 같은 기업에도 투자할 수 있었습니다.

지속적으로 학습하지 않으면 남들에게 추월당합니다. 그리고 기질만으로는 충분치 않습니다. 매우 오랜 기간 호기심이 많아야 합니다.

우리는 독서를 많이 합니다. 독서를 많이 하지 않는데도 지혜로운 사람을 나는 보지 못했습니다. 그러나 독서만으로는 부족합니다. 아이디어를 고수하면서 실행에 옮기려면 기질이 있어야 합니다. 사람들 대부분은 아이디어를 고수하지 못하거나, 고수하더라도 실행에 옮기지 못합니다.

**버핏** 열쇠는 IQ가 아니라 투자 사고방식이며, 여기에 적절한 기질까지 갖추어야 합니다. 자신을 제어하지 못하는 사람은 재앙을 맞이합니다. 찰리와 나는 그런 사례를 보았습니다. 1990년대 말에는 세상 사람들 모두가 투자에 다소 미친 상태였습니다. 어떻게 그런 일이 벌어질까요? 사람들은 배우지도 못할까요? 우리가 역사에서 배운 것은 사람들이 역사로부터 배우지 못한다는 사실입니다.

## 감각형(S) > 직관형(N)

감각형은 실제의 경험을 중시하고 현재에 초점을 맞춥니다. 버핏이 이미 입증된 방법에 집중하면서 직감이나 미래에 대한 예감보다는 측정 가능한 결과를 중시하는 것도 감각형이기 때문입니다.

직관형은 육감과 영감을 중시하며 미래 가능성에 초점을 맞추고 신속하고 비약적으로 일을 처리합니다. 다양한 공상을 즐기며 새로운 시도를 하는 걸 좋아하는데요. 혹시 떠오르는 사람이 없나요? 네, 바로 테슬라(Tesla) 최고경영자인 일론 머스크(Elon Musk)입니다(INTJ).

사실 버핏은 취미 생활이라는 측면에서 보면 따분하고 재미없는 생활을 하고 있습니다. 끊임없이 읽으면서 기업을 연구하고 돈을 버는 게 버핏이 가장 좋아하는 취미(?)이기 때문입니다. 오감을 중시하는 버핏은 사후 세계나 머스크 같은 직관형이 좋아할 만한 우주적인 문제도 생각하지 않습니다.

버핏이 흥미가 없는 대상에는 전혀 관심을 기울이지 않는 건 유명한데요. 버핏은 1989년 당시 소니(Sony) 회장이었던 모리타 아키오(盛田昭夫)가 주최한 저녁 만찬에서 최고급 오마카세(맡김차림)를 대접받았지만, 열다섯 개 코스가 끝날 때까지 거의 입을 대지 못했다고 합니다. 그 일이 있은 뒤 버핏은 최악의 경험이었다며 "다시는 일본 음식을 먹지 않겠다"고 말했습니다. 보통 사람이면 한 번씩 먹어볼 만도 한데 말이지요.

### 사고형(T) > 감정형(F)

이것도 쉬운 문제입니다. 버핏은 당연히 사고형입니다. 사고형은 객관적인 기준으로 정보를 논리적으로 비교·분석하고 여기서 도출된 결과를 바탕으로 판단을 내립니다. 대개 자신의 원칙에 따라 행동하려는 경향이 있고요. 딱 버핏을 얘기하는 것 같지 않나요?

감정형은 상황 친화적이고 객관적인 기준보다 자신이나 다른 사람이 부여하는 가치를 중심으로 판단을 내립니다. 또 조화로운 인간관계를 추구하면서 사람의 마음을 다치지 않게 노력합니다.

아시다시피 버핏은 사람의 감정을 다루는 것보다 객관적인 사실, 특히 숫자를 다루는 데 능합니다. ISTJ형은 재무 문제나 인생 문제에 대한 결정을 내릴 때 감정이 부족한 걸로 알려져 있습니다. 매정하다고 오해받을 수 있지만 투자에는 딱입니다.

딸 수지 버핏(Susie Buffett)이 출산 전 부엌을 리모델링하기 위해 아버지에게 4만 1,000달러(약 5,400만 원)를 부탁했을 때, 버핏이 한 말은 "은행에 가서 다른 사람들이 하는 것처럼 (대출)하렴"이었습니다. 그런데 버핏이 지금까지 기부한 금액은 또 515억 달러(약 68조 원)에 달합니다. 이처럼 버핏은 전형적인 사고형(T)인 데다가 그 정도가 보통 사람을 훨씬 뛰어넘습니다.

## 모두가 겁에 질렸을 때 과감하게 행동하는 확신

**Q. 투자에 확신이 얼마나 중요한가요?**

**버핏** 투자자는 IQ가 높을 필요가 없고 아주 똑똑할 필요도 없습니다. 2002년 정크본드에 투자한 사람들과 이후 LTCM 사람들을 보면 알 수 있습니다. 모두가 겁에 질려 얼어붙었을 때 과감하게 행동에 나서는 확신만 있으면 됩니다. 감정을 따르지 말고 이성을 따라야 한다는 사실은 누구나 알고 있지만, 모두가 이성을 따를 수 있는 것은 아닙니다.

**멍거** 우리가 젊은 시절에는 투자업계에 똑똑한 사람이 그다지 많지 않았습니다. 당시 은행 신탁부 사람들을 보면 알 수 있었습니다. 지금 사모펀드업계에는 똑똑한 사람이 많습니다. 지금 위기가 발생한다면, 이를 기회로 삼아 즉시 거액을 투자하는 사람이 훨씬 많을 것입니다.

**버핏** 그러나 2002년에는 이런 사람들이 기회를 잡지 못했습니다.

**멍거** 예컨대 지금 이 강당에서 화재가 발생하는 것처럼 혼란이 발생하면 사람들 대부분은 이상하게 행동합니다. 이런 상황에서 지혜롭게 행동하면 큰돈을 벌게 됩니다.

**버핏** 3년 전에는 한국에 재무제표가 건전한데도 PER이 3배에 불과한 기업이 많았습니다.

**멍거** 한국이 큰 혼란에 빠졌기 때문이죠.

**버핏** 4~5년 전 일입니다. 기회는 이미 지나갔습니다.

**멍거** 그런 사례는 20개가 넘지 않습니다.

**버핏** 그런 사례를 20개 이상 알고 있어도 나는 공개하지 않으렵니다. (웃음소리)

### 판단형(J) 〉 인식형(P)

버핏은 판단형입니다. 판단형은 분명한 목적과 방향을 가지고 있고 철저히 사전 계획을 하며 체계적이라는 특성이 있습니다. 인식형은 목적과 방향을 바꿀 수 있고 상황에 따라 융통성을 가지고 유연하게 대처하는 성향을 보입니다.

투자를 봐도 버핏은 영락없는 판단형인데요. 자신의 원칙과 규범을 정하고 철저히 거기에 맞는 주식에만 투자합니다.

버핏은 ① 사업을 이해할 수 있고 ② 장기적인 경제성이 좋으며 ③ 유능하고 신뢰할 수 있는 경영진이 있고 ④ 인수 가격이 합리적인 기업을 찾고 있다고 말했는데요. 이 기준에 맞지 않은 기업은 거들떠보지도 않습니다.

정리해보면 버핏 같은 ISTJ 유형은 감각형(S) 성격을 통해서 의사결정에 필요한 객관적 정보를 수집하고, 사고형(T) 성격을 이용해 논리적이고 객관적인 결론을 내립니다. 강인한 마인드의 사고방식을 취하며, 사실을 분석할 때 무심하면서도 합리적인 태도를 취합니다.

버핏은 항상 상당히 객관적이고 논리적인 태도로 투자를 결정하면서 감정과 개인적 선호 및 편향의 개입을 배제해왔습니다. 이런 과정을 통해 씨즈캔디, 가이코, 데어리퀸(Dairy Queen), 프루트오브더룸(Fruit Of The Loom) 같은 회사를 인수하고 코카콜라, 아메리칸익스프레스, 웰스파고(Wells Fargo), 애플 등에 투자했습니다.

그런데 ISTJ 유형은 너무 무심해지거나 논리적인 시각을 가지게 되는 경우도 있습니다. 세계에서 손꼽는 부자 아버지가 4만 1,000달러를 부탁한 딸에게 은행에 가보라고 한 게 좋은 예입니다. '투자의 귀재'가 항상 자상한 아버지 역할까지 하는 건 어려운 것 같습니다.

## 돈 대신 신뢰를, 나락에 빠진 '살로몬' 일병 구하기

워런 버핏은 지금은 인자한 할아버지의 모습이지만 옛날에는 미국 금융계를 휩쓸고 다녔습니다. 무용담도 많은데요. 그중 최고는 1991년 국채 입찰 스캔들로 파산 위기에 빠진 투자은행 살로몬브러더스를 구한 일입니다.

1987년 버크셔 해서웨이는 살로몬브러더스에 7억 달러를 투자해서 최대 주주가 되었는데요. 1991년 살로몬의 국채 입찰 조작 스캔들이 터지고 살로몬이 존폐 위기에 빠지자 버핏은 임시 회장을 맡아 워싱턴 정가를 누비며 살로몬을 파산 위기에서 구해냅니다.

찰리 멍거도 살로몬 이사로 취임해서 살로몬을 살리기 위해 애쓰는 등 이때의 '살로몬' 일병 구하기는 버핏과 멍거에게 인상적인 경험이 됐습니다. 이후 버크셔 해서웨이 주주총회에서도 살로몬은 자주 언급되는 단골 소재이고요. 참, 당시 재무부 부장관 제롬 파월(Jerome Powell)도 미국 정부의 살로몬 협상에 참여했습니다.

버핏은 이후 연준 의장이 된 제롬 파월이 2020년 3월 코로나19 위기 상황에 훌륭하게 대응했다고 여러 번 격찬했는데, 1991년부터 그와의 인연을 우연찮게 맺었네요. 버핏의 '살로몬' 일병 구하기를 살펴보겠습니다.

## 살로몬브러더스의 국채 입찰 조작 스캔들

1987년 9월 버크셔 해서웨이는 살로몬의 상환전환우선주에 7억 달러를 투자하며 지분 12%를 가진 최대 주주가 됩니다. 매년 9%의 배당금을 챙기고 주가가 오르면 보통주로 전환할 수도 있으니 버크셔 입장에서는 손해 볼 게 없는 투자였습니다.

살로몬브러더스는 월가 최고의 채권 하우스로 뉴욕 채권시장에서도 절대적인 영향력을 행사하고 있었습니다. 당시 뉴욕증권거래소는 일일 거래 대금이 80억 달러에 불과했는데, 재무부 채권(국채)시장은 1,000억 달러가 오가서 세계에서 가장 큰 시장이었습니다.

그런데 1991년 살로몬의 국채 입찰 조작 스캔들이 터집니다. 미국 재무부가 발행하는 국채를 인수할 수 있는 프라이머리 딜러(공식 국채

딜러)가 1회 입찰에 인수하는 국채 한도는 35%로 제한돼 있었습니다. 그런데 살로몬의 채권 딜러인 폴 모저(Paul Mozer)가 고객의 명의를 도용해 발행 물량을 수차례나 싹쓸이하다시피 해버린 겁니다.

나중에 문제가 커지자 폴 모저는 채권 부문 책임자이던 존 메리웨더(John Meriwether)에게 입찰을 조작한 사실을 고백했고, 메리웨더는 며칠 후 살로몬 최고경영자(CEO) 존 굿프렌드(John Gutfreund), 회사 법률고문 도널드 퓨어스테인(Donald Feuerstein)을 만나 이 사태에 대해 협의했습니다.

퓨어스테인은 허위 입찰이 범죄에 해당한다고 말했고 그들은 재무부에 보고해야 한다는 쪽으로 의견이 일치했습니다. 사실 이때 재무부에 보고만 했어도 큰 탈 없이 넘어갈 수 있는 문제였습니다. 그런데 굿프렌드가 주저하면서 문제가 눈덩이처럼 커집니다.

결국 재무부와 SEC가 먼저 국채 입찰 조작 사실을 발견하고 조사를 시작하면서 살로몬과 굿프렌드는 위기에 빠집니다. 버핏은 2017년 버크셔 해서웨이 주주총회에서 굿프렌드의 실수를 다음과 같이 평가했습니다.

"대개 중대한 문제가 발생하기 전에 CEO는 그 기미를 알아챕니다. 바로 그 순간 CEO는 반드시 행동에 나서야 합니다. 살로몬과 같은 전철을 밟지 않으려면 말이지요. 4월 28일, 살로몬의 CEO, 사장, 고문변호사는 회의실에서 보고를 받았습니다. 존 메리웨더는 부하 직원 폴 모저가 어리석게도 재무부를 대상으로 사기 친 과정을 설명했습니다. 실수가 아니라 악의로 벌인 일이었습니다. 그는 미국 국채에 대해 허위 매수 주문을 제출했습니다.

그날 회의 참석자들은 일이 매우 잘못되었음을 깨달았고 이 사실을 뉴욕 연준에 보고해야 했습니다. CEO는 보고하겠다고 말했습니다. 그러나 그는 즉시 보고하지 않고 뒤로 미루었습니다. 5월 15일 국채 경매가 열리자 폴 모저는 또다시 대규모 허위 매수 주문을 제출했습니다. 경영진은 알면서도 상습 방화범의 범행을 막지 못했으므로 이제는 변명의 여지가 없었습니다. 상황은 내리막길로 접어들었습니다. 부당 행위를 발견한 순간 CEO가 곧바로 저지하지 않은 탓입니다."

굿프렌드는 사임을 결심하고 워런 버핏에게 전화를 걸어서 개입해 달라고 부탁합니다. 사실 버핏에게 가장 안전한 방법은 살로몬을 조용히 묻어주는 것이었습니다. 버핏은 상환전환우선주에 투자해서, 살로몬이 청산되더라도 돈을 잃지 않았기 때문입니다. 하지만 버핏에게는 돈 대신 잃을 게 있었으니 바로 신뢰였습니다. 살로몬의 최대 주주인 버핏은 책임을 감당하기로 결정합니다.

## 버핏의 살로몬 일병 구하기

결국 버핏은 뉴욕으로 날아가서 살로몬의 임시 회장직을 맡았고 미국 정부와 살로몬에 대한 협상을 벌입니다. 당시 니콜러스 브래디

(Nicholas Brady) 미국 재무부 장관, 제롬 파월 재무부 부장관이 협상에 참여했습니다.

버핏은 살로몬의 대차대조표가 1,500억 달러에 달하고 대부분을 단기 자금으로 조달한다는 사실을 강조하며 최대한의 아량을 베풀어 달라고 요청했습니다. 살로몬은 매일 500억 달러에 달하는 엄청난 금액을 롤오버(만기 연장)했고, 이 중 살로몬의 명의로 보증되는 금액은 10억 달러였습니다. 만약 자금 만기를 연장할 수 없다면 살로몬은 얼마 못 가서 파산할 게 확실해 보였습니다.

브래디 장관은 살로몬의 국채 입찰 자격을 박탈했다가 몇 시간 뒤 마음을 바꿔, 살로몬이 회사 고유 계정으로 국채 입찰에 참여할 수 있도록 허락했습니다. 살로몬이 간발의 차이로 살아난 거지요.

2006년 버크셔 해서웨이 주주총회에서 한 질문자가 살로몬 때문에 세계 금융위기가 발생할 뻔했는지 묻자, 버핏이 자세하게 설명한 적이 있습니다.

"1991년 8월 중순 일요일, 살로몬에 있던 우리는 30분 이내에 연방법원 판사에게 파산 서류와 열쇠를 넘겨주어야 하는 상황이었습니다. 변호사들은 파산 서류 초안을 작성하고 있었습니다. 다행히 파산보호 신청을 지시했던 재무부가 결정을 번복했습니다.

만일 살로몬이 파산보호 신청을 하게 되었다면 어떤 일이 벌어졌을까요? 공교롭게도 같은 날 미하일 고르바초프(Mikhail Gorbachev)가 행방불명이 되었고 다우지수는 수백 포인트 폭락했습니다. 이튿날 일본

시장이 열렸을 때, 살로몬이 증권 양도 등을 이행하지 못했다면 어떤 일이 벌어졌을까요? 게다가 살로몬이 보유한 파생상품 계약은 무려 6,000~7,000억 달러 규모였습니다. 1991년, 재무장관 브래디는 살로몬에 사형 선고를 내렸지만 다행히 결정을 번복했습니다."

버핏은 만약 브래디 장관이 번복하지 않았다면 살로몬은 파산보호 신청을 했을 것이라며 말을 맺었습니다.

## 돈을 잃을지언정 평판을 잃어서는 안 된다

1991년 9월 4일 미국 하원 청문회에 출석한 버핏은 살로몬이 법률을 완전히 준수할 것을 증명하는 조치를 취하겠다고 약속한 후, 살로몬의 새로운 비전에 대해 생생한 이미지를 설명하기 위해 재밌는 이야기를 합니다.

"저는 직원들에게 자신이 하려는 행동이 다음 날 지방 신문 1면에 실려 배우자와 아이들, 친구들이 읽기를 바라는지 자문해보길 권합니다. 직원들이 이 말을 따르고 행동에 옮긴다면 제가 그들에게 보내는 다른 메시지는 두려워할 필요가 없을 겁니다. **저는 회사가 돈을 잃는 것은 이해합니다. 하지만 회사의 평판에 손해를 끼치는 것은 용서하지 않을 것입니다.**"

버핏은 약 9개월 동안 살로몬의 회장을 맡으면서 '살로몬' 일병을 구해냅니다. 당시 제롬 파월 재무부 부장관은 살로몬의 모든 주주가 워런 버핏의 사진을 침대 옆 탁자에 놓아야 한다고 말할 정도로 버핏의 역할을 높이 평가했습니다.

나중에 살로몬은 2억 9,000만 달러의 벌금을 부과받았습니다. 폴 모저는 재무부에 거짓말을 했다고 인정한 후 감옥에서 4개월을 복역하고 110만 달러의 벌금을 냈으며 증권업 종사를 영구적으로 금지당합니다. 살로몬의 CEO였던 굿프렌드는 벌금 10만 달러를 내고 다른 증권사를 운영하지 않겠다는 약정에 서명합니다.

부하 직원인 폴 모저 때문에 살로몬에서 해고된 존 메리웨더는 나중에 헤지펀드 롱텀캐피털매니지먼트(LTCM)를 설립합니다. LTCM은 1998년 러시아의 모라토리엄 선언으로 파산 위기에 처하면서 월가를 붕괴 직전으로 몰고 갔지만, 미 연준의 주도하에 월가 은행이 36억 달러의 구제금융을 LTCM에 제공하고 간신히 금융위기를 막아냅니다.

버핏의 살로몬 투자는 1997년 트래블러스그룹(Travelers Group, 현 씨티그룹)이 90억 달러에 살로몬을 인수하면서 해피엔딩으로 마무리되었습니다. 7억 달러를 투자했던 버핏의 몫은 약 17억 달러였습니다. 성공한 투자로 끝나긴 했지만 버핏이 다시 하고 싶어 하지는 않을 것 같습니다.

## 젊은이들에게 주는 조언

**Q. 좋은 평판을 얻고 영향력 있는 사람들과 네트워크를 구축하고 싶은데 어떻게 해야 하나요? 친구와 동료 들로부터 사랑도 받고 싶습니다.**

**멍거** 최선을 다해서 노력하세요. 좋은 평판을 쌓으려면 오랜 기간이 걸립니다. 사람들 대부분은 천천히 쌓아갈 수밖에 없지요. 살아가면서 바르게 처신하는 것이 가장 중요합니다.

**버핏** 사람은 나이가 들면 자신에게 합당한 평판을 얻게 됩니다. 한동안은 사람들을 속일 수 있겠지요. 기업도 마찬가지입니다. 버크셔는 평판의 덕을 아주 많이 보았습니다. 평판 덕분에 회사가 달라졌습니다. 정말입니다.

**멍거** 젊은 시절 나는 무례한 질문을 함부로 던지는 밉상이었습니다. 나중에 큰 부자가 되어 후하게 인심을 쓰면서부터 비로소 호감을 얻게 되었습니다.

**버핏** 초창기에는 찰리와 나 둘 다 밉상이었습니다. 그러나 아주 훌륭한 선생님들을 만났습니다. 내가 존경하는 분들이었습니다. 존경받고 싶다면 존경하는 사람들을 닮으십시오. 주변에서 존경하는 사람들을 찾아내어 그들의 장점을 적고 그들을 닮겠다고 결심하십시오. 다른 사람들의 단점이 마음에 들지 않는다면 그와 같은 자신의 단점을 없애십시오. 결혼 상대를 고를 때 가장 중요한 것은 지성이나 유머가 아닙니다. 기대 수준이 높지 않은 사람을 찾으세요.

**멍거** 저축도 할 줄 모르는 사람은 도와줄 방법이 없습니다.

**버핏** 어린 시절부터 저축 습관을 키워야 합니다. 그러면 인생이 엄청나게 달라집니다. 버크셔는 재미있는 만화 시리즈를 통해서 어린이들에게 저축 습관을 키워주려고 노력하고 있는데, 실제로 효과가 좋다고 생각합니다. 일찌감치 자녀들에게 돈에 관해서 좋은 습관을 키워주면 인생이 달라질 수 있습니다. 자녀가 어릴 때 서둘러 시작하세요.

# 버크셔의 소박한 기업문화와 버핏의 경영 철학

버크셔 해서웨이의 홈페이지를 방문해보신 적이 있나요? 많은 사람이 워런 버핏의 일거수일투족에 관심을 기울이지만, 사실 버크셔 해서웨이에 대해서는 자세히 아는 사람이 적습니다. 그런데 버크셔를 자세히 들여다보면 오늘날의 버크셔를 만든 버핏을 이해하는 데 도움이 됩니다.

버크셔 해서웨이 홈페이지를 방문하고 든 생각은 이게 정말 버크셔 해서웨이 홈페이지가 맞는지였습니다. 2023년 3분기 말 기준으로 시총 약 7,850억 달러인 버크셔 해서웨이의 홈페이지는 사진 한 장 없이 하얀색 바탕화면에 달랑 연례 주주 서한, 사업보고서, 자회사 링크

등만 있습니다. 2000년대 초반에 만든 개인 홈페이지라고 해도 믿을 정도입니다.

버크셔의 연차보고서(annual report)도 사진 한 장 없이 텍스트와 표만 있습니다. 사진과 다양한 그래픽으로 화려하게 꾸미는 다른 상장기업의 연차보고서와는 완전히 다른 모습입니다.

## 시총 7,850억 달러 버크셔, 본사 직원은 불과 스물다섯 명

미국 네브래스카주 오마하에 있는 15층 건물 키위트플라자(현재는 블랙스톤플라자로 명칭 변경)에 위치한 버크셔 해서웨이 본사도 버크셔의 홈페이지와 비슷한 느낌을 줄 것 같습니다. 버크셔는 1962년부터 이 건물 한 층을 빌려서 사용하고 있는데요. 시총 7,850억 달러에 달하는 초대형 복합기업의 본사라고 상상하기 어려운 사무실입니다.

본사에는 약 스물다섯 명의 직원이 근무하고 있습니다. 이전에 영국 〈파이낸셜타임스(Financial Times)〉는 버크셔 사무실이 좁은 복도와 오래된 카펫 때문에, 수십억 달러짜리 대기업의 본사라기보다는 커뮤니티 칼리지(community college, 지역사회 대학) 사무실 느낌이라고 묘사했습니다.

이곳에서 버핏은 약 스물다섯 명의 직원과 함께 임직원 총 38만 명이 넘는 62개 자회사를 경영하고 있습니다. 버크셔의 2022년 매출액은 3,021억 달러(약 387조 원), 주식 포트폴리오 규모는 3,200억 달러(약

410조 원)가 넘습니다. 대단하지요?

버핏은 2010년 연례 주주 서한에서 버크셔의 '세계 본부'는 연간 임차료가 27만 212달러(약 3억 4,600만 원), 본부의 가구, 미술품, 콜라 자판기, 구내식당, IT 장비에 투자한 금액은 모두 30만 1,363달러(약 3억 8,600만 원)에 불과하다고 밝힌 적이 있습니다. 버크셔 본사 사무실과 내부 인테리어가 어떨지 대충 상상이 가네요.

버핏은 자신과 멍거가 주주들의 돈을 자기 돈처럼 아끼는 한, 버크셔 경영자들도 돈을 아낄 것이라고 말했습니다. 이제야 버크셔의 홈페이지와 사무실이 왜 그렇게 소박한지 이해가 됩니다. 주인의식은 아주 중요한 버크셔의 문화인데요. 버핏은 버크셔의 보상 프로그램, 주주총회, 심지어 연차보고서까지도 모두 버크셔 문화를 강화하도록 설계했다고 이야기합니다.

버핏이 자회사 경영자를 선택하는 방법도 남다릅니다. 버핏은 가장 뛰어난 인재를 뽑아서 최대의 자율성을 보장합니다. 최고의 인재 가운데 마이크로매니지먼트(micro management, 세부 사항까지 통제)를 좋아하는 사람은 단 한 명도 없기 때문입니다. 버핏도 마찬가지이기 때문에 이를 잘 이해하고 있습니다.

## 버핏이 성공을 거둔 이유

**Q. 당신이 성공을 거둔 가장 중요한 이유는 무엇이라고 보시나요?**

**버핏** 훌륭한 스승을 만났고 끝까지 초점을 잃지 않았기 때문일 것입니다. 그리고 이 게임이 엄청나게 흥미로워서 맘껏 즐겼습니다. 사실 투자는 매우 쉬운 게임이지만 심리적 안정을 유지할 수 있어야 합니다. 나는 일곱 살부터 열아홉 살 사이에 투자 서적을 탐독하면서 투자에 열을 올렸지만 원칙을 따르지 않았습니다. 그러다가 벤저민 그레이엄의 《현명한 투자자》를 읽으면서 전적으로 타당한 투자철학을 배웠습니다. 이후 투자가 쉬워졌습니다.

**멍거** 기질만 있으면 투자는 쉬운 게임입니다. 그러나 영리하게 투자해서 막대한 재산을 모으더라도 그것만으로는 만족하기 어렵습니다.

**버핏** 그동안 버크셔 경영이 투자보다 훨씬 재미있고 놀라울 정도로 만족스러웠습니다.

**멍거** 자기 돈으로 투자를 잘한다면 거기서 한 걸음 더 나아가 더 많은 일을 하시기 바랍니다. 나는 영화배우나 연극배우로는 절대 성공하지 못한다고 실감하고 나서, 낙오자가 된 기분으로 투자계에

발을 들여놓았습니다. 나는 할아버지 덕분에 나의 본분이 최대한 합리적인 사람이 되는 것이라고 생각하게 되었습니다. 나는 오로지 합리적 사고에만 능숙했으므로 이런 적성에 잘 맞는 분야를 찾아가게 되었습니다. 공자(孔子)는 우리에게 합리적으로 행동할 도덕적 의무가 있다고 말했는데 그래서 나는 공자를 좋아합니다. 나 역시 오래전부터 그렇게 생각하고 있습니다. 버크셔는 합리적 행동의 전당입니다. 우리가 무식한 상태에서 벗어나지 못한다면 이는 더 무식해지는 것보다도 수치스러운 일입니다. 베풀어야 할 때는 베풀어야 합니다.

**버핏** 이제 내게 가장 중요한 것은 수백만 주주를 위해서 버크셔가 잘 되는 일입니다. 나는 해마다 버크셔를 성장시키고 개선하는 일이 엄청나게 즐겁습니다. 버크셔의 실적이 부진하면 나는 행복할 수가 없습니다.

**멍거** 우리 돈은 다소 잃어도 상관없지만 다른 사람의 돈은 정말 잃고 싶지 않습니다. 매우 바람직한 태도이지요.

**버핏** 나는 버크셔의 장기 가치가 훼손될 때 괴롭습니다.

**멍거** 훌륭한 의사는 환자가 밥 먹다가 죽어도 괴로워합니다.

## 관료주의를 혐오하고 분권주의를 추구하는 버크셔

버핏은 2015년 연례 주주 서한에서 버크셔가 생산성 향상을 갈망하고 관료주의를 혐오한다고 밝히면서 **버크셔는 계속해서 전대미문의 극단적인 분권주의를 추구할 것**이라고 강조했습니다. 버크셔의 분권주의는 유명합니다. 버핏은 자회사 경영자들에게 자본 배분을 제외한 대부분의 권한을 위임하며 최대의 자율성을 보장하고 있습니다.

버크셔 본사에는 법무실이 없고, 다른 기업들이 가지고 있는 홍보·IR·전략·인수 담당 부서도 없으며, 자회사에 예산을 제출하라고 요구하지도 않습니다. 오직 감사 기능만 가지고 있습니다. 바로 이게 버크셔 본사가 스물다섯 명의 직원으로 운영될 수 있는 이유입니다.

윌리엄 손다이크(William Thorndike)가 하버드대 MBA 학생들과 '세기의 경영자'로 불리는 잭 웰치(Jack Welch) 이상의 성과를 거둔 CEO 여덟 명을 찾아내고 분석한 《현금의 재발견(The Outsiders)》이라는 책이 있습니다. 이 책을 보면 워런 버핏의 버크셔 해서웨이 경영을 이해하는 데 도움이 되는데요. 버핏을 포함한 이들 여덟 명에게는 일반적인 CEO와 확연히 구분되는 특징이 있었습니다. 바로 아래와 같습니다.

1. 자본 배분은 CEO의 가장 중요한 업무다.
2. 장기적으로 중요한 것은 주당 가치를 높이는 것이지, 기업 전체 성장이나 규모가 아니다.

3. 장기적인 기업 가치는 연차보고서상 이익이 아니라 현금흐름이 결정한다.

4. 분권화된 조직은 기업가다운 에너지를 일으키고 비용과 반목을 낮춘다.

5. 독자적인 사고는 장기적인 성공의 필수 요소다. 월스트리트나 언론 등 외부 조언자들과 하는 교류는 주의를 산만하게 하고 시간도 낭비한다.

6. 때때로 최고의 투자 대상은 자사주다.

7. 기업을 인수할 때는 인내가 미덕이다. 가끔은 과감함이 미덕일 때도 있다.

어쩐지 워런 버핏을 설명하는 것 같지 않나요? 특히 자본 배분, 분권화된 조직, 독자적인 사고를 강조한 부분이 와닿습니다. 버크셔 자회사를 경영하는 CEO들은 조언이나 사업용 자본을 요청하지 않는 한, 버핏에게 전혀 연락을 받지 않았습니다. 버핏은 이런 분권화가 간접비용은 낮추고 CEO의 기업가정신을 발휘시켜 조직의 전체 효율성을 높인다고 여겼습니다.

• 1994년 버크셔 해서웨이 주주총회 •

## 부실한 경영자가 주주를 우대하는 걸 본 적이 없습니다

**Q.** **경영자를 어떻게 평가하나요?**

**버핏** 우리가 경영자를 평가하는 기준은 두 가지로 ① 사업 실적은 어떠하며 ② 주주를 얼마나 우대하는가입니다. 사업 실적은 경쟁사의 실적과 비교해 평가하고, 경영자가 내린 자본 배분 결정도 함께 고려합니다.

훌륭한 경영자는 대개 주주를 우대하지만 부실한 경영자가 주주를 우대하는 사례는 본 적이 거의 없습니다. 훌륭한 경영자를 찾기는 쉽지 않지만 그래도 반드시 해야 하는 일입니다.

**멍거** 교장이 졸업생에게 말했습니다. "여러분 중 5%는 범죄자가 될 것입니다. 누가 범죄자가 될지 나는 정확히 알고 있지만 말하지 않겠습니다. 들뜬 분위기에 찬물을 끼얹고 싶지 않으니까요."

## 버크셔는 '프랑스 레스토랑'이 아니라 '햄버거 가게'

버핏은 주주를 대하는 태도도 남달랐습니다. 버핏은 버크셔의 형태가 주식회사이지만 자신의 마음 자세는 '동업자'라고 밝히면서 버크셔를 좋아하는 주주들이 가능하면 오랫동안 주식을 보유하기를 원했습니다.

2020년 연례 주주 서한에서, 일부 '동업자'는 교체되겠지만 자신과 멍거는 교체되는 동업자가 극히 적기를 바란다고 말하면서 친구, 이웃, 배우자가 빠르게 교체되기를 바라는 사람도 있는지 반문합니다.

버핏은 1958년 필립 피셔가《위대한 기업에 투자하라》에서 상장회사 경영을 식당 경영에 비유한 것을 인용했는데요. 식당은 햄버거와 코카콜라로 손님을 모을 수도 있고, 프랑스 요리와 와인으로 손님을 끌 수도 있습니다. 하지만 제공하는 음식을 변덕스럽게 바꾸면 안 된다고 피셔는 경고합니다. 잠재고객에게 던지는 메시지가 이들이 실제 받는 서비스와 일치해야 하기 때문입니다.

그는 버크셔가 56년 동안 햄버거와 코카콜라를 제공하면서 모은 고객들을 소중히 여긴다고 말합니다. 요즘도 매일 아침 출근길에 맥도날드에 들러 햄버거로 아침 식사를 즐기고 하루에 콜라 다섯 캔을 마신다는 버핏다운 말입니다. 버크셔는 프랑스 레스토랑이 아니라 햄버거 가게입니다.

그리고 버크셔에 주주 빈자리가 나오지 않으면 좋겠지만, 만약 나온다면 버크셔를 잘 이해하고 원하는 새로운 주주들이 차지하길 바란다고 이야기합니다. 그리고 실적은 약속할 수 없지만 주주를 '동업자'로 대우하겠다고 약속할 수는 있으며 실제로 그렇게 할 것이라고 말합니다.

주주를 '동업자'로 대우하겠다는 버핏의 말이 참 가슴에 와닿습니다. 그래서인지 버크셔 해서웨이 주주총회에는 자신을 15년 또는 20년 된 주주라고 소개하는 질문자가 많습니다. 버핏도 멋있지만 버크셔와 15년, 20년을 동행한 주주도 정말 멋있네요.

## 낡은 자동차, 오래된 스마트폰…
## 버핏의 소비 스타일

워런 버핏의 이름을 들으면 가장 먼저 떠오르는 건 뭘까요? 아마 **'부자' '투자의 귀재'**일 것입니다. 그런데 버핏에 대해서 우리가 모르는 사실도 많습니다. 바로 세계적인 부자 버핏이 돈을 대하는 관점이 대부분의 사람과는 완전히 다르다는 점입니다.

먼저 버핏은 태생적으로 검소할 뿐 아니라 간소한 생활 방식을 유지하고 있습니다. 그는 매일 출근길에 맥도날드에 들러 3~4달러짜리 맥모닝을 먹고, 1958년 당시 3만 1,500달러(약 4,100만 원)를 주고 구입한 집에 계속 살고 있습니다. 시가총액 7,800억 달러가 넘는 버크셔 해서웨이의 본사에 겨우 스물다섯 명의 직원이 근무하고 오마하의 블랙스톤플라자 한 층을 빌려 쓰는 것도 남다릅니다.

차와 핸드폰도 마찬가지인데요. 아마 이 글을 읽는 분들 중 버핏보다 좋은 차를 타고 더 비싼 핸드폰을 사용하는 사람이 많을 겁니다.

## 9년 전 구입한 자동차를 여전히 타는 이유

버핏이 모는 자동차는 2014년형 캐딜락 XTS입니다. 이 차의 소매가격은 약 4만 5,000달러입니다. 우리 돈으로 약 6,000만 원인데요. 대략 현대차 제네시스를 살 수 있는 금액입니다. 사람들이 돈을 몇십억 벌고 나서 굉음을 내는 스포츠카를 타고 부와 성공을 과시하려는 것과 완전히 상반된 모습입니다.

버핏이 차를 대하는 관점을 보면 인생과 투자에 대한 철학을 엿볼 수 있는데요. 신차를 살 경우 빠르게 감가상각(depreciation)되는 걸 버핏은 아주 싫어합니다. 차라리 성능에는 이상이 없지만 미관상 이유로 상당히 싸게 팔리는 중고차를 선호합니다. 감가상각을 최대한 줄이기 위해서입니다.

버핏은 1년에 약 3,500마일(5,600킬로미터)밖에 몰지 않기 때문에 새 차를 자주 사지 않는다고 말한 적이 있습니다. 버핏의 집에서 버크셔해서웨이 본사가 있는 오마하 블랙스톤플라자까지는 자동차로 몇 분 거리입니다.

버핏이 2014년형 캐딜락 XTS 이전에 몰던 차는 2006년형 캐딜락

DTS입니다. 버핏의 딸 수지 버핏이 아버지에게 차를 바꾸게 한 일화를 공개한 적이 있습니다. 수지는 자신이 차를 바꾸라고 할 때까지 아버지는 차를 바꾸지 않는다며, 이번에도 "아버지 때문에 창피해 죽겠어요. 새 차를 살 때가 됐어요"라고 말하자 버핏이 차를 샀다고 털어놓았습니다. 또 수지는 아버지가 2014년형 캐딜락 XTS를 구매하라고 자신을 보냈다고 말했습니다.

버핏은 우리가 여기는 것처럼 소비와 물질적인 부가 행복에 직접적인 영향을 준다고 생각하지 않습니다. 특히 생활에 필요한 일정 금액을 초과할 경우 더 그렇습니다. 2019년 버크셔 주주총회에서 버핏은 아래와 같이 말한 적이 있습니다.

**"5만 달러나 10만 달러가 있어도 행복하지 않은 사람은 5,000만 달러나 1억 달러가 있어도 행복하지 않을 것입니다. 걱정 없이 살아갈 만큼은 돈이 필요하겠지만, 일정 금액을 넘어가면 행복이 돈에 비례하지는 않습니다."**

## 만족 지연 능력을 키우려면?

**Q. 만족 지연 능력을 키우려면 어떻게 해야 하나요?**

**멍거** 내가 만족 지연(delayed gratification, 장기적 이익을 위해 단기적 욕구 만족을 포기하는 것) 전문가입니다. 만족 지연을 실천할 시간이 많았으니까요. (웃음소리) 만족 지연 능력은 타고나는 것입니다. 이 능력이 부족한 사람을 가르쳐서 고칠 방법은 없습니다.

**버핏** 찰리는 자녀가 여덟입니다. 세월이 흐를수록 자연의 섭리를 따르게 되었지요. (웃음소리)

**멍거** 버크셔 A주를 4,000주 보유하고도 누더기를 걸친 채 죽는 날까지 만족 지연을 실천하는 95세의 멋진 노부인도 있을 것입니다. (웃음소리) 보석을 사는 사람들은 모두 이런 사람의 자녀나 손자 들이지요.

**버핏** 어떤 사람이 만족 지연을 하겠다고 지금 30년 만기 국채에 투자한다고 가정합시다. 국채 수익률은 연 3%이고, 이자 소득에 대해서 세금을 내야 하며, 연준이 발표한 인플레이션 목표는 2%이므로, 만족 지연을 해도 실질적인 소득은 거의 없습니다. 30년 후에 디즈니랜드에 가면 지금만큼 놀이기구를 탈 수도 없습니다. 지금처럼 저금리 환경에서 채권에 투자하면, 장래에 먹을 수 있는 햄버거는 지금보다도 줄어들 것입니다. 저축이 모든 환경에서 항상 최선의 방법이 되는 것은 아닙니다. 30년 후에는 더 많이 누릴 수 있으므로 영화도 보지 말고 디즈니랜드에도 가지 말라고 자녀에게 말하는 것은 논란의 여지가 있습니다. 만족 지연이 항상 옳은 것은 아닙니다. 나는 1달러를 벌 때마다 2~3센트는 소비해야 한다고 생각합니다. (웃음소리) 5만 달러나 10만 달러가 있어도 행복하지 않은 사람은 5,000만 달러나 1억 달러가 있어도 행복하지 않을 것입니다. 걱정 없이 살아갈 만큼은 돈이 필요하겠지만, 일정 금액을 넘어가면 행복이 돈에 비례하지는 않습니다.

## 10년 쓴 삼성 폴더폰에서 아이폰 11로 갈아타다

자동차를 저렇게 아껴 탈 정도니까 핸드폰은 말할 필요도 없겠지요. 버핏이 20달러짜리 삼성 폴더폰 SCH-U320을 10년이나 사용한 건 유명한 이야기입니다.

2018년 미국 경제 방송 〈CNBC〉와의 인터뷰에서 버핏이 2010년형 SCH-U320을 꺼내서 시청자들을 놀라게 한 적이 있습니다. 이때 버핏은 팀 쿡 애플 CEO가 아이폰을 사용하라고 권하고 있다고 말했습니다. 버크셔가 2016년부터 애플 주식을 매수했고 2018년에는 애플 5대 주주가 되었기 때문에 팀 쿡이 버핏에게 아이폰을 추천한 겁니다.

2020년 초 버핏이 마침내 핸드폰을 바꿨습니다. 2019년 9월 출시된 아이폰 11로 갈아탄 건데요. 직접 산 건 아니고 팀 쿡 애플 CEO가 보내준 아이폰을 쓰기 시작한 겁니다. 심지어 팀 쿡은 자신이 오마하로 가서 버핏에게 아이폰 사용 방법을 설명해주겠다고 제안한 것으로 알려졌습니다.

물론 버핏이 왓츠앱(메신저), 도어대시(음식 배달) 같은 앱까지 쓰는 건 아닙니다. 버핏은 아이폰 11을 단지 '전화기'로만 쓴다고 털어놓았습니다. 버핏은 2023년에도 4년 된 아이폰 11을 사용하고 있는데요. 아마 아이폰 사용자 대다수가 버핏보다 좋은 아이폰을 사용할 것 같습니다.

90세가 된 2020년에 아이폰을 처음 사용하는 버핏의 모습을 상상하니 왠지 웃음이 나오네요.

사실 아이폰 사용은 자신이 투자하는 기업의 제품 홍보를 꺼리지 않는 버핏의 행적을 보면 당연한 수순입니다. 버크셔는 2023년 기준 애플 5대 주주이며 버크셔 주식 포트폴리오에서 애플 비중은 40%가 넘습니다. 1988년부터 35년째 코카콜라에 투자 중인 버핏은 하루에 코카콜라 다섯 캔을 마신다고 말하면서 공개 석상에서 자주 코카콜라를 마십니다. 버크셔 주주총회 때마다 1972년에 인수한 씨즈캔디 제품을 놓고 멍거와 같이 먹기도 하고요.

1958년 버핏이 산 집 값이 지금은 약 120만 달러(약 15억 8,400만 원)로 올랐지만, 버핏보다 비싼 집에서 살고 2014년형 캐딜락 XTS보다 좋은 차를 타면서 아이폰 11보다 늦게 나온 스마트폰을 쓰는 사람이 많을 것 같습니다.

역설적이지만 많은 사람이 버핏보다 비싼 집에서 살면서 버핏보다 좋은 차를 타고 버핏보다 좋은 스마트폰을 쓰는 이유는 버핏이 철저하게 합리적이기 때문입니다. 버핏은 자신을 행복하게 만드는 일에만 집중하고 남의 눈치는 전혀 보지 않습니다. 그런 삶과 투자가 일체화된 모습이 바로 오늘날의 버핏입니다.

• 2017년 버크셔 해서웨이 주주총회 •

## 장수의 비결은 행복한 생활

**Q.** **오랜 시간 질의응답이 이어졌지만 질문의 핵심은 코카콜라 주식 보유인 듯합니다. 코카콜라가 환경을 파괴하고 파렴치하게 노동자들을 착취한다고 하더군요.**

**멍거** 질문이라기보다는 연설처럼 들리는군요.

**버핏** 질문자가 인용한 말이 옳다고 생각하지 않습니다. 1달러짜리 지폐에는 연준을 신뢰한다고 쓰여 있습니다. 연준에서 발행했으니까요. 나는 질문자가 인용한 것처럼 말한 기억이 전혀 없습니다. 나는 평생 내가 좋아하는 음식을 먹었습니다. 12온스(340밀리리터)짜리 코카콜라를 하루 5개 정도 마십니다. 여기에 들어 있는 당분이 약 1.2온스(34그램)입니다. 사람들은 온갖 음식으로부터 당분을 섭취합니다. 나는 코카콜라를 통해서 당분을 섭취하는 방식을 즐깁니다. 1886년 이래로 사람들은 이 방식을 즐겼습니다.

최근 간행물에서 전문가들이 가장 좋다고 추천하는 음식만 끼니마다 먹겠다면, 그렇게 하십시오. 나는 브로콜리와 아스파라거스만 먹으면 1년을 더 산다는 말을 듣더라도 초콜릿 선데와 코카콜라, 스테이크와 해시브라운 등 내가 좋아하는 음식을 평생 먹을 작정입니다. 선택은 내 몫이니까요. 당분이 해롭다고 믿는 사람이라면, 당분 섭취를 금지하라고 정부에 요청하는 방법도 있습니다. 코카콜라에 들어 있는 당분은 그레이프너츠 시리얼에 타 먹는 설탕과 다르지 않습니다. 코카콜라는 오랫동안 미국 등 세계 전역에 매우 긍정적인 역할을 했습니다. 나는 코카콜라를 마시면 안 된다는 말을 듣고 싶지 않습니다.

**멍거** 나는 코카콜라의 당분 문제를 다이어트 코크로 해결했습니다. 나는 버핏이 코카콜라와 견과를 먹기 전부터 아침 식사에 코크를 마셨습니다.

**버핏** 맛이 기막히지요.

**멍거** 계속 그렇게 먹으면 자네는 100세까지 못 살 텐데.

**버핏** 장수의 비결은 행복한 생활이라고 생각하네.

**멍거** 물론이지.

■ ■

■ ■

**• 2004년 버크셔 해서웨이 주주총회 •**

## 103세가 되니 또래 압력이 없어서 좋다오

**Q. 성공과 행복의 열쇠는 어디에 있나요?**

**멍거** 위험한 경주나 마약 등은 피하고 좋은 습관을 개발하세요.

**버핏** 나는 재정난에 빠진 사람들로부터 매일 편지를 받습니다. 건강 문제로 재정난에 빠진 사람도 많지만 부채 탓에 재정난에 빠진 사람도 많습니다. 이들은 좋은 사람이지만 실수를 저질렀습니다. 나는 이들이 회복하기는 어려울 터이므로 파산보호 신청을 하고 새로 시작하라고 말합니다. 이들 대부분은 훨씬 일찍 그렇게 하는 편이 나았습니다.

**멍거** 나쁜 사람을 피하세요. 특히 매력적이면서 사악한 이성을 피하십시오.

**버핏** 나쁜 사람들과 어울리면 물들기 쉽습니다. 함께 어울리고 싶은 좋은 사람들을 보면서, 마음에 드는 자질을 모방하려고 노력하세요. 함께 어울리고 싶지 않은 나쁜 사람들을 보면서, 마음에 들지 않는 행동을 중단하세요.

**멍거** 바뀐 행동 탓에 동료 집단으로부터 인기를 다소 잃더라도 개의치 마십시오.

**버핏** 한 노부인은 103세가 되어서 좋은 점이 무엇이냐는 질문을 받자 "또래 압력이 없어서 좋다오"라고 대답했습니다.

◆ 2016년 버크셔 해서웨이 주주총회 ◆

## 세상을 정확하게 바라보면 웃을 수밖에 없습니다

**Q. 당신의 주주 서한과 인터뷰를 보면 항상 유머 감각이 빛납니다. 이런 유머 감각을 어디에서 얻으시나요?**

**버핏** 유머는 내가 세상을 바라보는 방식에서 나옵니다. 세상은 매우 흥미로우면서도 우스꽝스러운 곳입니다. 유머 감각은 나보다 찰리가 더 좋습니다. 찰리는 유머 감각을 어디에서 얻는지 들어봅시다.

**멍거** 세상을 정확하게 바라보면 웃을 수밖에 없습니다. 터무니없으니까요.

**버핏** 멍거의 멋진 답변으로 Q&A를 마무리하겠습니다.

4장

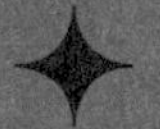

# 돈과 자기계발에 관해… 삶의 질을 높이는 지혜

## 자신에게 투자하고, 무슨 일이든 잘하라

워런 버핏이 다른 세계적인 부호들과 가장 다른 점은 뭘까요? 바로 1958년 3만 1,500달러(약 4,100만 원)를 주고 산 이층집에 아직도 살고 있다는 사실입니다. 지금은 집값이 약 120만 달러(약 15억 8,400만 원)로 올랐지만, 그래도 재산이 1,200억 달러(158조 원)가 넘는 세계 5위 부자(2023년 기준)가 살기에는 너무나 평범한 집입니다.

버핏이 사는 집은 버핏을 이해할 수 있는 중요한 단서 중 하나입니다. 왜냐하면 버핏 말고 1,200억 달러가 넘는 돈을 가지고 120만 달러짜리 집에 살 사람은 아무도 없기 때문입니다.

소탈한 집에 사는 것 말고도 버핏은 다른 부호들과 달리 자신이 가진 지혜를 나눠주는 걸 무척 좋아합니다. 매년 버크셔 해서웨이 주주총회에서 다섯 시간 넘게 주주들의 온갖 질문에 답하는 이유입니다. 버핏은 매년 미국 대학생들을 버크셔 본사가 있는 네브래스카주 오마하로 초대해서 시간을 같이 보내기도 했습니다.

자신이 가르치는 대학생들을 데리고 버크셔 해서웨이를 세 번 방문한 토드 핀클(Todd Finkle) 미국 곤자가대학 교수가 2023년 3월 《Warren Buffett: Investor and Entrepreneur(워런 버핏: 투자자와 기업가)》라는 책을 냈습니다. 버핏을 투자자뿐 아니라 기업가적인 측면에서 다룬 책입니다.

책에는 오마하를 방문한 대학생들이 버핏과 나눈 대화도 포함돼 있는데요. 오마하를 방문한 대학생들이 버핏에게서 배운 가장 큰 가르침은 '인생을 어떻게 살 것인지'에 대한 깨달음이었습니다. 하나씩 살펴보겠습니다.

## 의사소통 능력을 향상시키면 연봉 50% 늘 것

먼저 대학생에게 해주고 싶은 조언을 묻자 버핏은 무엇이든 자신을 흥분하게 만들고 흥미를 유발하는 일을 하고, 특히 존경하는 사람이나 회사를 위해서 일하라고 조언했습니다. 그리고 말하기와 글쓰기 같은 의사소통 능력을 향상시킬 것을 권하면서 이를 통해 '연봉이 최소 50% 증가할 것'이라고 강조했습니다.

버핏의 말은 이어집니다. "경영대학원에서는 의사소통 능력을 가르치지 않지만, 좋은 아이디어를 훌륭하게 표현하는 능력은 여러분이 인생에서 훨씬 더 멀리 가도록 도울 수 있습니다."

버핏은 그해 버크셔가 5,000명을 고용했고, 고용에 어려움을 겪지는 않았지만 자신이 만나본 사람 중 80%가 자신의 아이디어를 말 또는 글로써 설명하는 능력을 향상시킬 필요가 있어 보였다고 털어놓습니다. 또한 "우리는 IQ가 가장 높은 사람을 찾기보다는 훌륭한 직업윤리를 갖추고 정직하고 충실하며 믿을 수 있는 사람을 찾고 있다"고 이야기합니다.

버핏의 말하기에 대해서는 재밌는 일화가 있습니다. 버핏은 젊었을 때 공개 석상에서 자신의 이름도 말하기 힘들 정도로 대중 연설에 대한 두려움이 컸지만, 스물한 살 때 100달러를 내고 데일 카네기의 대중 연설 강의를 수강한 후 두려움을 극복했습니다. 버핏은 강의를 듣고 나서 오마하의 네브래스카대학에서 야간에 투자 강의를 할 만큼 자신감을 얻었고 날이 갈수록 대중 연설과 강의 실력이 향상되었습니다.

지금도 버핏은 데일 카네기 수료증을 사무실에 걸어놓고 있으며 "100달러짜리 코스가 나에게 가장 중요한 학위를 주었습니다"라고 말할 정도로 자랑스러워합니다.

## 가장 중요한 투자는 자신에게 하는 투자

**Q. 저는 플로리다 지역 전문대학에서 재정 독립과 자유를 위한 투자를 가르치고 있는데 무엇을 더 가르쳐야 할까요?**

**버핏** (웃으면서) 당신이 가르치는 학생들을 지금 당장 모두 고용하고 싶군요! 가장 중요한 투자는 자신에게 하는 투자입니다. 잠재 능력을 완벽하게 개발하는 사람은 거의 없습니다. 16세인 당신이 부모로부터 받은 자동차 한 대를 평생 사용해야 한다고 가정합시다. 당신은 이 차를 어떻게 다룰까요? 사용 설명서를 다섯 번쯤 읽겠지요. 항상 차고에 보관하면서, 엔진오일도 2배나 자주 교환하고, 차에 녹이 슬지 않도록 자주 닦을 것입니다. 나는 학생들에게 자신의 정신과 육체는 하나뿐이라고 말하면서, 이런 자동차처럼 다루라고 말합니다.

나이 50~60에 습관을 바꾸기는 쉽지 않습니다. 무엇이든 학생이 정신과 육체에 하는 투자는 다 좋고 특히 정신에 대한 투자가 좋습니다. 그 보상은 놀랍습니다. 가장 훌륭한 자산은 자기 자신입니다. 사람은 누구나 놀라울 정도로 자신이 원하는 사람이 될 수 있습니다. 나는 대학에서 강의할 때, 평생 소득을 공유할 급우 한 사람을 선택해보라고 말합니다. 학생들은 지능지수가 가장 높은 사람이 아니라 가장 유능한 사람과 함께하고자 합니다. 이런 사람이 함께 일하기 편하고 마음도 넓으며 시간도 잘 지키고, 공을 다투지도 않습니다. 이렇게 훌륭한 습관을 들여야 합니다. 훌륭한 리더는 주위에 사람들이 자발적으로 모이기 때문에 유능해집니다.

**멍거** 구체적인 제안을 하나 하겠습니다. 나는 학생들이 기업이나 금융회사의 농간에 넘어가지 않는 방법을 가르쳐주고 싶습니다. 치알디니(Robert Cialdini)가 새 저서를 냈습니다. 《설득의 심리학 2(Yes!)》인데, 《설득의 심리학(Influence)》보다는 못하지만 두 권 모두 강의 목록에 포함하시라고 추천합니다.

■ ■

■ ■

**• 2022년 버크셔 해서웨이 주주총회 •**

## 가장 좋은 방법은 어떤 일이든 특별히 잘하는 것

**Q. 지금처럼 인플레이션이 심해지는 상황에서 주식을 하나만 선택할 수 있다면 어느 종목을 선택하시겠습니까?**

**버핏** 주식보다 더 좋은 방법을 알려드리겠습니다. (웃음소리) 가장 좋은 방법은 어떤 일이든 유별나게 잘하는 것입니다. 예컨대 도시에서 가장 뛰어난 의사나 변호사가 되면, 당신의 서비스에 대한 대가로 사람들이 돈을 얼마든지 지불할 것이며, 자신이 생산하는 것을 무엇이든 제공할 것입니다.

당신이 최고의 가수나 야구 선수나 변호사가 되면, 당신은 그 능력을 누구에게도 빼앗기지 않으며 인플레이션에 시달릴 일도 없습니다. 당신의 서비스에 대한 대가로 사람들은 자신이 생산하는 밀, 면화, 기타 무엇이든 제공할 것입니다. 그러므로 단연 최고의 투자는 자신의 능력을 개발하는 것입니다. 게다가 세금도 없습니다. (박수 소리) 이것이 내가 하는 투자 방식입니다.

**멍거** 나도 조언을 해드리겠습니다. 친한 사람이 퇴직 계좌로 비트코인에 '몰빵'하라고 조언하면 단호하게 거절하십시오. (웃음소리) (박수 소리)

**버핏** 당신이 개발한 재능은 아무도 빼앗을 수 없습니다. 이는 변치 않는 사실입니다. 반면 재능을 개발하지 못한 사람에게는 사회의 산물이 상대적으로 적게 제공됩니다. 재능은 교육과 관련된 경우도 있지만 교육과 무관한 경우가 더 많습니다. 당신이 어떤 재능을 얻고 싶은지, 그리고 그 방법은 무엇인지 알고 싶다면, 당신이 무엇을 잘할 수 있는지 알아야 합니다. 예를 들어 세상 사람들은 누군가 유튜브에서 상황을 설명해주길 바랍니다. 그러므로 베키 퀵(Becky Quick) 같은 인물을 연구해서 그의 강점을 파악하십시오. 그리고 이를 바탕으로 당신의 재능을 개발하십시오.

말콤 글래드웰(Malcolm Gladwell)은 어떤 일이든 1만 시간을 투자해야 한다고 말합니다. 그러나 나도 헤비급 권투 선수가 되려고

1만 시간을 투자할 수 있지만, 투자를 마친 뒤에는 기분이 썩 좋지 않으리라 생각합니다. 그러므로 당신이 정말 좋아하고 잘하며 사회에 유용한 일을 찾아보십시오. 수입이 얼마나 되는가는 중요하지 않습니다. 1센트이든, 0.5센트이든, 0.01센트이든 중요하지 않습니다. 당신이 도시에서 가장 뛰어난 의사가 되면 사람들은 당신의 재능을 빼앗을 수 없으며, 치킨이든 무엇이든 자신이 생산한 것을 당신에게 가져다줄 것입니다.

이 주주총회에 다섯 번이나 참석했다면 당신의 미래는 매우 유망하다고 생각합니다. 당신이 자신의 일부를 팔겠다면 우리가 최고의 투자로 생각하고 사겠습니다. 당신의 미래 이익 10%를 받는 대가로 우리가 지금 현금을 지급하겠습니다. (웃음소리) 우리는 훌륭한 자산을 보유하게 됩니다. 당신은 자신의 미래 이익을 100% 보유할 수도 있습니다. 당신이 훌륭한 댄서가 되는 등 자신의 재능을 개발하면 사람들이 댄스를 보려고 돈을 낼 것입니다.

프레드 아스테어(Fred Astaire)와 그의 누나 아델(Adele)도 오마하 출신입니다. 당시에는 그의 이름이 아우스테어리츠(Austerlitz)였는데 이후 다양한 분야에서 활동했습니다. 진저 로저스(Ginger Rogers)는 하이힐을 신고 댄스를 했지만 여성이라서 그만큼 많은 돈을 받지는 못했습니다. 당신은 잘 해낼 것입니다. 나는 당신에게 거액을 걸겠습니다. (웃음소리)

## 능력범위 내에 머물며 실수를 피하라

실수와 실수로부터 배운 교훈을 묻는 질문에, 버핏은 인생에서 실수는 피할 수 없으며 실수에 대해서 지나치게 번민하지 말라고 충고합니다. 왜냐하면 성품은 이런 경험을 통해야만 형성될 수 있기 때문입니다. 대신 가능한 한 능력범위 내에 머물고 실수를 피하라면서 다음과 같이 말을 이어갑니다.

"단지 재미를 위해 실수하지 말고 여러분이 통제할 수 있는 범위 내라면 실수를 피하세요. 너무 많은 실수를 저지르지 않는 한 여러분은 단지 몇 가지만 옳게 결정하면 될 겁니다. 항상 기회를 잡을 수 있는 위치에 있어야 합니다. 다른 사람의 성공에는 아랑곳하지 마세요. 그보다는 여러분의 능력범위 안에 머물러야 합니다."

버핏이 자주 강조하는 능력범위가 여기서도 나오네요. 능력범위에 대해서는 마이크로소프트 공동 창업자 빌 게이츠와 관계된 일화도 있습니다. 게이츠가 "버핏, 이제는 컴퓨터에 투자해야 합니다. 컴퓨터가 당신이 일하는 방식을 모두 바꿀 겁니다"라고 말하자 버핏은 다음과 같이 대답합니다.

"컴퓨터가 우리가 껌을 씹는 방식을 바꿀까요? 컴퓨터가 우리가 스피어민트(Spearmint)를 씹을지 주시프루트(Juicy Fruit)를 씹을지를 결정할까요? 아니면 컴퓨터가 우리가 코카콜라를 마실지 펩시콜라를 마실지를 결정할까요? 만약 그렇지 않다면 나는 나의 투자를 고수하겠습니다. 당신은 당신의 투자를 고수하고요."

역시 버핏입니다.

◆ 2022년 버크셔 해서웨이 주주총회 ◆

## 능력범위는 넓이가 중요한가요, 깊이가 중요한가요?

**Q. 지금처럼 경쟁이 치열한 상황에서 당신이 능력범위를 관리한다면 범위를 더 확대하시겠습니까, 아니면 범위는 좁히고 훨씬 더 깊게 파시겠습니까?**

**버핏** 질문자 말씀대로 지금은 내가 투자를 시작한 시점보다 경쟁이 훨씬 치열합니다. 당시 나는 무디스(Moody's) 제조회사 매뉴얼과 무디스 금융회사 매뉴얼을 첫 페이지부터 마지막 페이지까지 훑어보면서 관심 종목을 찾아낼 수 있었습니다.

나는 지금도 최대한 많은 자료를 읽으려고 합니다. 나는 최대한 많은 기업에 관해서 최대한 많이 파악하고, 대부분 경쟁자들보다 내가 더 많이 알고 더 정확하게 이해하는 기업이 어느 회사인지 찾아내려고 합니다. 또한 내가 제대로 이해하지 못하는 기업도 파악하려고 노력합니다. 나는 능력범위를 최대한 키우는 일에 집중하며, 내 능력범위의 지름이 얼마나 되는지도 현실적으로 파악하려고 합니다.

1951년 1월 어느 토요일, 가이코의 로리머 데이비드슨을 만났을 때, 나는 보험업을 이해할 수 있었습니다. 그가 내게 서너 시간 설명해준 내용이 매우 타당했기 때문입니다. 그래서 나는 보험업을 파고들었고 깊이 이해할 수 있었습니다. 보험에 대해서는 내 머리가 잘 돌아갔습니다.

그러나 소매업은 잘 이해할 수가 없었습니다. 나도 찰리가 일했던 잡화점에서 일했지만 둘 다 소매업에 대해서 많이 배우지 못했습니다. 고된 일이라서 하기 싫다는 생각만 들었습니다.

마찬가지로 당신도 치열한 경쟁에서 벗어나야 합니다. 그러나 좁은 영역에 대해서나마 남들보다 더 많이 파악하고, 빈번하게 매매하려는 충동을 억제할 수 있다면, 승산이 매우 높아질 때까지 기다리세요. 그러면 매우 유리한 게임을 하게 됩니다.

**멍거** 대다수 사람들에게 훌륭한 전략은 전문화라고 생각합니다. 항문외과와 치과를 겸하는 의사에게 치료받으려는 사람은 아무도 없습니다. (웃음소리) 통상적으로 성공하는 방법은 범위를 좁혀 전문화하는 것입니다. 워런과 나는 원치 않아서 전문화를 선택하지 않았지만 다른 사람들에게도 우리 방식을 추천할 수는 없군요.

**버핏** 우리 때는 투자가 일종의 보물찾기였습니다. 보물을 찾기가 어렵지 않았지요.

**멍거** 당시에는 효과적이었지만 운도 좋았지요. 지금은 올바른 방식이 아닙니다.

**버핏** 내가 가장 잘 이해하는 사업은 보험이었습니다. 내게는 경쟁자도 거의 없었습니다. 한번은 펜실베이니아 보험사에 대해 확인할 사항이 있어서, 해리스버그에 있는 보험과를 찾아갔습니다. 당시에는 인터넷으로 이런 정보를 입수할 수가 없었습니다. 내가 그 회사에 대해 질문하자 담당 공무원이 말했습니다. "그 보험사에 대해 질문한 사람은 당신이 처음입니다."

스탠더드앤드푸어스(Standard & Poor's) 자료실을 방문했을 때도, 온갖 정보를 요청할 수 있었습니다. 자료실에는 탁자가 많았지만 이용하는 사람이 아무도 없어서 자료를 마음대로 펼쳐놓고 조사할 수 있었습니다. 당시에는 경쟁자가 거의 없었습니다.

하지만 단 하나라도 매우 잘 알면 언젠가 우위를 확보할 수 있습니다. IBM의 토머스 J. 왓슨 1세(Thomas J. Watson Sr.)는 말했습니다. "나는 천재가 아닙니다. 그래서 일부에 대해서만 잘 압니다. 그러나 나는 그 일부를 벗어나는 일이 없습니다." 찰리와 나도 그렇게 하려고 노력했습니다. 당신도 십중팔구 그렇게 할 수 있습니다.

**멍거** 우리는 여러 분야에서 그렇게 했습니다. 쉬운 일이 아니었죠.

**버핏** 그래서 큰 손실도 몇 번 보았습니다.

## 사랑하고 존경하는 사람과 함께 일하라

"생계비를 충당할 정도의 수입이 생긴 후에 여가, 가족, 일 사이의 적절한 균형을 어떻게 찾아야 하나요?"라는 질문도 나왔습니다. 이에 대해 버핏은, 만족은 돈과 함께 오는 게 아니라 우리가 지금 가진 것과 하는 일에 달려 있다고 대답합니다. 그리고 지금 하는 일을 사랑하면 만족할 것이라고 이야기합니다.

또 행복은 돈 버는 것에 관한 게 아님을 인식하는 게 중요하다고 강조합니다. 물론 돈은 가지면 좋기는 하지만요.

대신 버핏은 자신이 사랑하고 존경하는 사람이나 회사를 위해 일할 것을 추천하면서, 만약 그렇지 않다면 직장을 옮기라고 단호하게 말합니다.

앞서 언급한 것처럼 버핏은 여전히 대부분의 지인과 가족이 있는 오마하에 살고 있으며, 손자들이 그가 다녔던 학교에 다니는 사실에도 만족해합니다. 그는 로스앤젤레스나 뉴욕에 집이 여러 채 있더라도 오마하의 집에 있는 것보다 더 행복하진 않을 것이라고 말할 정도로 오마하를 좋아합니다.

## 〈플레이보이〉보다 투자 서적이 재밌었습니다

**Q. 다시 태어난다면 어떤 일을 하고 싶나요?**

**버핏** 인생은 열정적으로 살아야 합니다. 나는 다시 태어나도 똑같은 일을 할 것입니다. 내가 즐기는 일이니까요. 평생 활력 없이 살아간다면 끔찍한 잘못입니다. 셜리 매클레인(Shirley MacLaine, 미국 배우)은 달리 말하지만 인생은 한 번뿐입니다. 주식 중개인이었던 우리 아버지의 서가에는 투자 서적들이 꽂혀 있었습니다. 나는 〈플레이보이(Playboy)〉보다도 투자 서적에 더 흥분했습니다. 아버지가 목사였다면 나는 성경에 그 정도로 열광하지 않았을 것입니다. 의무감으로 하는 일에는 현실적일 수밖에 없으니까요.

나는 학생들에게 동경하는 조직에서 근무하거나, 존경하는 사람 밑에서 일하라고 말합니다. 그러자 내가 만난 경영대학원생 대부분은 자영업을 하겠다고 하더군요. (웃음소리) 나는 벤저민 그레이엄 밑에서 일할 때, 급여에 대해 한 번도 물어보지 않았습니다.

배우자를 올바르게 선택하십시오. 찰리가 하는 농담이 있습니다. 20년 동안 완벽한 여자를 찾아다니던 사내가 마침내 그런 여자를 찾았습니다. 그러나 안타깝게도 그 여자 역시 완벽한 남자를 찾고 있었습니다. 열정적으로 살아가는 사람에게 운이 따르면 그는 행복은 물론 좋은 성과까지 얻게 됩니다.

**멍거** 소질이 있는 분야에서 열정을 발휘해야 합니다. 워런이 발레에 열광했다면, 우리는 그의 이름을 들어보지 못했을 것입니다.

**버핏** 아니면 발레 분야에서 이름을 날렸을지도 모르지요. (웃음소리)

◆ 2008년 버크셔 해서웨이 주주총회 ◆

## 자녀는 말이 아니라 행동으로 가르치세요

**Q. 당신은 누구의 영향을 가장 많이 받으셨나요?**

**버핏** 아버지가 가장 많이 가르쳐주었습니다. 배우자 선택도 중요합니다. 벤저민 그레이엄과 데이비드 도드도 위대한 스승이었습니다. 책도 무섭게 읽었습니다. 벤저민 프랭클린을 좋아하는 찰리와, 잡화점을 운영하시던 할아버지의 영향도 받았습니다. 누구에게나 가장 중요한 일은 자녀를 가르치는 것입니다. 부모는 자녀에게 위대한 존재이니까요.

시간은 되돌릴 수 없습니다. 한번 놓치면 두 번째 기회가 없다는 말입니다. 말이 아니라 행동으로 가르치세요. 자녀는 정규교육 과정보다도 부모로부터 더 많이 배우게 될 것입니다. 의식주 등 모든 것을 대주십시오. 자녀가 대학원에 진학할 때도 마찬가지입니다. 시간은 되돌릴 수 없습니다. 말 대신 행동으로 가르치십시오.

**멍거** 사람마다 배우는 방식이 다릅니다. 나는 책으로 배웠습니다. 나는 말로 배우는 것보다 책으로 배우는 편이 낫습니다. 책이 내 천성에 잘 맞아서 원하는 내용을 빠르게 배울 수 있습니다. 나는 이렇게 책과 잘 맞는 사람들과 기꺼이 교류합니다.

**버핏** (멍거를 바라보면서) 자네 아버지로부터 더 많이 배우지 않았나? 책을 읽기 전에는 아버지의 영향이 더 컸을 텐데?

**멍거** 아버지의 영향도 컸습니다. 아버지는 항상 자기 몫 이상으로 일과 위험을 떠안았습니다. 그런 모습이 소중한 교육이었지요. 그러나 온갖 개념은 책에서 배웠습니다. 저자들도 어떤 면에서는 내게 아버지 같은 존재입니다.

**버핏** 독서를 계속하면 많이 배우게 됩니다. 책 스무 권을 읽으면 엄청나게 많이 배울 수 있습니다. 부모를 잘 만나는 것은 커다란 행운입니다. 배우자를 잘 만나는 것도 큰 행운이어서, 능력이 배가됩니다.

## 버크셔를 만드는 건 한 폭의 그림을 그리는 일

"버크셔 해서웨이의 경영에서 개선되거나 변화될 수 있는 건 무엇인가요?"라는 질문에, 먼저 버핏은 자신의 회사를 만드는 호사를 누렸다고 대답합니다. 한 폭의 그림을 그리는 것 같았다고 비유하면서요.

버핏은 버크셔 해서웨이가 어떤 회사가 될지, 그리고 어떻게 운영될지 결정할 수 있었고 버크셔에는 보상과 경영에 대한 어떠한 제도적인 장벽도 없다고 말합니다. 또 버크셔에는 스톡옵션이 없지만 직원들에게 동기를 부여할 다른 것들이 있다고 강조했습니다.

버크셔에는 독특한 문화가 있다고 말하면서 버핏이 든 비유가 재밌습니다. 만약 노트르담 성당에서 일한다면 그곳의 문화를 신뢰하고 받아들여야 한다는 건데요. 즉 노트르담 성당이 상징하는 것과 노트르담 성당이 대표하는 것을 믿고 지지해야 한다는 겁니다. 버핏은 버크셔에서 일할 때도 마찬가지라고 설명합니다.

## 매도에 관한 원칙은 가지고 있지 않다

주식을 매수하는 것보다 더 어려운 건 주식 매도입니다. 학생 중 한 명이 주식 매도에 관한 원칙을 묻자, 버핏은 매도 원칙은 가지고 있지 않으며 매수 원칙만 가지고 있다고 답합니다. 즉 자신의 철학은 기업을 알맞은 가격에 사는 것이고 엑시트(출구) 전략은 없다고 말하면서 여러분이 해야 할 일은 좋은 결정 하나를 내리는 것이라고 설명합니다. 즉 거래소가 문을 닫더라도 5년 동안 보유할 수 있는 기업을 사는 일입니다.

• 2003년 버크셔 해서웨이 주주총회 •

## 주식시장은 스승이 아니라 하인이 되어야 합니다

**Q. 투자에는 어떤 기질이 필요한가요?**

**멍거** 애태우지 않고 느긋한 마음으로 주식을 보유하는 기질이 필요하다고 봅니다.

**버핏** 이런 기질이 없으면 장기적으로 좋은 실적을 내기가 거의 불가능합니다. 증권시장이 몇 년 동안 문을 닫아도 우리는 걱정하지 않습니다. 씨즈캔디, 딜리바(Dilly Bar) 등을 계속 만들어 팔면 되니까요.

가격에만 관심을 집중하는 사람은 시장이 자신보다 많이 안다고 가정하는 셈입니다. 실제로 그럴 수도 있습니다. 그렇다면 주식을 보유해서는 안 됩니다. 주식시장은 나의 스승이 아니라 나의 하인이 되어야 합니다.

가격과 가치에 관심을 집중하세요. 주식이 더 싸졌는데 현금이 있다면 주식을 더 사십시오. 주가가 상승하면 우리는 간혹 매수를 중단합니다. 몇 년 전 우리가 월마트 주식을 매수할 때는 주가가 상승한 탓에 80억 달러나 들어갔습니다. 주식을 매수할 때, 우리는 주가가 계속해서 하락하기를 바랍니다.

기업에 대한 판단은 100% 적중할 필요도 없고, 20%, 10%, 5% 적중할 필요도 없습니다. 1년에 한두 번만 적중하면 됩니다. 전에 나는 핸디캡 경마(승률이 높은 말에 짐을 더 지우는 경마)를 즐겼습니다. 기업 단 하나만 깊이 파악해서 판단해도 매우 높은 수익을 얻을 수 있습니다. 누군가 내게 S&P500 기업들의 상대 실적을 예상하라고 한다면 나는 잘 해내지 못할 것입니다. 큰 실수만 저지르지 않는다면, 평생 몇 번만 정확하게 판단하면 됩니다.

**멍거** 흥미롭게도 대부분 대형 투자 기관들은 그렇게 생각하지 않습니다. 이들은 수많은 사람을 고용해서 머크(Merck)와 화이자(Pfizer)를 비교 평가하는 등 S&P500 기업들을 모조리 평가하면서 시장을 이길 수 있다고 생각합니다. 그러나 이길 수 없습니다. 우리 방식을 채택한 사람은 극소수에 불과합니다.

**버핏** 테드 윌리엄스는 저서 《타격의 과학》에서, 야구공 크기로 스트라이크존을 나누어 가장 좋은 칸으로 들어오는 공에만 스윙한다고 말했습니다. 투자도 방법은 똑같습니다.

## 감정, 군중, 빌린 돈을 멀리하라

버핏은 주식시장이 돈을 벌기에는 믿을 수 없을 정도로 좋은 곳이며 유동성도 풍부하다고 말합니다. 또한 1년에 한 번 농장 가격이 올라가거나 내려가는 걸 좋아한다고 말하는데요. 투자자가 더 싸게 살 기회를 주기 때문입니다. 한 번씩 가격이 이유 없이 내리는 걸 강조하고 싶은 것 같습니다.

버핏은 20대부터 무디스 매뉴얼을 소설처럼 탐독한 걸로 알려져 있습니다. 1950년 네브래스카대학을 졸업한 후 기업 연혁, 요약 재무제표, 신용등급 등이 정리된 무디스 매뉴얼을 사서 7,000~8,000쪽 분량을 두 번 읽었다고 이야기합니다. 그리고 1,433쪽에서 PER 0.5배 수준에서 거래되는 웨스턴보험 증권을 발견했습니다.

또한 버핏은 "다른 사람들이 두려워할 때 투자거리가 생긴다"며 주변 사람들과 다르게 생각해야 한다고 강조합니다. 이때 대단한 지능이 없더라도 옵션, 즉 선택권을 가질 수 있게 됩니다. 버핏의 투자 파트너 찰리 멍거는 항상 술, 여자, 레버리지 때문에 문제에 휘말린다고 말하는데요. 버핏 역시 감정, 군중, 그리고 빌린 돈을 멀리하라고 조언하고 있습니다.

버핏이 빌린 돈에 관한 예로 든 건 IQ가 150 이상인 직원이 200명이 넘었던 1998년의 LTCM입니다. LTCM 직원들은 좋은 사람이었고 대개 금융계 경력이 15~20년이 넘었으며 자신의 돈을 가지고 투자했습니다. 그럼에도 LTCM은 금융 시스템을 한 방에 날려버릴 뻔했는데, 위기에 대한 경계심을 잃었고 LTCM의 모델도 아시아 외환위기 같은 돌발 상황은 예측할 수 없었기 때문입니다. 버핏은 결국 레버리지가 LTCM의 파산을 불러왔다고 결론짓습니다.

토드 핀클 교수는 따뜻하고 호감 가는 사람인 워런 버핏을 방문한 일이 오마하에 데려간 모든 학생에게 심오한 영향을 주었다고 한 신문과의 인터뷰에서 밝혔는데요. 그는 "버핏은 한 명의 부자 이상이며, 진심으로 사람들에게 관심을 기울입니다. 만약 여러분이 버핏이 믿는 바를 따른다면 그의 철학이 여러분의 인생에 긍정적인 영향을 줄 겁니다"라고 강조했습니다.

◆ 2008년 버크셔 해서웨이 주주총회 ◆

## 《현명한 투자자》에서 배운 교훈

**Q. 군중심리에서 벗어나려면 어떻게 해야 하나요?**

**멍거** 나그네쥐(lemming)가 되기 싫다는 말이군요.

**버핏** 나는 열한 살에 투자를 시작했습니다. 나는 눈에 띄는 책을 모조리 읽으면서 8년 동안 기술적 분석 분야에서 방황했습니다. 그러다가 《현명한 투자자》를 읽었는데 8장과 20장을 추천합니다. 두

챕터만 제대로 이해하면 나그네쥐가 되지 않을 것입니다. 나는 1950년에 읽었지만 지금도 여전히 훌륭한 책입니다. 이 책을 따르면 실적이 나쁠 수가 없습니다. 《현명한 투자자》가 주는 교훈은 크게 세 가지입니다.

- 주식을 기업 일부에 대한 소유권으로 생각하라.
- 시장을 나의 주인이 아니라 나의 하인으로 삼아라.
- 항상 안전마진을 확보하라.

버크셔 주주들은 주식이 기업 일부에 대한 소유권임을 잘 이해하고 있습니다.

◆ 1994년 버크셔 해서웨이 주주총회 ◆

## 전문가 예측을 믿지 마십시오

**Q. 독립적 사고가 왜 필요한가요?**

**버핏** 풍향계처럼 아무 생각 없이 시장에 휘둘려서는 부자가 될 수 없습니다. 전문가의 예측을 함부로 믿지 마십시오. 이발사에게 이발할 때가 되었는지 물어서는 안 됩니다. 단순한 방식이 좋습니다. 나는 원주율 대신 3을 곱합니다.

**멍거** 전문가를 고용하면 어려운 문제를 해결할 수 있다고 믿는 사람이 많은데 이는 지극히 위험한 생각입니다. 한 건물주는 건물을 짓고 나서 세 가지를 두려워하게 되었습니다. 건축가, 도급업자, 언덕입니다. 투자에는 계층적 사고가 아니라 독립적 사고가 필요합니다.

# 다시 태어나도 하고 싶은 일을 하라

1998년 버핏이 플로리다대학교에서 MBA 학생들에게 한 강연은 버핏의 가장 유명한 강연 중 하나입니다. 버핏은 이 강연에서 씨즈캔디 인수, 경제적 해자 등 투자와 인생을 살아가는 방법을 얘기했는데요. 앞에서 투자 관련 내용을 살펴보았고 여기서는 버핏의 '인생' 강의를 한번 보겠습니다.

## 성공을 위해 어떤 친구를 골라야 할까?

이날 버핏은 강연을 시작하면서 인생에서 성공하기 위해서는 지능(intellect)과 정력(energy) 말고도 더 필요한 것이 있다고 이야기합니다.

오마하의 성공한 사업가 피터 키위트(Peter Kiewit)를 인용해 그가 사람을 고용할 때 항상 세 가지를 고려했다고 언급하는데요. 바로 **정직**(integrity, 성실·진실성), **지능, 정력입니다.**

피터 키위트는 만약 어떤 사람이 정직하지 않다면 뒤의 두 가지(지능, 정력)는 오히려 자신을 큰 곤경에 처하게 할 것이라고 말했습니다. 만약 여러분이 사장인데 정직하지 않은 직원이 있다면 여러분도 그 사람이 영리하고 정력적이기보다는 차라리 멍청하고 게으르기를 바라지 않을까요?

버핏은 MBA 학생들이 지능과 정력을 가지고 있다는 건 모두가 이미 알고 있으니 정직에 대해 이야기해보자고 하면서 MBA 학생들에게 재밌는 문제를 던집니다.

바로 학생들에게 **클래스메이트 중 한 명의 평생 수입 중 10%를 살 수 있는 권리를 준다면 누구를 선택할지 생각해보라**는 건데요. 부자 아빠를 가진 사람을 골라서는 안 되고 자신의 능력으로 성공해야 하는, 즉 자수성가할 사람을 골라야 합니다.

버핏은 말합니다. "IQ 테스트를 해서 가장 높은 IQ를 가진 사람을 고를까요? 학점이 가장 좋은 사람, 가장 활동적인 사람을 뽑을까요? 글쎄요. 그것보다는 아마 모두 머리도 영리하고 활동적이니까 양적 요인보다 질적 요인을 고려하기 시작할 겁니다."

버핏은 아마 학생들이 평소 자신에게 가장 잘 반응해주거나, 리더십이 있거나, 다른 사람들로 하여금 그들이 관심 있는 일을 실행하도록 할 수 있는 사람을 선택할 거라고 말합니다. 즉 관대하고 정직할 뿐 아니라, 아이디어를 낸 사람들에게 공을 돌리는 사람입니다.

여기서 버핏은 더 짓궂은 질문을 던집니다. 클래스메이트 중 한 명을 '숏(short, 공매도) 베팅'해야 한다면 누구를 선택할지 생각해보라는 것입니다. 그런 다음 학생들이 IQ가 가장 낮은 사람보다는 자신을 실망시켰거나 자기중심적이거나 탐욕스럽거나 편법을 쓰거나 정직하지 않은 사람을 고를 것이라고 말합니다.

버핏은 종이 한 장을 꺼내 위에서 말한 내용들을 적는다면 재밌는 발견을 할 거라고 이야기하는데요. 즉 2개의 문제를 결정하기 위해 우리가 검토한 건 미식축구 공을 60미터 던지거나 100미터를 9초대에 주파하는 능력이 아니고, 반에서 가장 잘생긴 사람도 아닙니다. 모두 우리가 원한다면 가질 수 있는 특징입니다. 즉 우리가 달성할 수 있는 행동, 기질, 성격적인 특징입니다.

행동은 습관적이라서 MBA 학생처럼 젊을 때 없애는 게 버핏의 나이가 돼서 없애려고 하는 것보다 훨씬 쉽다고 버핏은 알려줍니다. 습관의 사슬은 너무 무거워서 깨뜨릴 수 없게 되기 전에는 너무 가벼워서 잘 느낄 수 없다고 말하면서요.

여기서 버핏은 학생들이 써 내려간 내용을 곰곰이 생각해보고 그것들을 습관으로 만들라고 제안하면서 그렇게 하면 평생 수입 중 10%를 사고 싶은 클래스메이트와 똑같이 될 수 있다고 말해줍니다. 귀를 더 솔깃하게 만드는 건 우리는 이미 자신의 지분 100%를 가지고 있다는 사실입니다.

## 경제적 자유를 획득해 부자가 되어도 하고 싶은 일

버핏이 자주 하는 충고 중 하나는 자신이 사랑하는 일을 하라는 말입니다. 그는 MBA 학생들에게 자신이 사랑하는 일을 하라고 강하게 권했습니다.

심지어 이력서를 멋있게 꾸미기 위해서 좋아하지 않는 일을 계속해서 한다면 정신 나간 일이라고까지 말했는데요. 버핏은 하버드대학교에서 잠깐 대화한 MBA 학생의 일화를 들었습니다. 그 학생은 버핏에게 그동안 자신이 해온 일들을 이야기했고 버핏은 정말 감탄을 금치 못했습니다.

그런데 버핏은 다음 행보를 물어보고는 실망을 금치 못합니다. "MBA 학위를 따고 나서 컨설팅회사에 갈 것 같아요. 이력서가 멋있어 보일 거니까요!"라고 답했기 때문입니다.

버핏은 "자네는 스물여덟 살이고 그동안 정말 많은 일을 한 것 같네. 자네의 이력서는 내가 지금까지 본 어떤 사람보다도 10배는 더 좋아 보여. 그런데 또다시 자신이 좋아하지 않는 일을 하겠다니, 나이 들었을 때를 위해서 성생활을 너무 아껴두는 것 같지 않나?"라고 반문했습니다. 약간 직설적으로 말한 것 같지만 이해는 더 빨리 되네요.

## 하고 싶은 일을 찾으십시오

**Q. 지금 당신의 꿈은 무엇입니까?**

**멍거** 내 꿈이요? 글쎄요….

**버핏** 첫 번째 꿈은 건너뛰자고.

**멍거** 가끔 다시 90세 시절로 돌아가고 싶은 마음이 간절합니다! 젊은이들에게 해주고 싶은 말이 있습니다. 정말로 하고 싶은 일이 있으면, 93세가 되기 전에 하세요.

**버핏** 나도 똑같은 말을 학생들에게 해주고 싶습니다. 세상에 나가면 여러분이 하고 싶은 일을 찾으십시오. 한두 번 만에 찾지는 못할 수도 있습니다. 그래도 이런 노력을 미루지는 마십시오. 키르케고르(Søren Aabye Kierkegaard)는 말했습니다. 인생을 평가할 때는 뒤를 돌아보아야 하지만, 인생을 살아갈 때는 앞을 보아야 한다고.
찰리는 자신이 죽을 장소만 알면, 그곳에는 절대 가지 않겠다고 말합니다. 사람들은 인생을 어느 정도 다시 구성하고 싶어 합니다. 그러나 인생에는 다시 구성할 수 없는 일도 있습니다. 나이가 들면 어떤 일을 할 때 기분이 좋은지 생각해보고, 적어도 그 방향을 유지하도록 노력하십시오. 인생에는 행운도 어느 정도 필요하지만 불운도 어느 정도 발생한다는 사실을 받아들여야 합니다.

버핏은 자신이 원하는 일을 시작해야 할 때가 있다며 사랑하는 일을 하라고 충고합니다. 그러면 아침에 침대에서 뛰쳐나올 것이라고 말하면서요. 1951년 버핏은 컬럼비아대학 경영대학원을 졸업한 후, '가치투자의 아버지' 벤저민 그레이엄에게 무급으로 일하겠다고 제안했습니다.

그레이엄은 거절했지만 버핏은 끊임없이 성가시게 졸랐고 결국 그레이엄 밑에서 약 2년 동안 일할 기회를 얻었습니다. 버핏은 훌륭한 경험이었다고 말하면서 자신은 좋아하는 일을 계속 해왔다고 강조합니다.

버핏은 여기서 또 다른 제안을 던집니다. **"여러분이 경제적 자유를 획득할 수 있을 만큼 부자가 되었을 때도 하고 싶은 일을 선택하세요"**라고요. 왜냐하면 이런 일을 하면 즐겁고 무언가를 배울 뿐 아니라 신나기 때문입니다.

## 돈을 원했던 것은 인생을 원하는 대로 살고 싶어서

**Q. 지금 인생에서 가장 소중하게 여기는 것은 무엇인가요?**

**멍거** 나는 인생을 좀 더 살고 싶소. (웃음소리)

**버핏** 돈으로 살 수 없는 두 가지가 시간과 사랑입니다. 나는 지금까지 내 시간을 거의 완벽하게 통제할 수 있어서 정말로 운이 좋았습니다. 찰리도 마찬가지고요. 우리가 지금까지 돈을 원했던 것도 인생을 우리가 원하는 대로 살고 싶어서였답니다. 우리 둘의 육체는 늙어가고 있지만, 이와 상관없이 우리가 사랑하는 일을 매일 할 수 있어서 기쁩니다.
나는 돈으로 무엇이든 살 수 있지만 그보다도 내가 하는 일이 더 재미있습니다. 찰리는 기숙사 설계도 하고 나보다 독서도 더 많이 하면서 인생을 즐기고 있습니다. 그러나 우리에게 시간은 한정되어 있습니다. 그래서 우리는 인생에서 좋아하는 일을 최대한 많이 하려고 시간을 효율적으로 사용하고 있습니다.

**멍거** 자신이 정말로 좋아하는 일을 하면서 시간을 보내는 사람은 누구든지 행운아이며 축복받은 사람입니다.

**버핏** 우리가 미국에서 태어난 것부터가 엄청난 행운입니다. 캐나다에

서 태어난 질문자도 행운아입니다. 기분 상하지 마세요. (웃음소리)

## 한 번 더 살게 된다면… 행복을 위해 뭘 할까?

이날 강연에서 마지막 학생이 던진 문제는 "한 번 더 살게 된다면 더 행복하게 살기 위해서 무엇을 할 건가요?"입니다.

어려운 질문인데 버핏의 대답은 우리의 예상을 뛰어넘습니다. 먼저 버핏은 자신이 정말로 행운아였다고 평가합니다. 그리고 또다시 재밌는 가정을 합니다.

MBA 학생이 태어나기 스물네 시간 전에 램프의 요정 지니가 "이봐, 너는 미래가 밝아 보이는데 나에게 큰 문제가 하나 있어. 나는 네가 살아가야 할 세계를 설계해야 하는데 도대체 어떻게 해야 할지 모르겠어. 너한테 맡길게!"라고 말합니다.

MBA 학생이 "내가 모든 것을 설계할 수 있다고? 뭔가 꿍꿍이가 있겠지?"라고 반문하면 지니가 "맞아. 너는 흑인 또는 백인, 부자 또는 가난뱅이, 남성 또는 여성, 병약하게 또는 건강하게, 영리하게 또는 모자라게 태어날지 알 수 없어. 네가 아는 건 58억 개의 공이 들어 있는 큰 통에서 공 하나를 꺼낸다는 거야. **너는 '난소 복권(ovarian lottery)'에 참여하게 될 거야.**"

바로 여기서 버핏의 유명한 난소 복권이 나옵니다. 미국에서 태어날지 아프가니스탄에서 태어날지, IQ 130으로 태어날지 IQ 70으로 태어날지, 남성 또는 여성, 흑인 또는 백인으로 태어날지를 정하는 난소 복권입니다.

버핏은 위의 가정이 사회문제를 바라보는 좋은 방법이라고 이야기합니다. 자신이 어떻게 태어날지 모르는 상황에서 모든 경우(사람)를 위해서 가장 효율적이고 공평한 시스템을 설계해야 하니까요.

그리고 버핏은 자신이 완벽하게 맞는 세상에 태어났다고 이야기합니다. 1930년대 미국에 태어나서 자신이 좋아하는 자본 배분 일을 하고 있으니까요. 버핏은 줄곧 자신이 하는 일이 '자본을 배분하는 일(capital allocation)'이라고 말해왔습니다.

버핏은 만약 자신과 MBA 학생들이 무인도에 떨어져서 절대로 그곳을 벗어나지 못한다면 가장 소중한 사람은 가장 많은 쌀을 수확할 수 있는 사람이 될 거라며, 자신이 "나는 자본을 배분할 수 있어!"라고 말해봤자 아무도 관심을 가지지 않을 거라고 이야기합니다. 그러고 보니 무인도에서는 정말 농부가 버핏보다 소중한 사람이 될 것 같습니다.

버핏은 100개의 공을 꺼내면 그중 5개는 미국인일 것이라며 미국에서 태어나는 건 5% 확률이라고 설명합니다. 그리고 그중 절반은 여성, 나머지 절반은 남성이며(버핏은 학생들에게 성별 판단을 맡긴다고 말합니다) 절반은 지능이 평균보다 낮을 것이고 절반은 평균보다 높을 것이라고 이야기합니다.

여기서 버핏은 학생들에게 "자신의 공을 다시 통에 넣을 것인가요?"라고 물으면서 대부분은 넣지 않을 것이라고 단정합니다. 그리고 학생들은 "지금 이 교실에 앉아 있는 나는 세상에서 가장 운이 좋은 1%에 속한 사람이다"라고 말해야 한다고 강조합니다.

버핏도 똑같이 느꼈습니다. 버핏은 자신이 태어날 때는 미국에 태어날 확률이 50분의 1이었다며, 좋은 부모를 만난 것 등 모든 게 행운이었고 운 좋게 시장 경제에 적합하도록 태어나서 엄청난 보답을 받았다고 회상합니다.

계속해서 버핏은 이렇게 행운아가 된 방법은 자신이 평생 동안 좋아하는 일을 하고 자신이 좋아하는 사람과 어울리는 것이었다고 말합니다. 또 자신은 좋아하는 사람과만 같이 일한다고 말하면서, 1억 달러를 벌 수 있더라도 자신의 속을 뒤틀리게 만드는 사람과는 절대 같이 일하지 않는다고 강조합니다.

돈을 위해서 결혼하는 게 어떤 상황에서도 별로 좋은 생각은 아니지만, 특히 이미 부자일 경우에는 미친 짓인 것과 마찬가지라고 비유하면서요. 버핏은 다시 태어나더라도 그동안 해왔던 일과 똑같은 일을 할 것이라고 이야기합니다. US에어를 매수한 것만 빼고요(버핏은 항공사 투자를 줄곧 후회해왔습니다).

## 나보다 더 행복한 사람을 상상할 수 없습니다

**Q. 인생을 돌아볼 때 다른 방식을 선택했다면 더 행복했을 것이라고 후회되는 부분이 있습니까?**

**버핏** 이제 내 나이가 여든다섯인데 나보다 더 행복한 사람을 상상할 수가 없습니다. 나는 내가 좋아하는 것을 먹으면서, 내가 사랑하는 사람들과 함께 내가 하고 싶은 일을 하고 있습니다. 정말이지 이보다 더 좋을 수는 없습니다. 나는 어느 누구 밑에서도 일하지 않겠다고 일찌감치 결심했습니다. 이 결심 덕분에 나는 어떤 스트레스도 받지 않고 살았습니다. 당신이나 사랑하는 주위 사람의 건강 악화는 정말 비극입니다. 다른 방도가 없으므로 받아들일 수밖에 없습니다.

찰리와 나는 정말 축복받았습니다. 찰리는 아흔둘에도 매일 환상적인 일을 하고 있습니다. 그는 아흔둘인데도 젊은 시절 못지않게 흥미롭고 매력적이며 보람 있으면서 사회에 기여하는 일을 합니다. 우리는 이례적으로 운이 좋았습니다. 우리의 동업은 행운입니다. 함께 일하니 더 재미있습니다. 나는 불만이 전혀 없습니다. 사업에 대해서 말하자면 직물사업을 시작하지 않았더라면 좋았을 것입니다.

**멍거** 돌아보면 돈을 더 많이 벌지 못한 것이나 더 유명해지지 못한 것은 후회되지 않습니다. 더 빨리 현명해지지 못해서 유감스러울 뿐입니다. 그래도 다행스러운 것은 내 나이 아흔둘에도 여전히 무식해서 배울 것이 많다는 사실입니다.

■ ■

■ ■

• 2019년 버크셔 해서웨이 주주총회 •

## 대박을 터뜨릴 때가 즐거운 법

**Q. 지금까지 가장 재미있었던 개인적 투자 사례는 무엇인가요?**

**버핏** 대박을 터뜨릴 때가 항상 즐거운 법이지요. (웃음소리) 한번은 아틀레드(Atled) 주식 1주를 샀습니다. 유통 주식 수가 98주에 불과했으므로 유동성은 없는 주식이었습니다. 아틀레드는 세인트루이스에 사는 남자 100명이 100달러씩 출자하기로 하고 설립한 회사인데, 루이지애나에서 오리 사냥 클럽을 만들고 이곳 토지를 조금 매입했습니다. 그러나 두 사람이 출자 약속을 지키지 않았으므로 유통 주식 수가 98주에 불과했습니다. 이들은 루이지애나에 가서 오리 사냥을 했는데, 누군가 쏜 총알이 땅에 박히자 땅에서 석유가 솟구쳐 나왔습니다. (웃음소리) 이 땅에서는 지금도 석유가 나오고 있을 것입니다.

나는 40년 전 이 주식을 2만 9,200달러에 샀습니다. 오리 사냥 클럽이 이 땅을 계속 보유했다면 지금은 주가가 200~300만 달러가 되었을 것입니다. 그러나 석유회사에 매각했습니다. 나는 당시 주식 살 돈이 없어서 은행에서 대출을 받았는데, 은행 직원이 "엽총 살 돈도 대출해드릴까요?"라고 묻더군요. (웃음소리)

**멍거** 두 가지 사례가 떠오릅니다. 가난했던 젊은 시절, 나는 1,000달러에 유정 사용권을 샀는데, 이후 매우 오랜 기간 사용료로 매년 10만 달러를 받았습니다. 그러나 이런 투자는 평생 한 번뿐이었습니다.

이후 나는 벨리지오일(Belridge Oil) 주식을 몇 주 샀는데 단기간에 30배 상승했습니다. 그러나 나는 기회를 잡은 횟수보다 포기한 횟수가 5배나 많습니다. 어리석은 결정 때문에 후회하는 분은 나를 보면서 위안을 얻으시기를 바랍니다. (웃음소리)

## 돈과 처세, 행복의 완성을 위한 여섯 가지 인생 조언

워런 버핏과 찰리 멍거는 60여 년간 절친이자 사업파트너로 지내며 버크셔 해서웨이를 시가총액 7,800억 달러가 넘는 초대형 기업으로 키웠습니다.

버핏은 오마하에, 멍거는 로스앤젤레스에 살면서 예전처럼 둘이 자주 만나지는 않기 때문에 둘의 목소리를 동시에 듣는 기회는 드문데요. 2021년 6월 미국 경제 방송 〈CNBC〉의 베키 퀵 앵커가 모처럼 둘을 한자리에서 인터뷰했습니다. 이날 '지혜의 부(A Wealth of Wisdom)'라는 제목의 인터뷰에서 버핏과 멍거는 투자와 인생에 관한 지혜를 아낌없이 나눴습니다. 평소 버핏이 자주 말했던 내용들도 있지만, 버핏과 멍거의 생각을 전체적으로 살펴볼 수 있는 좋은 기회입니다.

◆ 2021년 〈CNBC〉 베키 퀵과의 인터뷰 ◆

## 버크셔 주식인가, S&P500 인덱스펀드인가?

**Q.**

**베키** **지금까지 15년 동안 버크셔는 시장 대비 초과수익을 내지 못했으며, 당신은 장래 버크셔의 초과수익 가능성에 대해서도 신중한 태도입니다. 버크셔 장기 주주들이 인덱스펀드로 분산투자해야 한다는 주장에 대해 어떻게 생각하시나요?**

**버핏** 찰리, 자네가 답해주겠나?

**멍거** 나는 개인적으로 시장지수보다 버크셔 주식을 선호하므로, 버크셔를 보유해도 마음이 매우 편안합니다. 나는 버크셔가 시장 평균보다 낫다고 생각합니다.

**Q.**

**베키** **버크셔에 대한 시장의 평가가 공정하지 않다고 생각하시나요?**

**멍거** 시장의 평가는 우연의 산물일 뿐이며, 상황은 항상 변동합니다. 종합적으로 볼 때 나는 시장보다 버크셔에 돈을 걸겠습니다. 버핏과 내가 둘 다 죽는다고 가정하더라도 말이지요.

**버핏** 나는 오래전부터 S&P500 인덱스펀드를 추천했습니다. 그동안 누구에게도 버크셔를 추천하지 않은 것은 내가 무슨 정보라도 제공하는 것으로 사람들이 오해할까 걱정되었기 때문입니다. 향후 버크셔의 주가가 얼마가 되든 상관없이 내가 선언한 내용이 있습니다. 내가 죽으면 내 아내에게 가는 유산 중 90%는 S&P500, 10%는 단기국채로 구성될 것입니다. 반면 장래에 여러 자선단체에 제공할 기부금은 내가 사망한 후 약 12년에 걸쳐 버크셔 주식 형태로 지급될 것입니다. 나는 버크셔 주식을 좋아하지만 일반인이 선정할 수 있는 주식은 아니라고 생각합니다.

50~60년 전, 어떤 사람들은 주식을 손수 선정하는 대신 돈을 찰리와 나에게 맡겼습니다. 버크셔를 평생의 저축 수단으로 생각한다는 점에서 우리 주주들은 매우 이례적인 집단입니다. 향후 10~20년도 믿고 맡긴다면 우리가 합리적으로 잘 관리할 터이므로 걱정할 필요가 없습니다. 나는 버크셔를 좋아하지만 주식을 전혀 모르고 버크셔에 대해 특별한 애착도 없는 사람이라면 S&P500 인덱스펀드를 사야 한다고 생각합니다.

■ ■

## 적당한 회사를 훌륭한 가격에 사는 것보다 훌륭한 회사를 적당한 가격에 사는 게 훨씬 낫다

이날 인터뷰에서 버핏은 자신이 저지른 최악의 투자는 방직업체인 버크셔 해서웨이를 인수한 것이라고 토로했습니다. 오늘날의 버크셔 해서웨이를 있게 한 회사지만 사양산업에 막대한 돈을 쏟아부은 게 실수였으며, 거기다 1967년 버크셔 해서웨이를 통해 보험사를 인수한 것도 잘못이라는 고백입니다.

버핏은 20년 동안 방직사업을 살리기 위해 골몰하다가 결국 포기했고, 방직사업에 돈을 집어넣지 않고 새로운 보험사를 시작했으면 현재 버크셔의 가치가 2배 이상일 것이라고 털어놓았습니다.

《현명한 투자자》를 쓴 벤저민 그레이엄을 멘토로 삼은 버핏의 초기 투자는 버크셔 해서웨이 투자에서 볼 수 있듯이 내재가치보다 훨씬 싸게 거래되는 주식을 매수하는 담배꽁초 투자법이었습니다. 이 투자 기법은 끊임없이 싸게 거래되는 기업을 찾아서 사고팔기를 반복해야 하기 때문에 시간이 많이 걸렸을 뿐 아니라 세금 부담도 컸습니다.

버핏은 멍거의 영향으로 투자 기법을 발전시키며 "**적당한 회사를 훌륭한 가격에 사는 것보다 훌륭한 회사를 적당한 가격에 사는 것**"에 몰두하기 시작했습니다. 이렇게 매수한 훌륭한 기업들의 보유 기간은 평균 수십 년이며, 바로 오늘날의 버핏을 있게 한 대전환입니다.

## 벤저민 그레이엄이 버핏에게 준 교훈

**Q. 당신은 1976년 벤저민 그레이엄에게 바치는 헌사에 이렇게 썼습니다. "그레이엄이 나무를 심은 덕분에 사람들이 그늘에 앉아 쉬게 되었다고 월터 리프먼**(Walter Lippmann, 미국의 작가, 기자, 정치 평론가)**은 말했다." 그레이엄의 관점을 포함해서 버크셔의 100년 비전을 말해주시겠습니까?**

**버핏** 벤 그레이엄에 관해서 한 가지 덧붙이겠습니다. 벤 그레이엄은 내게 온갖 것을 다 해주었지만 내게는 아무것도 기대하지 않았습니다. 무엇이든 다 해주고서도 내게 보답을 바라는 미미한 기색조차 없었습니다. 1949년 그가 쓴 《현명한 투자자》는 내가 직전 8~9년 동안 공부하고 아끼던 내용이 모두 틀렸다는 사실을 매우 설득력 있는 말로 깨우쳐주었습니다.

나는 가끔 아마존에서 이 책의 판매 순위를 확인해보는데, 한때 형편없던 이 책의 순위가 300~350위로 상승하더니 이제는 항상 이 수준을 유지하고 있습니다. 이런 책은 없습니다. 개정판이 나온 시점에 나는 출판사 하퍼콜린스(HarperCollins)에 편지를 보내 지금까지 몇 부가 팔렸는지 물었습니다. 출판사는 오래전 누락된 판매 부수를 제외해도 730만 부가 팔렸다고 알려주었습니다. 내 인생을 바꾼 이 얇은 책이 지금도 다른 어떤 투자서보다 많이 팔리고 있습니다.

투자서들은 출간되면 400위나 1,000위에 한동안 머물다가 갑자기 2만 5,000위나 20만 위로 떨어집니다. 이렇게 장기간 베스트셀러를 유지하는 책이 다른 어떤 분야에 또 있을까요? 1950년에 1위, 2위, 3위였던 책도, 1951년과 1952년에 1~3위였던 책도 지속적으로 팔리지 않습니다. 요리책 한두 종은 지속적으로 팔릴지 몰라도 다른 분야에는 《현명한 투자자》 같은 책이 없습니다. 다양한 이야기를 담은 새 책은 계속 출간되고 있지만, 1949년 벤 그레이엄의 글처럼 중요한 이야기를 담은 책은 없습니다.

버크셔의 비전을 말하겠습니다. 버크셔는 주주가 주인인 회사, 사회를 행복하게 해주는 회사가 되기를 바랍니다. 우리는 무한한 자본을 보유할 것이고, 수많은 인재를 보유할 것이며, 우리 굳건한 토대는 천하무적이 될 것입니다. 버크셔는 벤의 책처럼 영속할 것이며, 남들에게 본보기가 될 것입니다. 그러면 우리는 매우 만족할 것입니다. 찰리?

**멍거** 벤 그레이엄에게는 정말 흥미로운 점이 있습니다. 그는 정말 타고난 선생이었고 오랜 기간 선생으로 활동했다는 점입니다. 선생은 매우 명예로운 직업이죠. 하지만 노년기에 멋쩍어한 사실이 있습니다. 그가 평생 얻은 투자 수익의 절반 이상이 성장주 한 종목에서 나왔다는 사실입니다. 바로 버크셔의 자회사 가이코입니다.

그가 투자하던 시절에는 매우 싼 부실기업이 많아서 이리저리 옮겨 타면서 돈을 조금씩 벌 수 있었습니다. 그러나 그에게 거액을 벌어준 것은 성장주 한 종목이었습니다. 버크셔도 거듭 깨달았지만 저평가된 위대한 기업을 매수하는 것이 매우 좋은 방법입니다.

**버핏** 벤은 1949년판 후기에 이 사실을 정확히 지적하면서, 이 경험을 통해서 훌륭한 교훈도 얻었다고 인정했습니다. "인생이 그런 식이다. 준비된 상태를 유지하면서 무일푼이 되지 않고 버티면 언젠가 기회가 온다." 리오 굿윈(Leo Goodwin)은 포트워스 은행가의 투자를 받아 가이코를 설립했습니다. 가이코(GEICO)는 '거번먼트 임플로이이 인슈어런스 컴퍼니(Government Employees Insurance Company)'의 머리글자로 만든 회사명입니다.

벤의 가이코 인수는 하마터면 무산될 뻔했습니다. 인수 가격은 아마 약 150만 달러였는데 2만 5,000달러 차이로 무산 직전까지 갔습니다. 실제로는 수백억 달러짜리 회사였는데도 말이죠. 벤도 이 역설적인 면을 지적했습니다. 그는 자신의 실수에 관해서 지극히 정직했는데 이는 그의 투자에 강점이기도 했습니다. 찰리와 나 역시 인생을 살아오면서 정직이 강점임을 깨달았습니다.

준비 태세를 갖추고, 적시에 곧바로 행동하며, 업계 사람들의 과대 선전을 모두 무시하고, 올바른 결정을 한두 번만 내리면 됩니다. 배우자에 대해서 올바른 결정을 내리면 인생 게임에서 승리한 셈입니다. 엄청나게 중요한 결정에 대해서는 시간을 얼마든지 써도 됩니다. 어린 시절 내가 중요한 결정에 썼던 시간보다 더 많은 시간을 써도 됩니다.
늘 심사숙고하면서 어리석은 결정을 많이 하지 않도록 노력하십시오. 그러면 조만간 찰리가 즐겨 말하는 롤라팔루자 효과(lollapalooza, 여러 요소가 결합해서 큰 영향을 미치는 현상)가 나타날 것입니다.

## 실수로부터 배워라

버핏의 흑역사는 버크셔에서 그치지 않습니다. 1970년대 버핏과 멍거가 같이 투자한 블루칩스탬프(Blue Chip Stamps) 역시 실패로 귀결된 투자입니다. 블루칩스탬프는 슈퍼마켓 등 소매점들이 소비자에게 주는 쿠폰사업을 경영했는데, 소비자들은 쿠폰을 적립해서 맘에 드는 경품을 받을 수 있었습니다. 블루칩스탬프는 한때 캘리포니아 최대 쿠폰회사로 성장했지만, 슈퍼마켓이 할인점과 주유소로 업종을 바꾸면서 사업 자체가 아예 사라졌습니다.

또한 버핏과 멍거가 처음으로 의기투합해 별도의 투자회사까지 설립하면서 600만 달러를 들여 인수한 볼티모어의 백화점 '호크실드콘(Hochschild, Kohn & Co)'도 실수로 드러났습니다. 멍거가 계약서의 잉크가 마르자마자 큰 실수를 저질렀다는 걸 알았다고 할 정도로 유통업은 만만한 사업이 아니었으니까요.

버핏과 멍거는 백화점 경영이 어려워지자 매각에 나섰고 다행히도 투자 금액 대부분을 회수하는 데 성공했습니다. 멍거는 백화점 투자 실패를 통해서 배운 건 "실수였다는 게 명확해진 다음에는 빨리 고쳐야 한다"는 사실이라고 말했습니다. 기다려봤자 문제는 나아지지 않기 때문입니다.

반전도 있습니다. 버핏은 그때는 몰랐지만, 백화점사업이 실패해서 적어도 250억 달러를 벌 수 있었다고 말했습니다. 백화점사업이 잘되었다고 하더라도 약간 돈을 버는 데 그쳤겠지만, 투자한 600만 달러를 회수해서 버크셔에 투입한 결과 250억 달러 이상으로 불어났다는 뜻입니다.

## 올바른 길을 택하라

인생과 투자에서 버핏과 멍거의 성공 비결 중 하나는 미국 중서부 지역에서 성장하면서 '성실한 노동' '겸손' '신뢰'를 몸에 익힌 것이라고 해석됩니다. 버핏도 "올바른 길을 선택하라. 그곳은 대개 덜 막히는 길이다"라고 말하곤 했습니다.

버핏과 멍거는 미국 네브래스카주 오마하시에서 태어났고, 어릴 때 서로 몰랐지만 둘 다 버핏의 할아버지 어니스트 버핏(Ernest Buffett)이 운영하던 식료품 가게에서 일한 적이 있습니다. 멍거는 그때를 회상하며 2달러를 벌기 위해 열 시간 동안 일하는 것이 얼마나 힘든지 배웠다고 말했습니다. 버핏 역시 농담처럼 식료품 가게에서 배운 것 중 가장 중요한 건 자신이 식료품 가게에서 일하길 원치 않는 것이었다고 회상했습니다.

이처럼 버핏과 멍거는 그들의 성공 이유를 기본적인 가치에 대한 존중으로 돌렸는데, 둘은 좋은 사람들과 어울리며 사업에서도 올바른 길을 선택했습니다.

◆ 2022년 버크셔 해서웨이 주주총회 ◆

### 존경하는 사람 밑에서 좋아하는 일을 하십시오

**Q. 천직을 찾는 사람에게 어떤 조언을 해주시겠습니까?**

**버핏** 매우 흥미로운 질문입니다. 나는 원하는 일을 발견했다는 점에서 매우 운 좋은 사람입니다. 나의 아버지는 자신의 사업에 관심이 없었습니다. 그러나 아버지 사무실에는 책이 있었고 나는 아버지를 좋아했으므로, 사무실에 내려가서 책을 읽으면서 흥미를 느꼈습니다. 아버지가 프로 권투 선수가 아니라서 다행입니다. 그랬다면 내 이가 남아나지 않았을 테니까요. (웃음소리) 내가 천직을 발견한 것은 순전히 우연이었습니다. 그러나 당신도 보면 그것이

천직인지 알 수 있을 것입니다. 그렇다고 당장 선택할 수 있는 것은 아니겠지만요.

주주 서한에도 썼지만 나는 학생들에게 자신이 좋아하는 일을 찾으라고 말합니다. 그 일을 하면서 인생의 대부분을 보내게 되는데 왜 좋아하지도 않는 일을 평생 하려고 합니까? 물론 가끔은 좋아하지 않는 일도 해야 하겠지요. 그러나 가장 존경하는 사람 밑에서 좋아하는 일을 하십시오. 전에 스탠퍼드대에서 강연한 적이 있습니다. 이틀 뒤 누군가 톰 머피의 사무실에 나타났습니다. 현명한 행동이었습니다. 바로 내가 학교를 졸업하고 그렇게 했습니다. 나는 벤저민 그레이엄 밑에서 일하고 싶었습니다. 보수가 얼마든 상관없었습니다. 내가 하고 싶은 일이었으니까요.

나는 3년 동안 조르고 나서야 벤 밑에서 일하게 되었습니다. 이후 나는 벤보다도 더 상사로 모시고 싶은 사람을 발견했습니다. 바로 나였습니다. (웃음소리) 이후 나는 나 자신을 위해서 일하고 있습니다. 평생 나의 상사는 네 사람이었습니다. 한 분은 〈링컨 저널(The Lincoln Journal)〉에 있던 훌륭한 분인데 잠시 이름이 생각나지 않네요. 오마하 JC페니(J.C. Penny)의 쿠퍼스미스(Coopersmith)도 훌륭한 분이었습니다. 그러나 나는 지금도 나 자신을 위해서 일하는 편을 좋아합니다. 찰리와 나는 내 할아버지 밑에서도 일했는데 재미가 없었습니다.

## 나이 든 사람과 대화하면서 지혜를 얻어라

버핏과 멍거가 어릴 때부터 나이 든 사람들과 얘기하는 걸 즐겼다는 사실도 재밌습니다. 버핏은 일곱 살 때부터 노인들과 말하는 걸 좋아했는데, 요즘 문제는 자신보다 나이 든 사람이 없다는 점이라며 지지층을 잃어버렸다고 유머스럽게 얘기했습니다.

또 버핏은 만약 오마하에 있는 던디교회에 가서 어린이 성가대와 함께 찬송가를 부른다면 집으로 오는 길에 네다섯 집에 들러서 아주머니들과 얘기할 것이라고 덧붙였습니다.

멍거도 질세라 아내의 친척 한 분이 자신을 만나고 나서는 "자네는 내가 지금까지 만난 사람 중 가장 나이 든 젊은이일세"라고 말했다며, 자신은 젊을 때도 항상 나이가 백 살인 것처럼 행동했다고 이야기했습니다. 버핏과 멍거가 어릴 때 나이 든 사람들과 얘기하는 걸 좋아했다는 건 둘이 영특했기 때문에 또래 친구보다 오히려 어른들과 대화하는 걸 재밌게 느꼈다는 방증이기도 합니다.

## 물질적 부보다 독립성이 중요하다

버핏은 멍거와 자신이 많은 돈을 벌었지만 둘이 정말로 원한 건 '독립성(independence)'이라고 강조했습니다. 버핏은 1959년 멍거를 만난 지 얼마 되지 않아 재무적 독립 능력을 갖추게 되었고, 어울리고 싶은 사람들과 어울리는 사치를 60년 가까이 누려왔다며, 이건 침실이 스물다섯 개 있는 호화 저택과 자동차 여섯 대를 가진 것보다 훨씬 낫다고 이야기했습니다.

인생에서 우리가 하고 싶은 일을 하고 우리가 어울리고 싶은 사람들과 어울릴 수 있는 게 물질적 부보다 중요하다는 얘기인데요. 1,200억 달러(158조 원)가 넘는 재산을 가진 버핏이 왜 여전히 1958년 매입한 집에 계속 살고 출근길에 맥도날드에 들르는지 이해할 수 있는 대목입니다.

## 자신보다 나은 친구를 가져라

베키 퀵 〈CNBC〉 앵커의 마지막 질문은 버핏과 멍거가 상대방에 대해 가장 존경하는 점을 말해달라는 것이었습니다. 멍거가 버핏의 유머를 좋아하고 의지할 수 있는 사람이라는 점을 간략하게 말한 반면, 버핏의 답변은 훨씬 구체적이었습니다.

버핏은 멍거가 사람들과 사회에 많은 것을 나눠주었다며 그건 단지 주식을 사서 높은 가격에 파는 걸 훨씬 뛰어넘는 일이라고 말했습니다. 또한 멍거는 대학 기숙사를 디자인하고 건설하는 걸 도왔고 병원에도 관여하면서 병원의 의료서비스 향상과 효율성 제고를 위해 노력해왔다고 설명했습니다. 또 버핏이 나설 필요가 없는 큰 문제들을 해결하기 위해 힘들게 노력해왔다고 덧붙였습니다.

멍거는 자신이 다녔던 미시간대학교에 2013년 1억 1,000만 달러를 기부해 대학원생 기숙사를 지었고 병원 이사로도 오랫동안 활동하는 등 활발한 사회 활동을 펼쳐왔습니다.

버핏은 멍거가 사업파트너로서 한 번도 사실을 감추거나 자신의 이익을 추구하는 이기적인 모습을 보인 적이 없고 멍거가 자신을 더 나은 사람으로 만들었다고 말하면서, 멍거를 실망시키고 싶지 않다고 덧붙였습니다. 버핏의 멍거 평가는 상당히 감동적입니다.

이 말을 듣던 멍거 역시 "자네 또한 나에게 똑같이 해왔네"라고 말하면서 훈훈한 분위기를 연출했습니다.

마지막으로 버핏은 "**우리보다 더 나은 사람들과 어울리는 게 좋다**"고 말하면서 인터뷰를 끝맺었습니다.

◆ 2003년 버크셔 해서웨이 주주총회 ◆

## 사랑받고 싶은 사람에게 사랑받으면 성공한 사람

**Q. 어떤 사람이 성공한 사람이라고 생각하시나요?**

**버핏** 내가 대학생들에게 늘 하는 말이 있습니다. 내 나이가 되었을 때, 사랑받고 싶은 사람들로부터 사랑받으면 성공했다는 말입니다. 찰리와 내가 아는 사람들 중에는 자신의 이름을 딴 건물도 있고 온갖 영예를 얻었는데도 아무에게도 사랑받지 못하는 사람이 있습니다. 심지어 경의를 표한 사람들조차 사랑하지 않더군요. 찰리와 나는 100만 달러에 사랑을 살 수 있으면 얼마나 좋겠느냐고 말합니다. 그러나 사랑을 받으려면 사랑스러워야 합니다. 다른 방법은 없습니다. 남에게 사랑을 베풀면 항상 더 많은 사랑을 돌려받게 됩니다. 그러나 남에게 사랑을 베풀지 않으면 돌려받는 사랑도 없습니다. 사람들은 누구나 코카콜라 CEO였던 돈 키오(Donald Keough)를 사랑합니다. 내가 아는 사람들 중, 남들로부터 사랑받는데도 성공하지 못했다고 생각하는 사람은 아무도 없습니다. 그리고 남들로부터 사랑받지 못하는데도 성공했다고 생각하는 사람도 없습니다.

**멍거** 한 영화회사 간부가 죽자 그의 장례식에 수많은 사람이 왔습니다. 그러나 이들은 단지 그가 죽었는지 확인하러 온 것이었습니다. 장례식에서 목사가 말했습니다. "이제 누구든 나와서 고인에 관한 미담을 해주시기 바랍니다." 마침내 한 사람이 나와서 말했습니다. "그래도 고인이 그의 형만큼 못된 사람은 아니었습니다."

**버핏** 이곳에 있는 분 대부분과 내가 면담한 대학생들 대부분이 부자가 될 것입니다. 그러나 친구가 없는 분들도 나올 것입니다.

## 투자와 인생에서 피해야 할 실수는?

2023년 5월 6일 미국 네브래스카주 오마하에서 버크셔 해서웨이 연례 주주총회가 열렸습니다. 버크셔 해서웨이 주주총회는 워런 버핏 회장과 찰리 멍거 부회장이 주주들의 온갖 질문에 친절하게 답변해주면서 '자본주의자의 우드스톡 축제'로 불리고 있습니다.

버크셔의 주주 가이드북에도 아예 '버크셔 해서웨이의 2023 연례 주주 페스티벌'로 표기되어 있는데요. 이번 버크셔 주주총회는 전 세계에서 온 주주 4만 명 이상이 참여했습니다.

## 3일간 개최되는 버크셔 해서웨이 주주총회

2박 3일 동안 진행되는 주주총회는 첫째 날 버크셔 해서웨이 제품의 쇼핑데이에 이어 둘째 날 공식 주주총회를 개최하고 마지막 날 오전에는 5킬로미터 마라톤대회가 열립니다. 참고로 마라톤대회 명칭도 '자신에게 투자하세요(Invest in yourself)'입니다. 역시 버크셔 해서웨이답습니다.

둘째 날 일정도 독특합니다. 오전 9시 15분부터 약 두 시간 반 동안 질의응답 세션을 가진 후 점심을 먹고 오후 1시부터 다시 두 시간 반의 질의응답을 진행합니다. 이렇게 다섯 시간 넘게 질의응답 세션을 가진 후에야 공식 주주총회를 한 시간 동안 진행합니다. 주주 대부분이 주총 안건보다는 버핏과 멍거의 질의응답 세션을 듣기 위해 참석하기 때문에 순서를 이렇게 배치한 것 같습니다.

사실 버크셔 주주총회에 참석하는 건 어렵지 않습니다. 55만 달러에 육박하는 버크셔 해서웨이 클래스 A주가 아니라 360달러인 클래스 B주 1주만 있어도 주주총회 입장권을 네 장 받을 수 있습니다. 오마하가 너무 멀다면 미국 경제 방송 〈CNBC〉가 버크셔 주주총회를 실황 중계하니 우리나라에서도 실시간으로 볼 수 있습니다.

2023년 버크셔 주주총회의 질의응답은 다섯 시간 조금 넘게 진행되었고 버핏과 멍거는 전 세계에서 참석한 주주들이 던진 약 50개 질문에 답변했는데요. 버크셔 주주들이 보험사, 철도회사를 자회사로 가졌을 뿐 아니라 애플에도 투자한 버크셔의 사업과 은행 위기, 달러의 지위, 미·중 관계 등에 대해 질문했기 때문에 버핏과 멍거의 답변은 우리에게도 많은 도움이 됩니다. 유튜브에서 볼 수 있으니 꼭 보시길 추천합니다.

그리고 버크셔 주주총회에 참석한 주주의 질문과, 〈CNBC〉 베키 퀵 앵커가 이메일로 받은 것 중 선별한 질문을 번갈아 던지는데요. 버핏과 멍거는 질문 내용을 미리 알고 있는 게 아니라 즉석에서 듣고 바로 답변합니다. 심지어 버핏은 주주와 베키 퀵한테 어려운 질문을 마음껏 던져보라고 주문하는데요. 30~40년 전 수치까지 정확하게 인용하는 버핏을 보면 절로 대단하다는 생각이 듭니다.

## 열세 살 소녀가 던진 탈달러화의 위기

이날 가장 어린 질문자는 열세 살 소녀인 대프니였습니다. 대프니는 이번이 여섯 번째 버크셔 주주총회 참석이라고 말하고 나서, 주주들이 박수를 보내자 잠깐 장난기 어린 미소를 짓습니다. 그러고는 질문을 이어갑니다.

"미국의 국가 부채는 약 31조 달러로 미국 국내총생산(GDP)의 125%에 달합니다. 연방준비제도이사회는 인플레이션과 싸우고 있다면서도 계속해서 수조 달러를 찍어내고 있습니다. 그리고 중국, 사우디아라비아, 브라질 등 글로벌 주요 경제국들이 이미 이런 상황을 예상하고 달러로부터 멀어지고 있습니다. 달러는 글로벌 기축통화로서 의 지위를 잃게 될까요? 버크셔는 이런 가능성에 어떻게 대처하고 있나요? 미국 시민으로서 우리는 탈달러화(dedollarisation)의 시작으로 보이는 이런 상황에서 어떻게 해야 하나요?"

버핏은 대프니한테 단상에 올라와서 주주들의 질문에 대답하도록 부탁해야겠다고 칭찬한 후 "**우리 달러가 기축통화이며 다른 통화가 기축통화가 될 가능성은 전혀 보이지 않는다**"고 대답합니다.

그리고 "미국이 (달러 인쇄를) 너무 많이 하기 쉽지만, 만약 우리가 (달러 인쇄를) 너무 많이 한다면 요정 지니가 램프에서 나온 후에는 어떻게 회복할 수 있을지 알 수 없습니다"라며 말을 이어갑니다.

사람들이 통화에 대한 믿음을 잃으면 전혀 다르게 행동하게 된다는 건데요. 정확하게 믿음을 잃는 선이 어딘지 알 수 없지만, 달러를 너무 많이 찍어내서 달러를 위험에 빠지게 해서는 안 된다는 의미입니다.

미국은 믿을 수 없을 정도로 좋은 사회로서 부유하며 모든 게 잘 굴러가고 있지만 돈을 무제한 찍어내도 된다는 의미는 아니라며, 버핏은 향후 어떤 결과가 나올지 지켜보는 건 흥미 있는 일이 될 것이라고 답변합니다.

## 인플레이션에 대응하는 가장 좋은 방법은 자신의 수익력을 높이는 것

**Q.** **1970년대에 당신은 '인플레이션은 어떻게 주식 투자자들을 털어가는가?**(How Inflation Swindles the Equity Investor)**'라는 글에서, 기업들은 자기자본이익률을 높일 수 없으므로 주식은 인플레이션을 따라가지 못한다고 말했습니다. 지금도 그렇다고 생각하시나요?**

**버핏** 네. 그리고 인플레이션은 채권 투자자들도 털어갈 수 있습니다. (웃음소리) 인플레이션은 현금을 침대 밑에 숨겨두는 사람들을 포함해서 거의 모든 사람을 털어갈 수 있습니다. 달러의 가치가 90% 감소해서 원가가 10배 상승했다고 가정해봅시다. 이때 추가 자본도 필요 없고 가격도 10배로 인상할 수 있는 기업이라면 여전히 경쟁력을 유지할 수 있습니다. 그러나 대부분 기업에는 추가 자본이 들어갑니다. 언젠가 달러의 가치가 10분의 1이 되면 우리 공익기업은 자본 투자를 10배로 늘려야 합니다. 단지 현상 유지에 들어가는 자본이 이렇게 증가한다는 말입니다.

여러분이 공감할 만한 유명한 이야기가 있습니다. 나는 〈포천(Fortune)〉에 기고하려고 이 인플레이션 관련 글을 썼는데, 마치고 보니 분량이 약 7,000단어였습니다. 분량이 너무 많다고 판단한 〈포천〉은 내 친구 캐럴 루미스(Carol Loomis)를 통해서 이 사실을 설명했습니다. 내가 그녀의 말을 잘 들으리라 생각한 것이죠. 그러나 완고한 사내였던 나는 "모든 단어가 소중합니다"라고 말했으므로 그들은 내 원고를 실을 수도, 버릴 수도 없었습니다. 이번에는 그들이 매우 친절한 편집자를 오마하로 보내왔습니다. 이 남자는 그렇게 많은 단어를 사용해야 꼭 정확한 표현이 되는 것은 아니라고 내게 설명했습니다. 그래서 나는 말했습니다. "알겠습니다. 내 글을 싣기 싫으시다면 다른 곳에 보내겠습니다." 내 행동은 매우 혐오스러웠습니다.

이후 나는 자꾸 마음에 걸려서 친구 멕 그린필드(Meg Greenfield)에게 내 글을 보냈습니다. 멕은 〈워싱턴포스트(The Washington Post)〉의 탁월한 편집자였고 나와 매우 가까운 사이였습니다. 그녀는 대부분 작가의 글을 사정없이 뜯어고치는 강인한 편집자였지만 내게는 상처를 주지 않으려 했습니다. 내가 "멕, 어떻게 생각해?" 라고 묻자 그녀가 대답했습니다. "이 글에 당신이 아는 걸 모두 쓸 필요는 없어." (웃음소리) 핵심을 짚는 말이었습니다. 그래서 나는 분량은 줄이면서 거의 같은 내용을 다시 썼습니다. 내 글이 개선되었습니다. 향후 100년 동안 지극히 안정적인 화폐 단위를 사용할 수 있다면 기업과 투자자 모두에게 보탬이 될 것입니다.

문제는 인플레이션의 수준입니다. 인플레이션을 2% 수준으로 유지할 수 있을지는 아무도 모릅니다. 당신이 안다고요? 장담하는데 당신도 모르고 아무도 모릅니다. 온갖 사람들의 말에 귀 기울여보아도 10년, 20년, 50년, 다음 달 인플레이션이 얼마가 될지 아무도 알지 못합니다. 그런데도 답을 알고 싶어서 사람들은 항상 인플레이션 이야기를 합니다. 그러나 돈을 충분히 지급하면 답을 알려주겠다고 말하는 사람이 많습니다. 자기도 모르는 답을 말이죠. 공짜로 답을 알려주겠다는 사람들도 있습니다. 자신의 명성이 높아져서 몸값이 올라간다고 생각하기 때문입니다.

그러나 사실은 그들도 답을 모릅니다. 우리도 모르고요. 인플레이션에 대비하는 가장 좋은 방법은 자신의 수익력을 높이는 것입니다. 뛰어난 바이올린 연주자라면 인플레이션 기간에도 상당히 여유롭게 지낼 수 있습니다. 남들보다 잘 연주하면 사람들이 그만한 대가를 지불하기 때문입니다. 게다가 돈은 남들이 빼앗아 갈 수 있어도, 연주 기량은 빼앗아 가지 못합니다.

## 머스크와는 경쟁하지 않겠다는 버핏과 멍거

캐나다에서 온 주주가 찰리 멍거에게 질문을 던졌습니다.

"지난해 멍거 부회장은 자신의 IQ가 150인데 170이라고 믿는 사람보다는, 자신의 IQ가 130인데 120이라고 믿는 사람을 채용하겠다고 밝힌 적이 있습니다. 이 말은 일론 머스크에 대해서 한 말이라고 생각하는데요. 최근 테슬라, 스페이스X, 스타링크 같은 일론 머스크의 성공을 고려해도 아직 머스크가 자신을 과대평가하고 있다고 생각하시나요?"

자신을 과대평가하는 사람보다는, 약간 덜 똑똑해도 차라리 과소평가하는 사람을 선호한다고 멍거는 자주 이야기합니다. 멍거는 "나는 일론 머스크가 자신을 과대평가하고 있다고 생각합니다. 그러나 머스크는 아주 능력이 뛰어납니다"라고 대답합니다. 일론 머스크는 최근 버크셔 주주총회에서 가장 자주 언급되는 인물 중 한 명인데요. 버핏과 멍거도 그를 인정하는 분위기입니다.

아니나 다를까, 버핏도 일론 머스크가 정말 뛰어나다며 IQ가 170이 넘을 것이라고 이야기합니다.

또 멍거는 "일론 머스크가 터무니없이 극단적인 목표를 세워 시도하지 않았다면 지금과 같은 성과를 달성하지 못했을 것"이라며 "그는 불가능할 일을 떠맡아 시도하길 좋아합니다"고 말합니다. 이어 "그러나 워런과 나는 할 수 있는 쉬운 일만 찾아다닙니다"라고 말하자 주총장에서는 웃음소리가 터져 나왔습니다.

버핏 역시 자신과 멍거는 "일론 머스크와 경쟁하지 않을 것"이라고 끼어들자 멍거도 "우리는 그렇게 많은 실패를 원하지 않습니다!"라며 장단을 맞춥니다. 이처럼 버크셔 주주총회는 버핏과 멍거가 맞장구를 치면서 화기애애하게 진행됩니다. 특히 멍거가 한마디씩 툭툭 던지면 웃음소리가 터질 때가 많습니다.

버핏은 머스크가 중요한 일들을 많이 이뤘다며 그에게 광신주의(fanaticism)라는 표현은 적합하지 않다고 말하자 옆에서 멍거가 "광신이 맞아!"라고 응수합니다. 버핏은 광신주의가 아니라 불가능한 문제를 해결하려는 헌신이고, 그 과정이 자신과 멍거에게는 고통스러울 것이라고 말했습니다. 자신은 머스크의 생활 방식을 즐길 수 없겠지만 머스크 역시 버핏의 생활 방식을 좋아하지 않을 것이라며 말을 끝맺습니다.

## 자신의 부고를 미리 쓰고 그에 맞춰 행동하기

2023년 버크셔 주주총회에서는 10대 주주가 여러 명 질문했는데요. 오하이오에서 온 열다섯 살 소년은 이번이 네 번째 참석한 버크셔 주주총회라고 운을 떼며 버핏에게 질문을 던졌습니다.

"저는 당신의 연설, 인터뷰 및 글을 통해 많은 걸 배우고 있습니다. 항상 지혜를 나눠주셔서 감사합니다. 올해 연례 주주 서한에서 실수에 관해서 언급한 게 크게 와닿았습니다. 우리가 투자와 인생에서 어떤 중대한 실수를 피해야 하는지 조언해주시겠어요?"

질문 후에 박수가 터져 나왔고 버핏은 "**자신의 부고 기사를 쓰고서, 그 기사에 부끄럽지 않게 살아가십시오**"라고 대답했습니다.

투자에 관해서는 먼저 재기 불능이 될 정도로 중대한 실수를 저질러서는 안 되며, 만약 투자를 할 돈이 있다면 밤잠을 설칠 정도의 투자를 하지는 말라고 조언했습니다.

또 버핏은 자신이 버는 돈보다 적게 써야 하고, 만약 버는 돈보다 많이 쓴다면 빚을 지게 되어 빚의 늪에서 헤어 나오지 못할 수 있다고 경고했는데요. 다만 주택담보대출(모기지대출)은 져도 되는 빚이라고 덧붙였습니다.

멍거의 대답도 재밌습니다.

"아주 간단합니다. **버는 것보다 적게 쓰고, 해로운 사람들과 해로운 활동을 피하세요.** 그리고 평생 배워야 하며, 만족 지연을 많이 해야 합니다. 이렇게 하면 거의 틀림없이 성공합니다."

다섯 시간 넘는 버핏과 멍거의 질의응답 세션을 듣다 보니 버핏과 멍거가 주주들에게 엄청난 봉사를 하고 있다는 느낌이 들었습니다. 버크셔 주주총회에 한 번이라도 참석한 사람은 투자, 경제뿐 아니라 인생에 대해서 생각하는 수준이 달라질 것 같습니다.

특히 탈달러화를 걱정하는 열세 살 소녀, 투자와 인생에서 피해야 할 큰 실수를 알려달라는 열다섯 살 소년, 이들이 20년 뒤 어떤 모습의 성인으로 성장할지 상상하는 건 어렵지 않았습니다. 우리나라에도 버크셔의 주주총회 같은 주주총회가 있다면 얼마나 좋을까요?

## 투자와 인생에서 피해야 하는 중대한 실수는?

**Q. 우리가 투자와 인생에서 어떤 중대한 실수를 피해야 하나요?**

**버핏** 미국에 사는 사람들은 운이 좋습니다. 세계 어디에도 미국처럼 선택권이 많은 나라는 없습니다. 그러나 먼저 자신의 부고 기사를 쓰고서, 그 기사에 부끄럽지 않게 살아가십시오. 그러면 살아가면서 점점 더 현명해질 것입니다. 재기 불능이 될 정도로 중대한 실수를 저지르지 않도록 주의하십시오. 밤잠을 설칠 정도로 걱정스러운 투자는 절대 하지 마십시오.

지출은 수입보다 적어야 합니다. 지출이 수입보다 많으면 부채가 증가하며, 부채에서 영영 벗어나지 못할 수도 있습니다. 다만 주택담보대출은 예외로 인정하겠습니다. 우리는 신용카드사업으로 대성공을 거두고 있으며, 이 사업을 계속하면서 경쟁에서 앞서나갈 것입니다. 그러나 신용카드 이자로 12~14%를 내는 사람은 투자 수익을 12~14% 이상 올리겠다고 말하는 셈입니다. 그런 능력이 있다면 버크셔 해서웨이로 오십시오.

톰 머피는 처음 만났을 때 내게 두 가지를 말해주었습니다. 먼저 "당신은 언제든 누군가에게 내일 꿰지라고 말할 수 있습니다"라고 말했는데, 당시에는 훌륭한 조언이었습니다. 그러나 지금 PC 앞에 앉아 있는 사람에게도 훌륭한 조언일까요? 30초 만에 내일

퉤지라는 메시지를 보낸 사람은 인생을 영원히 망치게 됩니다. 한번 보낸 메시지는 지울 수 없으니까요.

그리고 "칭찬 대상은 이름을 밝히고, 비판 대상은 이름을 밝히지 마십시오"라고 말했습니다. 더없이 타당한 말입니다. 나를 비판하는 사람을 누가 좋아하겠습니까. 토론할 때도 꼭 상대를 비판해야 내 주장이 입증되는 것은 아닙니다.

친절한 사람은 죽을 때 곁을 지키는 친구들이 있습니다. 그러나 부자 중에는 죽을 때 가족은 물론 친구조차 없는 사람이 많습니다. 나는 50년 동안 톰 머피를 지켜보았지만, 그가 모질게 행동하는 모습을 한 번도 보지 못했고 어리석게 행동하는 모습도 좀처럼 보지 못했습니다. 그가 사람을 차별하지 않는 것은 그럴 이유가 없다고 생각했기 때문입니다. 인생에 중요한 것이 뭐지, 찰리?

**멍거** 아주 간단합니다. 버는 것보다 적게 쓰고, 투자에 빈틈이 없어야 하며, 해로운 사람들과 해로운 활동을 피해야 합니다. 그리고 평생 계속 배워야 하며, 만족 지연을 많이 해야 합니다. 이렇게 하면 거의 틀림없이 성공합니다. 그러나 이렇게 하지 않고서 성공하려면 많은 행운이 필요합니다. 많은 행운이 없어도 이길 수 있는 게임을 하십시오.

**버핏** 한 가지 덧붙이자면, 사람들이 다른 사람을 어떻게 조종하는지는 알아두되, 자신이 다른 사람을 조종하려는 유혹은 억누르십시오.

**멍거** 인생이 주는 중요한 교훈은 속이려 하거나 거짓말하는 해로운 사람들을 즉시 멀리하는 것입니다. 곧바로 멀리해야 합니다. (박수 소리) 곧바로.

**버핏** 그리고 찰리도 전적으로 동의하겠지만, 가능하면 요령껏 그들을 멀리하십시오. 그들을 당신 인생에서 내보내세요.

**멍거** 네. 조금 요령껏 해도 괜찮습니다. (웃음소리) 조금 돈이 들어도 괜찮습니다. 관건은 즉시 그들을 멀리하는 것입니다.

◆ 2013년 버크셔 해서웨이 주주총회 ◆

## 저금리일 때 지금이라도 주거용 주택을 구입하시기 바랍니다

**Q. 주택 가격 거품 현상이 또 나타날까요?**

**버핏** 현재 시장은 주택 가격 거품과 거리가 멉니다. 전에는 거품이 형성될 때 온 나라가 광기에 휩싸였습니다. 의회는 패니메이와 프레디맥에 해서는 안 될 일을 하라고 권장했습니다. 당시 투기꾼들이 돈을 버는 동안, 신중론자들은 바보 취급을 당했습니다. 사람들은 이웃이 돈 버는 모습을 보고 나서 시류에 편승했습니다.

사람들은 거대한 착각에 빠져버렸습니다. 이런 현상은 다시 일어나겠지만 현재 주택시장에서 일어나지는 않을 것입니다. 저금리 환경을 고려해서 지금이라도 주거용 주택을 구입하시기 바랍니다.

**멍거** 지난번 주택 가격에 거품이 형성되었을 때, 시장은 갈수록 과열되었는데도 정부는 시장에 물 대신 기름을 부어 사태를 악화시켰습니다.

**버핏** 사람들은 똑같은 실수를 되풀이합니다. 주택 가격 거품도 금융위기의 한 원인이었지만, 실제 원인은 사람들이 동시에 겁에 질려 MMF마저 환매하려고 몰려들었던 것입니다. 사람들은 대개 집단적으로 탐욕에 휩쓸렸다가 한 사람씩 천천히 정신을 차리게 됩니다. 찰리와 나는 군중에 휩쓸리지 않습니다. 우리는 주가 폭락을 매수 기회로 삼지만, 차입금까지 동원해서 매수하지는 않습니다. 주택시장이 붕괴한 원인은 차입금을 동원한 주택 구입이었습니다.

## 상속은 바람직하지 않고 재산의 99%를 기부한다

버핏은 버크셔의 지분 15%를 보유 중이며 금액으로는 1,200억 달러(158조 원)에 달합니다.

버핏은 자신이 세상에 없을 때 이 돈이 어떻게 쓰이길 원하는지 살펴보겠습니다.

버핏이 처음 기부에 대한 태도를 밝힌 건 2006년입니다. 그해 버핏은 재산의 85%를 기부하겠다고 약속했고, 2010년 빌 게이츠 마이크로소프트 창업자와 자발적 기부 운동인 '더 기빙 플레지(The Giving Pledge, 기부 서약)'를 시작하면서 99%를 기부하겠다고 서약했습니다.

2023년까지 버핏은 약 515억 달러를 기부했고 빌 & 멜린다 게이츠재단이 그중 393억 달러를 받았습니다. 또 버핏의 첫 번째 부인 이름을 딴 '수전 톰슨 버핏재단'에 약 42억 달러, 버핏의 세 자녀인 수전, 하워드, 피터 버핏이 운영하는 재단에도 각각 24억 달러 이상이 주어졌습니다. 2023년 11월 추수감사절을 앞두고 기부한 8억 6,600만 달러도 가족 재단 4곳에 돌아갔습니다.

이쯤 되면 버핏이 상속·증여세를 내지 않기 위해서 가족 재단을 만들어서 기부하는 건 아닌가 의혹의 시선을 던지는 사람들이 있을 것 같습니다. 버핏은 자신이 사망하면 재산의 99% 이상을 받게 될 자선신탁의 신탁관리자와 유산 집행인으로 세 자녀를 지명했습니다. 유언 신탁을 집행하기 위해서는 세 사람이 만장일치로 행동해야 한다는 단서도 달았습니다.

하지만 '오마하의 현인'으로 불리는 버핏은 주식 투자 실력도 그렇지만, 부에 대한 가치관도 보통 사람들과는 많이 다릅니다.

## 90%가 아닌 99%를 기부하겠다는 이유

2010년 버핏은 빌 게이츠와 함께 기빙 플레지 운동을 시작할 때 재산의 99%를 기부하겠다고 약속했습니다. 그는 이 기부 서약으로 인해 자신의 라이프 스타일뿐 아니라 세 자녀의 라이프 스타일도 전혀 바뀌지 않을 것이라고 말합니다. 자녀들은 이미 생활에 충분한 돈을 받았고 앞으로도 더 많이 받을 것이며 자신 역시 '원하는 것'은 모두 누릴 수 있는 환경에서 살 것이라고 부연했습니다.

버핏은 소유에 대해 우리 예상과는 약간 다른 말을 했습니다.

"어떤 물질적인 것들은 삶을 더 즐겁게 만들어주지만, 그렇지 않은 것도 많습니다. 나는 값비싼 개인 전용기를 가지는 것은 좋아하지만, 집을 여섯 채나 소유하는 것은 부담이 될 수 있습니다. 방대한 소유물들이 오히려 주인을 소유하게 되는 경우가 너무 많습니다. 건강을 제외하고 내가 가장 소중히 여기는 자산은 흥미롭고 다양하며 오랜 시간을 함께한 친구들입니다."

버핏은 미국 중서부 네브래스카주 오마하에 사니 가끔 뉴욕이나 멍거가 사는 로스앤젤레스로 이동하려면 전용기가 필요하죠. 그러나 궁궐 같은 저택에는 별로 관심이 없다고 합니다.

또 버핏은 전쟁에서 전우를 구한 군인에게는 훈장이, 훌륭한 교사에게는 학부모의 감사편지가 보상으로 주어지는 반면, 주식의 미스프라이싱(mispricing, 잘못된 가격 책정)을 감지할 수 있는 사람에게는 수십억 달러가 주어지는 사회에서 일해왔다는 재미있는 말도 합니다. 이런 특별한 행운에 대해 자신과 가족은 죄책감을 느끼기보다는 감사하게 받아들인다고도 덧붙였습니다.

왜 버핏은 80%, 90%가 아닌 '99%'를 기부하겠다고 했을까요? 기부 서약을 보면 버핏은 재산의 1% 이상을 자신과 가족을 위해 사용하더라도 자신과 가족이 더 행복해지지 않을 것이지만, 반대로 나머지 99%는 다른 사람들의 건강과 복지에 막대한 영향을 미칠 수 있다고 밝혔습니다.

1,200억 달러의 1%면 12억 달러(1조 5,800억 원)입니다. 미국은 주마다 상속 비율이 다르지만, 버핏의 두 번째 부인 아스트리드 멩크스(Astrid Menks)와 세 자녀가 나눠 가지면 평생 생활을 걱정할 필요가 없는 금액입니다.

## 유산은 10년 동안 모두 나눠줄 것… 세 자녀의 반응은?

만약 버핏이 사망한다면 버핏이 보유한 버크셔 지분 15%는 매년 일정 부분 현금화해서 '수전 톰슨 버핏재단'과 세 자녀의 재단으로 가게 됩니다.

버핏은 자선신탁을 최소한의 인력으로 운영하고 약 10년 후에는 자체 청산하라고 당부했습니다. 즉 **재단이 영원히 운영되기를 원한 게 아니라, 영향력을 최대화하기 위해서 버핏의 사후 10년간 모든 돈을 나눠주도록 설계한 것**입니다.

유언장을 두고 버핏과 세 자녀 간에 불협화음은 없었을까요? 버핏은 2023년 11월 21일 추수감사절을 앞두고 버크셔 홈페이지에 공개한 편지에서 8억 6,600만 달러(1조 1,300억 원)를 기부하겠다고 밝혔습니다. 매년 2월 말 발표하는 연례 주주 서한 말고도 가끔 버핏은 주주들에게 알릴 내용을 간단한 편지로 올리는데요. 이 편지는 A4 두 장에 달하는 제법 긴 내용을 담고 있습니다. 버핏은 재산 상속에 대해 이렇게 썼습니다.

"비록 미국을 비롯한 전 세계 대부분에서 '상속 재산(dynastic wealth)'이 합법적이고 보편적이긴 하지만, 제 자녀는 저와 마찬가지로 상속 재산이 바람직하지 않다는 믿음을 가지고 있습니다. 게다가 우리는 부자가 된다고 해서 현명해지거나 악해지지 않는다는 것을 관찰할 기회도 많았습니다."

버핏도 버핏이지만 버핏의 세 자녀인 수전, 하워드, 피터도 대단합니다. 이들은 2006년 〈뉴욕타임스〉와의 인터뷰에서, 자신이 어릴 때(1960~1970년대) "아버지는 아직 유명해지기 전이었고, 우리는 미국 2위 부호의 자식으로 자라지 않았다"며 "평범한 환경에서 성장했다"고 말한 적이 있습니다.

2023년 11월 편지에는 조금 찡한 내용도 있습니다. "93세임에도 여전히 상태가 좋지만 '연장전'을 뛰고 있다는 사실을 완전히 실감하고 있다"는 구절입니다.

2023년 11월 28일 찰리 멍거 버크셔 해서웨이 부회장이 만 100세를 한 달여 앞두고 99세의 나이로 우리 곁을 떠났습니다. 버핏이 뛰고 있는 연장전이 최대한 오래 지속되기를 바랍니다.

## 행운아의 사회 환원 의무

**Q. 사이프러스 가든스**(Cypress Gardens, 플로리다 소재 식물원)**를 지키기 위한 자선행사에 당신 조카 지미 버핏**(Jimmy Buffett)**이 참석하면 좋겠는데, 말씀 좀 해주시겠습니까?**

**버핏** 자선행사 참여를 권유하면 그들의 입장이 난처해지므로 그런 권유는 하지 않습니다. 친구들이 자선행사에 참여하더라도 내가 권유해서인지 아니면 자신이 원해서인지도 나는 전혀 알지 못합니다.

**멍거** 우리는 행운아들에게는 사회 환원 의무가 있다고 생각합니다. 나처럼 살아 있는 동안 많이 기부하느냐, 워런처럼 죽을 때 많이 기부하느냐는 개인의 취향입니다. 온종일 돈을 요구하는 사람들은 질색입니다. 워런도 마찬가지입니다.

**버핏** 내가 쌍둥이 형제와 함께 엄마 배 속에 있다고 가정합시다. 이때 지니가 나타나서 말합니다. "너희 둘은 24시간 후 태어나는데 하나는 오마하에, 하나는 방글라데시에 태어날 것이다. 어느 곳에 태어날지는 너희 둘이 경매로 선택해라. 죽을 때 재산을 사회에 환원하는 비율이 높은 사람이 오마하에 태어나게 된다." 나는 100%에 낙찰될 것이라고 생각합니다. 내가 "나는 자본 배분을 잘합니다"라고 말하면서 방글라데시에서 돌아다니는 모습을 상상해보십시오. 나는 오래 버티지 못할 것입니다.
우리는 50 대 1로 불리한 확률을 극복하고 미국에서 태어났습니다. 따라서 우리는 행운아이며, 내 재산은 사회에 환원되어야 합니다. 단지 운이 좋아서 내 자녀들이 100년 후에도 부유하게 살아서는 안 됩니다.

• 2015년 버크셔 해서웨이 주주총회 •

## 묘지에는 미국의 400대 부자 명단이 없습니다

**Q. 전에 상속에 대해 언급하실 때, 자녀들이 무슨 일이든 할 수 있지만 놀고먹지는 못할 만큼만 재산을 물려주겠다고 하셨지요?**

**버핏** 내 재산의 99% 이상을 자선단체에 기부하겠다고 약속했습니다. 그동안 상속세 면세 한도가 인상되었습니다. 상속 계획은 개인적인 일입니다. 내가 소기업 하나만 소유하고 있다면 생각이 지금과 다를 것입니다. 재산을 어떻게 할 것인지 궁리해보면 선택 대안이 많지 않습니다. 찰리가 말했듯이 묘지에는 '미국 400대 부자(포브스 400)' 명단이 없습니다. 나는 세상에 더 필요한 것이 없으므로, 안전금고에 넣어둔 주식 증서가 아무 소용이 없습니다.

그러나 세상 사람들에게는 이 주식 증서가 엄청나게 유용할 것입니다. 주식 증서를 지금 잘 사용할 수 있는데도 안전금고에 계속 넣어두어야 할까요? 누구나 이 문제에 대해 생각해보아야 합니다. 내 돈을 어떻게 써야 가장 유용한지 자신에게 물어보아야 합니다. 내 돈은 수많은 사람에게 대단히 유용하게 사용될 수 있습니다. 찰리와 나는 아주 소박한 생활을 좋아합니다.

5장

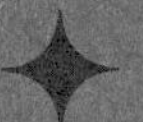

# 버핏에 관한 오해와 진실, '한국의 버핏' 인터뷰

## 버핏에 관한 일곱 가지 오해와 진실

워런 버핏을 모르는 사람은 없지만 정말 버핏이 어떤 사람인지, 어떻게 투자하는지에 대해서는 자세히 모르거나 심지어 오해하는 사람도 많습니다.

버핏은 집중투자를 강조하고, 코카콜라와 질레트 등 소비재산업을 좋아하며, 거의 영구 보유하는 것으로 알려져왔습니다. 또한 레버리지 이용을 싫어하고, 파생상품을 혐오하며, DCF를 사용하지 않고, 능력 범위 안에만 머문다고 여겨집니다.

맞는 부분도 있지만 우리가 오해하고 있는 면도 많은데요. 《전략적 가치투자》를 쓴 고(故) 신진오 북클럽 '밸류리더스' 회장이 2017년 '버핏에 관한 오해와 진실'이라는 강연에서 이 내용을 자세히 설명한 적이 있습니다. 6년이 지난 지금 버핏에게 변화가 있었는지 다시 한번 살펴보겠습니다.

## 버핏은 집중적으로 투자한다

얼핏 보면 버핏은 집중투자를 하고 있는 것처럼 보입니다. 개인 자산의 99%도 버크셔 해서웨이 주식으로 가지고 있습니다. 집중투자 같지만 버크셔 자체가 지주회사로서 가이코 등 보험 부문, BNSF(철도), BHE(에너지)를 자회사로 가지고 있으며 애플 주식을 1,600억 달러어치 가까이 보유한 것을 고려하면 미국 경제에 골고루 분산투자 중이라고 볼 수 있습니다.

2023년 버크셔 해서웨이 주총에서는 한 주주가 애플이 버크셔 주식 포트폴리오에서 차지하는 비중이 35%로 위험 수준에 근접했다며 버핏의 견해를 물었습니다. 버핏은 버크셔의 포트폴리오에는 철도회사, 에너지회사, 씨즈캔디 등 온갖 회사가 포함돼 있기 때문에 애플 비중은 35%가 아니라고 답했습니다. 참고로 2023년 1분기 말 버크셔 주식 포트폴리오에서 애플 비중은 46.4%로 질문자가 말한 35%보다 높았습니다.

버핏의 말은 버크셔 주식 포트폴리오가 아닌, 자회사를 포함한 전체 버크셔 사업 부문을 놓고 보면 애플 비중이 더 낮다는 의미입니다. 2023년 9월 말 기준 버크셔 시총이 약 7,850억 달러인데 애플 지분가치가 1,570억 달러니까 버크셔의 애플 비중은 20% 정도로 보면 되겠습니다.

버핏이 싫어한 건 분산을 위한 분산투자입니다. 단순히 위험을 줄이기 위해 분산하지는 않았습니다. 아니, 집중과 분산에는 주의를 기울이지 않았고, 좋은 주식이 보이면 사고 아니면 팔았을 뿐입니다. 집중투자처럼 보이지만 나름 분산투자 중인 버핏의 진실이었습니다.

## 버핏은 영원히 보유한다

버핏은 장기 보유하는 것으로 유명합니다. **"10년 이상 보유할 생각이 없으면 단 10분도 보유하지 말라"** **"우리가 선호하는 보유 기간은 영원이다"**라고 말했습니다.

버핏의 평균 보유 기간은 27.3개 분기로 거의 7년입니다. 2023년 기준으로 버핏의 대표 투자 종목인 코카콜라(1988년부터)는 투자 기간이 35년, 아메리칸익스프레스(1993년부터)는 투자 기간이 30년, 무디스(2000년부터)는 투자 기간이 23년에 달합니다.

그러나 버핏이 모든 주식을 장기 보유하는 것은 아닙니다. 2022년 3분기에 글로벌 1위인 대만 파운드리(반도체 위탁 생산)회사 TSMC의 주식을 41억 달러어치 매입했지만 반년도 채 되지 않아서 모두 팔아치웠습니다. 버핏은 대만의 지정학적 위치 때문에 주식을 팔았다고 말했고, 대만보다는 일본에 투자할 때 마음이 더 편하다는 말로 설명했습니다.

버핏의 목표는 지속적으로 성장하기 때문에 매도할 필요가 없는 주식을 사서 영구 보유하는 것입니다. TSMC의 경우를 보면 지정학적 리스크도 없는 게 낫고요.

◆ 1991년 버크셔 해서웨이 주주총회 ◆

### 영구 보유 종목의 세 가지 특성

**Q. 영구 보유 종목의 기준은 무엇인가요?**

**버핏** 캐피털시티/ABC(Capital Cities/ABC), 코카콜라, 가이코, 워싱턴포스트는 영구 보유 4대 종목으로서 세 가지 특성을 열거하면 다음과 같습니다.

① 장기 경제성이 좋고 ② 경영진이 유능하고 정직하며 ③ 우리가 좋아하는 사업을 하고 있습니다.

우리가 오직 경제성만 추구하는 것은 아닙니다. 좋은 사람들과 어울릴 수 없다면, 부자가 된들 무슨 소용이겠습니까. 오래 지속되는 훌륭한 대기업은 그다지 많지 않습니다. 내가 15년 전에 기대했던 것보다도 소수입니다.

## 버핏은 소비재산업을 좋아한다

버핏은 소비재산업을 좋아하는 것으로 알려져 있습니다. 이 말은 맞기도 하고 틀리기도 한데요. 버핏이 1972년 고급 초콜릿회사 씨즈캔디를 인수하고 코카콜라와 질레트 등 소비재회사에 계속 투자해온 건 맞습니다. 하지만 뱅크오브아메리카(Bank of America), 웰스파고, 아메리칸익스프레스 등 금융업에도 끊임없이 투자해왔습니다. 2001년 1분기의 버크셔 주식 포트폴리오에서 금융업은 43.1%를 차지해서, 소비재(47%)에 육박할 정도로 컸습니다.

최근에는 소비재업종 비중이 낮아졌는데요. 2023년 3분기 버크셔 주식 포트폴리오는 금융업 비중이 21.8%로 소비재 비중(11.4%)보다 높습니다. 버핏이 옥시덴탈페트롤리움, 셰브론 투자를 늘리면서 에너지업종 비중도 10.6%를 기록했습니다.

IT업종 비중은 무려 51.5%를 기록했는데요. 애플 주가가 계속 상승하면서 애플 비중이 높아졌기 때문입니다. 그런데 버핏은 애플을 소비재기업으로 보고 투자했습니다. 그럼 버크셔 주식 포트폴리오에서 애플을 소비재로 봐야 할까요, 아니면 IT로 봐야 할까요? 그래서 앞서 말한 것처럼 버핏이 소비재를 좋아한다는 말은 틀렸다고 볼 수는 없습니다.

정리하면 버핏에게 중요한 건 아이폰을 만드는지 코카콜라를 만드는지가 아니라 경제적 해자를 보유했는지입니다.

2023년 3분기 버크셔 주식 포트폴리오의 산업별 비중

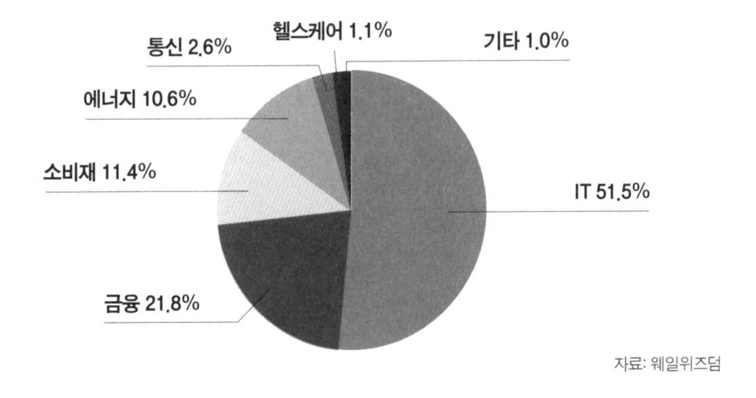


자료: 웨일위즈덤

◆ 2021년 버크셔 해서웨이 주주총회 ◆

## 저금리가 기술주의 가치에 미치는 영향

**Q. 요즘 대형 기술주들이 불과 1년 만에 50%, 100%, 200%나 급등하는 현상을 어떻게 보시나요? 2016년 당신은 사업과 경영진이 우수하다고 판단하여 애플을 매수했는데, 이런 고성장주의 가치를 어떻게 평가하시나요?**

**버핏** 우리는 대형 기술주들의 급등이 광기라고 생각하지 않습니다. 나는 세계 전역에 고객을 보유한 애플의 미래를 어느 정도 이해한다고 생각합니다. 그러나 애플의 주가를 이해하려면 투자의 기본인 금리를 돌아보아야 합니다. 중력이 세상 만물에 영향을 미치듯이, 금리는 모든 자산의 가격에 영향을 미칩니다.

나는 어제 나온 〈월스트리트저널(The Wall Street Journal)〉에서 기사 한 조각을 오려서 가져왔습니다. 이 기사는 양도 적고 눈에 띄지도 않아서, 읽은 사람이 아마 나 하나뿐일 것입니다. 어제 〈월스트리트저널〉 마지막 페이지의 바닥 구석에 실린 기사로서 4주 만기 국채의 경매 결과입니다. 재무부의 4주 만기 국채 경매에 낙찰된 매수 신청이 430억 달러였는데, 평균 가격이 100.000000으로서 소수점 아래의 0이 6개였습니다. 재무부는 매수 신청 약 1,300억 달러를 받아 단기국채 430억 달러를 제로 금리로 발행한 것입니다. 재무부 장관 재닛 옐런(Janet Yellen)은 국가 채무 유지비용이 감소했다고 두 번 말했습니다. 작년 4분기에는 국가 채무가 1년 전보다 수조 달러 증가했는데도 이자 비용이 8% 감소했습니다. 모든 자산의 가치평가 척도가 되는 이른바 무위험 단기국채의 금리가 이렇게 믿기 어려울 정도로 하락했습니다.

중력을 약 80% 줄일 수 있다면 나는 도쿄 올림픽 높이뛰기에 출전할 수 있습니다. 마찬가지로 지금은 금리가 10%일 때보다 자산 가격이 훨씬 높습니다. 지금 무위험 단기 금리가 0이기 때문에 모든 자산의 가격이 믿기 어려울 정도로 상승한 것입니다. 매우 흥미로운 일이지요. 나는 가장 권위 있는 폴 새뮤얼슨(Paul Samuelson)의 경제학 저서를 25년 전에 샀습니다. 그는 미국 최초로 노벨상을 받은 인물이며, 그의 경제학 교과서는 모든 학교에서 교재로 사용되고 있습니다. 놀랍게도 미국에서 두 번째로 노벨상을 받은 케네스 조지프 애로(Kenneth Joseph Arrow)와 그는 둘

다 래리 서머스(Larry Summers, 재무장관을 역임한 경제학자)의 삼촌입니다.

폴은 매우 훌륭한 최고의 저자였습니다. 내가 산 책은 1973년에 나온 경제학 책입니다. 초창기에 경제학은 존중받는 흥미로운 과학이었습니다. 애덤 스미스는 미국이 독립한 1776년 무렵에 수집한 데이터로 《국부론(An Inquiry into the Nature and Causes of the Wealth of Nations)》을 출간했습니다. 이후 유명한 경제학자들이 등장했고, 폴은 당시에 가장 유명한 경제학자가 되었습니다. 나는 이 책에서 마이너스 금리를 찾아보았지만 발견할 수 없었습니다. 이제 나는 마침내 제로 금리를 발견했습니다. 지난 200년의 경제를 연구한 폴은 말했습니다. "마이너스 금리는 상상할 수는 있어도 실제로 존재할 수는 없다." 폴이 말한 시점은 1970년대이므로 중세 암흑기가 아니었습니다. 이 말에 대해 비판한 경제학자는 한 사람도 없었습니다.

그런데 작년에 실제로 제로 금리가 등장했습니다. 버크셔가 보유한 단기국채는 1,000억 달러가 넘지만 일단 1,000억 달러라고 가정해봅시다. 코로나 유행 이전에는 우리가 받는 이자가 연 15억 달러 수준이었습니다. 지금은 금리가 0.02%이므로 이자 수입이 연 2,000만 달러입니다. 여러분이 받는 임금이 시간당 15달러에서 0.2달러로 바뀌었다고 상상해보십시오. 이는 상전벽해입니다. 그런데 이는 계획했던 대로 나타난 결과물입니다. 연준이 의도적으로 실행한 정책의 결과라는 뜻입니다. 연준은 대규모

경기 부양을 원했습니다. 2012년 유럽에서 마리오 드라기(Mario Draghi, 당시 유럽중앙은행 총재)가 마이너스 금리까지 감수하면서 "어떻게 해서라도" 경기를 부양하겠다고 표명한 것처럼 말이지요. 그러나 연준은 마이너스 금리는 원치 않는다고 말했습니다. 재무부가 어떤 기준을 정한 듯합니다. 하지만 현재 금리가 적정 수준이어서 향후 10년 동안 이 금리가 유지된다면, 질문자가 언급한 기업들의 주가는 헐값입니다. 이들 기업은 자금을 현재 금리로 조달할 수 있으며, 이들 기업의 미래 수익을 현재 금리로 할인하여 가치를 평가하면 주가가 매우 싸다는 뜻입니다. 문제는 장기적으로 금리가 어떻게 되느냐입니다. 향후 30년까지의 금리는 수익률 곡선(yield curve)에 반영되어 있다고 보는 견해도 있습니다. 지금은 대단히 흥미로운 시점입니다. 금융정책에 의해 금리가 거의 제로인 상태에서 지금처럼 재정정책에 의해서도 막대한 자금이 유입되어 사람들이 열광하는 모습은 전혀 유례가 없습니다. 그러나 경제학에서 말하는 "그러면 어떻게 되지?"를 우리는 항상 기억해야 합니다. 미국에 막대한 돈이 풀리고 있습니다. 지난 수요일 대통령은 미국 국민의 85%에게 1,400달러씩 지급한다고 말했습니다. 2년 전만 해도 국민의 40%는 보유 현금이 400달러에도 못 미치는 형편이었습니다. 이제는 국민의 85%가 그 이상을 보유하게 되는데도 아직 역효과가 나타나지 않고 있습니다. 그 돈을 받으면 사람들은 기분이 좋겠지만, 대부업자들은 기분이 나쁠 것이며, 기업은 번창하고 주가는 상승할 것입니다. 유권자들은 행복할 것이며, 다른 분야도 영향을 받을지 알게 될 것입니다. 다른 분야가 영향을 받지 않는다면 이런 정책이 대대적으로 계속 실행될 것입니다. 그러나 경제학에 의하면 모든 일에는 그 결과가 따릅니다. 구글과 애플은 자본이익률 면에서 놀라운 기업입니다. 이들은 많은 자본을 쓰지 않으면서 막대한 돈을 벌어들이고 있습니다. 우리는 국채를 1,000억 달러 이상 보유하고 있지만 이자 소득이 연 3,000~4,000만 달러에 불과합니다. 이는 금융 당국이 의도했던 상황입니다. 미국 금융 당국은 경기를 부양하고 있고 유럽은 더 극단적으로 경기를 부양하는 중입니다. 미국은 재정정책까지 동원하고 있으며, 사람들은 이제 매우 만족한 상태에서 숫자에 무감각한 상태로 바뀔 것입니다. 수조 달러는 누구에게도 의미가 없지만, 1,400달러는 사람들에게 큰 의미가 있습니다. 과연 어떤 결과가 나올지 보게 될 것입니다. 이는 경제 측면에서 지금까지 우리가 본 영화 중 단연 가장 흥미진진한 영화라고 생각합니다. 그렇지 않은가, 찰리?

**멍거** 경제 전문가들에게는 당연히 흥미진진하지요. 경제 전문가들은 현재 상황에 매우 놀라고 있습니다. 윈스턴 처칠(Winston Churchill)이 클레멘트 애틀리(Clement Attlee)에 관해서 한 말이 떠오릅니다. "그는 매우 겸손한 사람이었는데, 겸손해야 할 이유가 많았다." 이는 경제 전문가들에게도 그대로 적용되는 말입니다. 경제 전문가들은 만사에 자신이 넘치지만, 세상은 그들의 생각보다 복잡하답니다.

## 버핏은 레버리지를 싫어한다

사실 버핏은 남의 돈을 빌려 쓰는 데 탁월한 능력을 발휘했습니다. 매년 주주 서한 앞부분에서 버핏은 플로트(float)가 얼마나 늘어났는지 밝히는데요. 2022년에는 170억 달러 증가한 1,640억 달러를 기록했습니다.

이 플로트가 바로 버핏이 빌려 쓰는 돈입니다. 버크셔의 플로트 대부분은 자동차보험사 가이코, 세계적 재보험사 제너럴리 등 보험 자회사를 통한 보험료입니다. 즉 보험 가입자가 보험료를 내는 시점과 보험금을 청구하는 시점 사이에 보험사가 보유하는 돈을 장기 투자 종잣돈으로 활용해 높은 수익을 올리고 있는 것입니다.

1960년대 버핏이 투자했던 블루칩스탬프는 버핏이 일찍부터 남의 돈을 빌려 쓰는 데 관심을 쏟았음을 나타냅니다. 블루칩스탬프는 슈퍼마켓 등 소매점이 소비자에게 제공하는 쿠폰을 발행하는 회사였습니다. 소비자는 쿠폰을 모아서 나중에 사은품으로 교환할 수 있었고요.

쿠폰을 발행하고 받은 현금을 소비자에게 사은품으로 돌려줄 때까지 가지고 운용할 수 있었기 때문에 버핏은 블루칩스탬프에 투자했습니다. 이때도 플로트에 주목한 거지요. 이처럼 버핏은 공짜처럼 쓸 수 있는 돈을 찾아다녔습니다. 단지 무분별한 레버리지를 싫어할 뿐입니다.

## 버핏은 파생상품을 싫어한다

버핏이 자주 파생상품을 비판하는 건 맞습니다. 2008년 주주 서한에서도 파생상품 때문에 미국 금융 시스템의 레버리지와 위험이 극적으로 높아졌다고 비판했습니다. 일찍부터 버핏은 파생상품을 '금융의 대량 살상 무기'라고 비난해왔습니다.

그런데 버핏이 비난한 건 금융공학의 결과로 탄생한 무분별한 파생상품입니다. 버핏은 1998년 재보험사 제너럴리를 인수하고 나서 2만 건이 넘는 파생상품 계약을 오랜 세월에 걸쳐 정리하면서 치를 떨었습니다.

이런 버핏이 파생상품 계약을 한 적이 있습니다. 2000년대 중반에 S&P500지수의 풋옵션을 매도한 것입니다. 계약 기간이 15~20년에 달할 정도로 긴 초장기 파생 계약이었습니다. 버핏이 S&P500지수의 풋옵션을 매도한 것은 미국 증시가 장기적으로 하락하지 않는다는 데 베팅한 것입니다. 버핏다운 베팅이지요.

버크셔의 가이코, 제너럴리 등 보험 자회사가 파는 보험도 파생상품의 일종이라고 볼 수 있습니다. 버크셔는 재난 보험이나 테러 보험도 팔고 있는데요. 이익의 원천은 대중의 오해입니다. 사람들이 과도한 공포심으로 인해 높은 돈을 지불하고 보험을 사려고 할 때, 버핏은 발생 확률과 손실 리스크를 고려한 후 보험을 판매합니다.

## 버핏은 DCF를 사용하지 않는다

DCF는 기업의 내재가치를 평가하기 위해 미래현금흐름을 적당한 할인율로 할인하는 방법입니다. 성장률은 미래현금흐름 예측 등 DCF에서 가장 중요한 요소이고요.

버핏이 DCF를 사용하지 않는다고 여기는 사람이 많지만 버핏은 DCF를 사용합니다. 2023년 3월 《워런 버핏: 투자자와 기업가》를 출판한 토드 핀클 미국 곤자가대학 교수는 버핏에게 기업 가치평가 방법을 묻자 버핏이 'DCF'라고 대답했다고 밝혔습니다.

대신 버핏은 미래현금흐름을 자의적으로 예측하지 않습니다. 대신 예측할 필요가 없을 정도로 확실한 사업에만 투자하는데요. 미래현금흐름, 성장률, 할인율을 예측하지 않고 과거 추세를 사용하기 때문에 틀리는 일이 적습니다.

## 버핏은 능력범위에 안주한다

버핏이 '능력범위'를 강조하는 건 유명합니다. 그럼 우리가 편안함을 느끼는 '컴포트 존(comfort zone)'을 벗어나려 하지 않는 것처럼, 버핏도 능력범위를 벗어나려고 하지 않을까요?

아닙니다. 버핏은 끊임없이 책을 읽고 많은 사람을 만나면서 능력범위를 계속 넓혀왔습니다. 그리고 그 과정에서 시행착오도 많이 겪었습니다.

버크셔 주주총회에서 자주 언급되는 종목 중 하나가 아마존과 구글입니다. 버핏은 일찍부터 아마존을 지켜봤지만 아마존에 투자하지 못한 점을 아쉬워했습니다. 특히 제프 베이조스가 소매와 클라우드 서비스 두 분야에서 성공을 거둔 점에 찬탄을 아끼지 않았습니다. 구글도 비슷한 경우입니다.

버핏의 능력범위 확장을 엿볼 수 있는 좋은 사례는 IBM과 애플 투자입니다. IT기업에 투자하지 않았던 버핏은 2011년 IBM 주식을 107억 달러어치 매수합니다. 하지만 기대와 달리 IBM은 실적이 하락했고 2018년 버핏은 거의 본전에 IBM을 모두 처분합니다. IT업종으로 능력범위를 확대하려는 1차 시도는 실패로 끝났습니다.

하지만 버핏은 2016년 1분기에 애플 주식을 사들이기 시작합니다. IT업종으로 능력범위를 확대하려는 2차 시도입니다. 2017년 버크셔 주총에서 한 주주가 기술주 전문가가 아니라면서 왜 기술주에 투자하는지 묻자, 버핏은 경제 특성 면에서 애플을 소비재회사로 간주하며 IBM과 애플 두 종목에서 모두 실패할 것으로는 생각하지 않는다고 대답합니다.

이때 옆에 있던 찰리 멍거는 **버핏이 애플을 매수한 것은 매우 좋은 신호라면서 "버핏이 미쳤거나 지금도 배우고 있다는 신호**"이며 자신은 배우고 있다는 신호로 해석하고 싶다고 말합니다.

멍거의 예측은 옳았습니다. 버핏이 애플에 투자한 310억 달러는 약

1,600억 달러로 불어나며 버크셔 최대의 성공 투자가 되었습니다.

**버핏에 관한 7가지 오해**

1. 버핏은 집중적으로 투자한다.
2. 버핏은 영원히 보유한다.
3. 버핏은 소비재산업을 좋아한다.
4. 버핏은 레버리지를 싫어한다.
5. 버핏은 파생상품을 싫어한다.
6. 버핏은 DCF를 사용하지 않는다.
7. 버핏은 능력범위에 안주한다.

◆ 2017년 버크셔 해서웨이 주주총회 ◆

## 미쳤거나 지금도 배우고 있거나

**Q.** **당신은 아는 기업에 투자하라고 항상 조언했습니다. 또한 기술주 전문가가 아니라고 하면서도, 요즘은 기술주에 투자하면서 기술주에 관한 이야기를 더 많이 하고 있습니다. 지난 4년 동안 트위터에 올린 글은 9건뿐입니다.**

**버핏** 내가 수도원에 가서 근신할 때가 되었나 보군요. 그동안 기술주에 관해서 그렇게 많이 언급한 것 같지는 않습니다. 나는 IBM에 거액을 투자했는데, 성과가 그다지 좋지 않았습니다. 손실을 보지는 않았지만 그동안 강세장이었으므로 상대적으로 많이 뒤처졌습니다. 최근에는 애플에 거액을 투자했습니다. 나는 경제 특성 면에서 애플을 소비재회사로 간주합니다. 물론 제품의 기능이나 기업들 사이의 경쟁 면에서 보면 기술 요소가 매우 중요합니다. 나중에 밝혀지겠지만 나는 IBM과 애플 두 종목에서 모두 실패할 것으로는 생각하지 않습니다. 한 종목에서는 성공하겠지요.

나는 기술 분야에 관심 있는 15세 소년처럼 지식 수준을 과시할 생각이 전혀 없습니다. 대신 소비자 행동에 대해서는 내게도 어느 정도 통찰이 있을지 모르지요. 나는 소비자 행동에 관해서 입수한 정보를 바탕으로 장래에 어떤 소비자 행동이 나타날지 추론합니다. 물론 투자에서는 다소 실수를 저지를 것입니다. 나는 기술 이외의 분야에서도 실수를 저질렀습니다. 하지만 어떤 분야에서 전문가가 되더라도 타율이 10할에 도달할 수는 없습니다. 나는 보험 분야를 꽤 잘 알지만 그동안 보험주에 투자해서 한두 번 손실을 보았습니다. 게다가 나는 태어난 이후 기술 분야에서는 진정한 지식을 얻지 못했습니다.

**멍거** 버핏이 애플을 매수한 것은 매우 좋은 신호라고 봅니다. 둘 중 하나를 가리키는 신호인데, 그가 미쳤거나 지금도 배우고 있다는 신호이지요. 나는 그가 배우고 있다는 신호로 해석하고 싶습니다.

**버핏** 나도 그 해석이 마음에 듭니다.

## 천재인데 열심히 하기까지 : '한국의 버핏'을 있게 한 가르침

우리나라에도 워런 버핏을 좋아하는 분이 많습니다. 그중 가장 유명한 분은 최준철 VIP자산운용 공동대표라고 해도 과언이 아닙니다. 최준철 대표는 1996년 서울대학교 경영학과 입학과 동시에 주식 투자를 시작했고, 재학 시절 '뉴아이'라는 가치투자 사이트에서 같은 학교 김민국 공동대표를 만나 지금까지 가치투자를 전파하는 일을 하고 있습니다.

최 대표를 한마디로 설명하면 한국에서 26년 이상 가치투자를 실천 중인, 워런 버핏의 '광팬'입니다. 제가 버핏을 공부하는 과정에서도 최 대표의 발자국을 밟은 적이 여러 번입니다. 2009년 출간 후 지금은 절판된 로저 로웬스타인(Roger Lowenstein)의 《버핏(Buffett)》을 읽을 때도 최 대표가 감수한 것을 알게 되었습니다.

시간을 절약하는 가장 좋은 방법은 한 우물을 10년 이상 파온 전문가의 말을 듣는 것입니다. 버핏을 알고 싶어 하는 버핏 워너비를 위해, '리틀 버핏'으로 불리는 최 대표를 찾아갔습니다.

학교를 거의 안 가서 도서관에서 공부해본 적이 없지만, 남들이 고시 공부할 때 옆에서 로웬스타인의 《버핏》 원서를 읽었다는 최 대표에게 버핏 이야기를 들어보겠습니다.

## 학습기계 버핏: 천재인데 열심히 하기까지

1990년대 말부터 투자를 해온 최준철 대표는 자신의 삶이 버핏을 흉내 내는 삶이라고 말할 정도로 버핏을 추종합니다. 특히 투자 초기에는 가치투자를 알리고 싶었지만 자신이 증거가 될 수는 없었기에, 가치투자가 가능하다는 증거로 버핏을 알리려고 노력했다고 말했습니다.

최 대표가 **버핏에 대해 가장 먼저 떠올린 말은 '학습기계'**입니다. "버핏은 끊임없이 학습하고 실수까지 복기해서 앞으로 나아가는 스타일이고, 비즈니스의 핵심이 되는 경쟁력을 평생 학습하고 발전해나가는 그의 생을 보면서 나도 계속 학습해야 한다는 영감을 받았다"고 말했습니다.

또 "저분(버핏)도 저렇게 계속 학습하는데, 뭘 하나 배워서 그걸로 평생 우려먹고 살 생각은 하지 말아야겠구나"라는 깨달음이 큰 영향을 미쳤다고 이야기하면서 '학습'이라는 키워드, 학습의 강도와 길이와 꾸준함이 우리가 버핏에게서 배워야 하는 가장 큰 가르침이라고 강조했습니다.

◆ 2006년 버크셔 해서웨이 주주총회 ◆

### 학습기계였던 소년이 버크셔의 대성공 비결

**Q. 버크셔가 대성공을 이룬 비결은 무엇인가요?**

**멍거** 버크셔가 지금까지 달성한 실적을 향후에도 기대해서는 안 됩니다. 그동안 버크셔의 실적은 매우 극단적이어서, 세계 역사에서도 전례를 찾아보기 어려울 정도입니다. 시작할 때 작았던 대차대조표가 이제는 엄청난 규모가 되었습니다.

이렇게 오랜 기간 극단적인 실적이 나온 원인은 무엇일까요? 10세부터 온갖 책을 읽으면서 학습기계가 된 소년이었다고 나는 주장합니다. 그는 일찌감치 이 먼 여정을 시작했습니다. 그가 지금까지 내내 학습하지 않았다면 지금 우리 실적은 환영에 불과할 것입니다. 실제로 그의 실력은 사람들 대부분이 은퇴하는 나이를 넘긴 이후에 개선되었습니다. 사람들 대부분은 지속적인 학습을 시도조차 하지 않습니다.

따라서 우리 실적은 학습기계가 비상한 집중력을 발휘하여 장기간 노력한 결과입니다. 우리 시스템을 모방하는 사람들이 지금보다 더 늘어나야 합니다. 한 영감탱이가 다른 영감탱이에게 경영권을 넘겨주는 시스템은 절대 올바른 시스템이 아닙니다.

버크셔의 문화는 매우 건강하므로, 우리가 떠난 뒤에도 지속될 것입니다. 버크셔의 인재들이 장기간에 걸쳐 훌륭한 실적은 자주 내겠지만 탁월한 실적은 거의 내지 못할 것입니다. 보유 자금이 너무나 많기 때문입니다. 핵심은 실수를 피하는 것입니다. 우리는 사용하는 수단도 올바르고, 기준도 올바릅니다. 버크셔는 매우 합리적인 곳입니다.

최 대표는 2014년 버크셔 해서웨이 주주총회에 참석했습니다. "버핏이 돌아가시기 전에 봐야지 하고 갔는데 다행히 지금도 생존해 계신다"며 "그와 동시대를 살면서 가르침을 받을 수 있다는 건 정말 큰 축복입니다. 벤저민 그레이엄과 동시대를 살 수는 없으니까요"라고 말했습니다.

또 "솔직하게 말하면 버핏을 따라서 할 수는 있겠으나 버핏처럼 된다는 건 사실 불가능한 일"이라고 이야기했습니다. 버핏은 천재인 데다가 열심히 학습하기 때문입니다. 2016년 애플 투자에서 알 수 있듯이 버핏은 유연하기까지 합니다. 이런 버핏을 우리가 따라가기란 쉽지 않겠지만, 버핏의 반의반만 할 수 있어도 큰 변화가 있을 것 같습니다.

## 버핏은 투자계의 마이클 조던: 마이클 조던을 좋아하지만 조던처럼 살기는 힘들다

최 대표는 버핏을 따라 하기 힘든 것을 "사람들이 마이클 조던(Michael Jordan)을 좋아하고 굿즈(상품)는 사지만, 마이클 조던처럼 살기는 녹록지 않다"라는 말로 표현했습니다. 마이클 조던의 연습량과, 더 좋은 선수가 되기 위한 끊임없는 학습은 유명합니다. 워런 버핏이 투자계의 마이클 조던 같다는 의미로 보입니다.

최 대표는 "다행히도 버핏과 기질이 약간 유사해서 따라 하기가 조금 더 수월했던 것 같습니다"라고 말했는데요. 버핏의 MBTI는 ISTJ로 추측되는데 혹시 최 대표도 ISTJ인지 물었습니다. 최 대표는 "맞습니다. 그런데 사회생활하면서 E가 늘어났기 때문에 I는 좀 왔다 갔다 하고요, STJ는 100에 가깝습니다"라고 답했습니다.

ISTJ 유형은 내향적이고 팩트를 중요시하며 실용적이고 계획적인 특성이 있는데요. 사실 I나 E에 상관없이 STJ가 대개 가치투자에 맞는 성향으로 알려져 있습니다.

최 대표는 "지금도 매일 A4지로 200~300페이지를 보는데, 저런 기질이 없으면 이를 반복하기가 쉽지 않다"고 털어놓았습니다. 2000년 버핏은 컬럼비아 경영대학원에서, 투자업계에서 일하고 싶다는 학생에게 보고서를 가리키며 "하루에 이런 자료를 500페이지씩 읽으라"고 조언한 적이 있습니다. 버핏은 "여러분 모두가 할 수 있는 일이지만 여러분 중 일부만 할 것이라고 장담할 수 있습니다"라고 덧붙였습니다.

## 최 대표가 말하는 버핏의 투자: ① 리스크 관리 ② 능력범위 ③ 철저한 분석

최 대표는 버핏이 투자에 대해 많은 말을 했지만 그중에서도 '리스크에 대한 민감성'을 강조했다는 점을 가장 먼저 들었습니다.

버핏의 첫 번째 투자 원칙이 "돈을 잃지 말라"이고 두 번째 원칙은 "첫 번째 원칙을 잊지 말라"인 것도 같은 이유로 보입니다. 최 대표는 "리턴(수익)이 아니라 '돈을 잃지 말라'고 말하는 건 리스크 관리가 우선이라는 의미"라고 풀이했습니다.

이어서 "**위험을 따져보고 그다음에 투자하라. 이 순서가 굉장히 중요하다**"며 "별것 아닌 듯해도 이 순서가 어떻게 되는지에 따라서 투자 성향과 투자관이 완전히 달라진다"고 강조했습니다. 즉 "리스크가 클 경우에 리턴(수익)이 커 보여도 과감하게 접을 용기를 내기는 쉽지 않다"는 말입니다.

그런데 "버핏은 엄청나게 보고 엄청나게 접고 소수의 선택에 집중하며, 갈수록 그런 부분이 정말 중요하다는 점을 곱씹게 된다"고 말을 이어갔습니다.

다음으로 강조한 것은 '능력범위'였습니다. 최 대표는 "그동안 많은 투자자의 사례를 보니 결국 능력범위 때문에 큰 실수가 발생한다"며 "자신의 능력범위를 벗어났을 때 리스크가 커지고 제대로 대응하지 못한다"고 말했습니다. 예컨대 "주가가 오를 때는 잘 몰라서 더 오를 것을 일찍 팔아버린다든지, 주가가 빠질 때는 더 사야 하는데 팔아버린다든지 등이 모두 능력범위에서 비롯되기 때문에, 능력범위를 잘 알고 천천히 넓혀가는 게 중요하다"는 말입니다.

최 대표는 "투자 초창기 때는 피가 뜨거우니 업종을 다 배워야지 하고 생각했지만, 점점 프로의 영역으로 들어가면서 능력범위 확대의 어려움이 더 실감된다"고 이야기했습니다.

그리고 "이제 운용 규모가 있다 보니 크게 잡아야 하는데, 능력범위가 아니면 크게 잡을 수도 없을뿐더러 나중에 수습이 안 되는 상황을 계속 경험했다"면서 "그래서 능력범위에 머무르라고 했구나"라고 다시 한번 깨달았다고 토로했습니다. 참고로 그는 자신의 능력범위가 '의식주미락(美樂)'이라고 말했습니다. 미락(美樂)은 뷰티(미용)와 K팝 등 엔터테인먼트 분야를 뜻합니다.

세 번째는 철저한 분석입니다. 최 대표는 가치투자의 아버지 벤저민 그레이엄이 철저한 분석을 하라고 했지만 추상적이었는데, 버핏은 어나더 레벨을 보여줬다고 말했습니다. 예를 들어 버핏이 코카콜라를 분석할 때 "말로는 해자가 굉장히 깊고 사람들이 목이 마르면 모두 코카콜라를 마셔야 한다고 간단히 얘기했지만, 실제로는 콜라 한 캔 가격이 1센트 변할 때 재무제표가 어떻게 변할지를 모두 머리에서 엑셀로 돌렸다"고 설명했습니다.

버핏이 분석에서 "'이 정도는 해야 해'라는 프로의 경지, 분석의 깊이, 분석의 중요성"을 몸소 보여준 건데요. 최 대표 표현처럼 "버핏은 최고의 투자자이면서 전 세계 최고의 애널리스트"입니다.

최 대표는 "이렇게 열거하다 보면 사실 능력범위에 머무르라는 피터 린치(Peter Lynch)와 엮어서도 쉽게 이야기할 수 있지만, 철저한 분석이 일반 투자자가 접근하기에는 가장 큰 벽이 될 것"이라고 말했습니다.

## 상식만 있어도
## 큰 수익을 올릴 수 있다는 교훈

최준철 VIP자산운용 대표를 인터뷰한 내용을 바탕으로, 앞서는 천재인데 열심히 하기까지 하는 '학습기계' 버핏의 ① 리스크 관리 ② 능력범위 ③ 철저한 분석을 살펴보았습니다.

이번에는 버핏이 코카콜라에 투자한 것처럼 한국의 코카콜라를 찾아 나섰다는 최 대표의 이야기를 마저 들어보겠습니다.

### 돈벌레 이미지에서 자선가로 거듭난 버핏

최 대표는 "버핏을 처음 알고 나서 한국에 알리려고 할 때만 해도 버핏이 약간 돈벌레 같은 이미지였다"고 이야기했는데요. 2000년대 초반 "버핏이 돈 버는 것밖에 모르고 구두쇠에다가 기부를 안 한다고 욕도 많이 먹었을 때"라고 설명했습니다.

하지만 그 이후 버핏의 삶을 보면 "자선가의 면모를 갖추고, 버크셔 주주총회 때 많은 사람에게 사랑받는 존재가 되었을 뿐 아니라, 글로벌 금융위기 때는 국가를 위해 앞장서서 메시지를 전달하는 등 어떻게 영향력을 발휘할 수 있는가를 후반기에 많이 보여주었다"고 평가했습니다.

2010년 버핏은 재산의 99%를 기부하겠다고 공언했고 2023년까지 기부한 금액만 515억 달러(약 68조 원)에 달합니다. 버핏은 사망 후 현재 1,200억 달러(약 158조 원)가 넘는 재산의 99%를 기부하겠다고 약속했습니다. 버핏 관련 기사에 달린 댓글을 보면 단순히 버핏을 '돈이 아주 많은 할아버지'로만 여기는 사람이 적지 않지만, 버핏의 사고방식은 우리의 상상을 훌쩍 뛰어넘습니다.

◆ 2023년 버크셔 해서웨이 주주총회 ◆

### 자녀에게 유산을 상속하는 방법

**Q. 대부분 부모는 자녀에게 유산을 상속하는 과정에서 문제에 직면하는데, 당신의 해법을 듣고 싶습니다.**

**버핏** 나는 나이를 먹고 기부 서약 등도 하면서, 가족을 끔찍이 아끼는 거부들의 상속 문제를 자주 지켜보았습니다. 나는 세 자녀가 모두 읽고 이해하고 의견을 말하기 전에는 유서에 서명하지 않습니다. 지금은 내 자녀가 60대여서 이런 방식이 문제가 없지만, 자녀가 20대였다면 그다지 성공하지 못했을 것입니다. 이 방식의 성패는 가족에게 달렸습니다. 자녀들이 서로를 어떻게 생각하느냐에 달렸습니다.

성패는 보유한 기업의 특성에도 좌우되므로 변수는 수없이 많습니다. 성년이 된 자녀가 유서를 읽고서야 고인의 뜻을 처음 알게 되었다면 그 부모는 엄청난 실수를 저지른 것입니다. 나는 온갖 상황을 겪어보았는데, 평소 자녀에게 아무 말 안 하다가 유서를 통해서 자기 뜻을 강요하는 사람들도 있습니다. 이는 심각한 실수여서 바로잡을 방법이 없습니다. 이에 대해서는 찰리가 경험이 풍부합니다.

**멍거** 버크셔에도 유산 상속이라는 간단한 문제가 있습니다. 이 망할 주식을 계속 갖고 있으면 됩니다. (웃음소리)

**버핏** 하지만 모든 사람에게 적합한 방법은 아니잖은가, 찰리?

**멍거** 그래, 95%에게만 맞는 방법이지. (웃음소리)

**버핏** 재산이 수십억 달러일 때, 이 재산을 모두 자녀에게 물려줘야 하는지도 모르겠어.

**멍거** 그건 다른 문제네. 그 재산을 어딘가에 묻어둬야 한다면 나는 기꺼이 버크셔 주식에 투자하겠어.

**버핏** 투자 문제는 그렇게 해결할 수도 있겠군요. 하지만 자녀가 넷이고 한 자녀가 다른 한 자녀와 사이가 좋지 않다면 개인적인 문제가 남습니다. 이는 사람의 문제입니다. 가장 중요한 과제는 자녀들이 화목하게 지내는 일입니다. 자녀들의 화목을 평생 바라더라도 이들의 관계는 망가질 수 있으며, 그 원인은 유산이 아닐 수도 있습니다.

사람들이 막대한 재산에 관한 유서 내용을 알지 못했던 사례를 나는 많이 보았습니다. 자녀들이 모두 15분 이내에 변호사를 선임하면 이후 이들은 화목하게 지내지 못합니다. 목표 설정이 중요합니다. 자녀들이 특정 가치관을 갖길 바란다면 당신도 그 가치관에 따라 살아야 합니다. 자녀들에게 가치관에 관해 이야기해야 합니다. (웃음소리)

자녀들은 태어나는 날부터 당신이 정말로 좋아하는 것을 보면서 배웁니다. 자녀들에게 특정 가치관을 심어주려면 당신의 행동으로 가르쳐야 하며, 솜씨 좋게 작성한 유언장으로 대신할 수는 없습니다. 물론 유언장에도 그 가치관을 담아야 합니다. 자녀들은 나이를 먹으면 자신의 가치관을 유산의 규모와 연계해서 형성하게 됩니다. 유산이 가족 농장이냐, 유가증권이냐에 따라 가치관이 크게 달라집니다.

내 친구인 한 갑부는 1년에 한 번 자녀들을 불러 저녁을 먹고서, 공란으로 작성된 소득세 신고서에 서명하게 합니다. 그는 자녀들에게 넘겨줄 유산이 얼마인지 알려주고 싶지 않았기 때문입니다. 이런 방법은 효과가 없을 것입니다. 실제로 그에게 얼마나 효과가 있었는지는 모르겠습니다. 찰리와 내가 늘 하는 말이 있습니다. 인생을 살아가는 방법을 알고 싶으면, 먼저 부고 기사를 써놓고 그 기사에 맞게 살아가라는 말입니다.

버핏은 글로벌 금융위기가 한창이던 2008년 10월 16일에는 〈뉴욕타임스〉에 '미국을 사라. 나는 사고 있다'라는 글을 기고하며 미국 경제에 대한 낙관론을 미국인들에게 설파했습니다.

최 대표는 처음에는 "버핏의 아내 수전이 버핏을 떠나는 걸 보면서, 버핏처럼 살고 싶다는 생각이 들지 않았다"고 말했습니다. 버핏의 투자 성과 또는 투자철학만 배우고 싶었다고 말했는데요. 버핏의 인생이 무미건조하고 재미도 없어 보였기 때문입니다.

수전 버핏은 결혼한 지 25년이 지난 1977년 버핏을 떠나서 샌프란시스코로 이사한 후 가수 생활을 합니다. 하지만 두 사람은 수전이 사망하는 2004년까지 이혼하지 않고 공식적인 결혼 관계를 유지했습니다. 수전이 사망하고 2년이 지난 뒤 버핏은 아스트리드 멩크스와 재혼합니다.

## 버핏이 말하는 인생의 전반전과 후반전

최준철 대표는 그 이후 "버핏이 다양한 사회적 관계와 영향력을 행사하고 그걸 행동으로 보여줌으로써 더 이상 돈 버는 기계(money making machine)가 아니라 삶을 아주 풍요롭게 사는, 다른 차원의 사람이 되었다"고 평가했습니다.

2022년 버크셔 해서웨이 주주총회에서 버핏은 인생의 전반전과 후반전에 대해 언급한 적이 있습니다. "**30~40년 동안 실제로 인간의 행동 방식을 체험하면서 계속 지식을 습득하면 인생 후반전에는 전반전보다 나은 사람이 될 것**"이라며 다음과 같이 말했습니다.

"인생 후반전에 더 나은 사람이 되었다면, 인생 전반전에도 좋은 사람이었더라도 전반전은 잊어버리십시오. (웃음소리) 후반전을 즐기세요. 찰리와 나는 긴 인생을 사는 호사를 누리고 있으므로 훌륭하고 희망적인 후반전을 보내게 되었습니다. 우리는 무엇이 행복을 주는 요소인지 알게 되었고 사람들에게 불행을 주는 요소도 잘 인식하게 되었습니다. 나는 인생의 전반전보다 후반전으로 평가받고 싶으며, 찰리도 그럴 것입니다."

버핏이 자신의 투자는 85%의 벤저민 그레이엄과 15%의 필립 피셔로 이루어졌다고 말한 적이 있습니다. 이 말처럼 버핏의 투자철학은 초기 벤저민 그레이엄의 담배꽁초 투자에서 필립 피셔의 정성적 분석을 통한 성장주 투자를 수용하는 방식으로 진화해왔는데요. 버핏의 인생철학도 계속 진화해왔음을 알 수 있습니다.

### 가장 큰 메시지는 상식적으로 투자해도 충분히 성공할 수 있다는 것

초보 투자자나 버핏을 잘 모르는 사람이 버핏의 투자를 배우려고 한다면 어떤 부분을 눈여겨보면 좋을지 최준철 대표에게 물어봤습니다.

최 대표는 "버핏이 던져주는 가장 큰 메시지는 상식적으로 투자해도 충분히 성공할 수 있다는 것"이라며 "굉장히 상식적인 투자를 상식적인 논리로 계속 실행하고, 화려해 보이는 업종이나 매력적으로 보이는 테마주를 좇지 않고서 상식만으로 성공할 수 있다는 사실을 보여주었다"고 강조했습니다. 그리고 "버핏의 성공 케이스마저 없었다면 지금 내 회사가 받는 조롱의 양이 몇십 배는 더 컸을 것"이라고 덧붙였습니다.

그래서 최 대표도 가급적이면 상식적인 종목에 투자해서 성과를 거두는 모습을 보여주고 싶어 합니다. 조선주 등 높은 수익을 올린 사례가 많지만, 일부러 커피믹스 '맥심'으로 유명한 동서식품의 모회사 동서를 자주 이야기하는 이유입니다. 최 대표는 2000년대 초반부터 동서에 투자해 2014년까지 약 11년 동안 보유하면서 배당을 제외하고도 약 16배의 수익을 올렸습니다.

"미국은 코카콜라, 한국은 동서"를 자꾸 강조하는 것도 "어렵거나 복잡하지 않고 안전하게 투자할 수 있는 종목에 투자하거나, 하다못해 테마주만 멀리하더라도 크게 돈을 잃지 않을 것"이라는 메시지를 주고 싶기 때문이라고 최 대표는 말합니다.

하지만 다수가 이런 메시지를 받아들이긴 힘들 테니 "꾸준하게 입증해나가는 수밖에 없다"며 말을 이어갔습니다.

"한국에서도 상식적인 투자로 좋은 장기 수익률을 거둘 수 있다는 것, 주식은 투기의 대상이 아니라 기업의 소유권이고 소유권의 값어치와 미래의 추이를 잘 읽고 싸게 사면 돈 벌 수 있다는 것을 장기적으로 입증하고 싶다"고 최 대표는 강조했습니다.

마지막으로 자신은 올바른 롤 모델에게 꽂혀서 운이 좋았다며 "버핏이 벤저민 그레이엄에게 꽂혀서 옳은 길을 걸었던 것처럼, 저도 버핏에게 꽂힌 게 인생의 큰 행운 중 하나였다"고 말했습니다. 한국에서 버핏을 롤 모델로 삼는 투자자가 더 많아지기를 바랍니다.

◆ 2018년 버크셔 해서웨이 주주총회 ◆

## 아멕스와 코카콜라 성공을 예측한 비결

**Q. 당신은 다이너스클럽(Diners Club) 대신 아메리칸익스프레스를 선택했고 RC콜라 대신 코카콜라를 선택했는데, 이런 제품이 성공할 줄 어떻게 예측하셨나요?**

**버핏** 신용카드시장에 먼저 진출한 회사는 다이너스클럽이었습니다. 아메리칸익스프레스는 여행자수표사업이 향후 어떻게 될지 모른다는 두려움 때문에 뒤늦게 신용카드사업에 진출했습니다. 아메리칸익스프레스는 다이너스클럽과 경쟁을 벌이면서 수수료를 더 높게 책정했습니다. 신용카드의 가치를 더 높이고 더 근사한 이미지를 연출했습니다. 그래서 아메리칸익스프레스 카드를 사용하는 사람은 근근이 살아가는 서민이 아니라 부유층처럼 보였습니다. 반면 랠프 슈나이더(Ralph Schneider)가 이끄는 다이너스클럽은 신용카드사업에 먼저 진출했지만 큰 성과를 내지 못했습니다.

그동안 온갖 콜라가 쏟아져 나왔지만 진짜는 코카콜라입니다. 나는 RC콜라가 코카콜라의 절반 값이더라도 마실 생각이 없습니다. 1900년에는 6.5온스(180밀리리터)짜리 코카콜라가 5센트였는데, 인플레이션을 고려하면 그동안 가격이 엄청나게 내려간 셈입니다. 코카콜라는 정말로 싼 제품입니다. 씨즈캔디처럼 말이지요. 10대 소년이 여자 친구 부모에게 씨즈캔디를 선물하고서 친구로부터 키스를 받으면 이후에는 캔디 가격을 전혀 생각하지 않게 되니까요. 우리는 사람들이 따귀를 때리고 싶은 제품이 아니라 키스해주고 싶은 제품을 원합니다. 우리는 애플의 생태계를 높이 평가했지만 제품 특성도 비범하다고 생각합니다. 1963년 샐러드유 스캔들이 터지고 나서 사람들은 아메리칸익스프레스의 생존을 걱정했지만, 카드 사용을 중단한 사람은 아무도 없었습니다.

**멍거** 한마디만 보태겠습니다. 코카콜라가 처음 개발된 직후 누군가 우리에게 투자를 권유했다면 우리는 거절했을 것입니다.

**버핏** 우리는 다양한 환경에서 소비자들이 제품에 반응하는 모습을 보려고 합니다. 필립 피셔의 《위대한 기업에 투자하라》에 수소문 기법이 나오는데, 돌아다니면서 소문을 수집하기만 해도 많이 배울 수 있습니다. 이런 기법을 요즘은 채널 점검(channel checks)이라고 하지요. 제품에 대해 실제로 감을 잡을 수 있는 좋은 기법입니다. 토드와 테드도 이 기법을 많이 사용해서 사람들에게 큰 도움을 줍니다. 찰리는 이 기법을 코스트코에 적용합니다. 코스트코 제품은 고객들에게 엄청나게 매력적입니다. 코스트코는 고객들에게 놀라움과 기쁨을 선사하는데, 사업에 이렇게 좋은 방법은 없습니다.

◆ 2021년 버크셔 해서웨이 주주총회 ◆

## 62년 동안 한 번도 다툰 적이 없습니다

**Q. 코스트코와 웰스파고에 대해 버핏과 멍거의 견해가 다른 것 같습니다만?**

**버핏** 찰리?

**멍거** 그다지 다르지 않습니다. 코스트코는 내가 매우 높이 평가하는 기업이며 오랫동안 좋은 관계를 유지해왔습니다. 그러나 나는 버크셔도 사랑하며 다행히 아무런 문제도 없습니다. 모든 사소한 사안까지 워런과 내 견해가 일치할 필요는 없습니다. 우리는 지금까지 매우 잘 지냈습니다.

**버핏** 우리는 정말 잘 지냈습니다. 정말 한 번도 다툰 적이 없습니다.

**멍거** 네. 그렇습니다.

**버핏** 62년 동안 말이지요. 그렇다고 우리가 모든 사안에 동의한 것은 아닙니다. 말 그대로 62년 동안 우리는 서로에게 화를 낸 적이 없습니다.

**멍거** 전혀 없습니다.

**버핏** 다툴 일이 전혀 없습니다.

■ ■

## 투자의 본질을 찾다
## : 가치투자 업그레이드의 성공 사례

워런 버핏 하면 떠오르는 종목은 코카콜라, 씨즈캔디였지만 최근 버핏의 버크셔 해서웨이가 가장 많이 보유한 종목은 애플입니다. 버크셔는 2023년 기준 200조 원이 넘는 애플 주식을 보유하고 있습니다.

버핏의 애플 투자를 보면서 가치투자란 뭘까라고 생각했는데, 얼마 전 이건규 르네상스자산운용 공동대표의 책 《워런 버핏 익스프레스》를 읽고 생각의 실마리가 잡혔습니다. 이 대표는 가치투자의 반대가 성장주 투자가 아니라 모멘텀 투자라고 말했습니다. 모멘텀 투자자는 가치(펀더멘털)도 가격(밸류에이션)도 보지 않고 테마주같이 시장에서 인기 있는 주식만 쫓아다니기 때문입니다.

이 대표가 주식 투자를 시작한 건 1997년 말 IMF 외환위기가 발생한 후입니다. 당시 군 복무 중이던 그는 1998년 300선에 머물던 코스피지수가 불과 1년 만에 900포인트로 V자 반등하는 것을 보면서 '이런 최적의 기회가 있을 때는 투자를 해야 되겠구나'라고 생각하고 주식에 관심을 갖게 되었다고 합니다.

대학 졸업 후 가치투자로 유명한 VIP자산운용 설립 초기 창립 멤버로 참여해 15년 넘게 근무하며 최고투자책임자(CIO)를 역임했고 2019년 르네상스자산운용을 설립해 경영하고 있습니다.

이 대표가 보는 가치투자의 핵심은 무엇일까요?

## 시장 대비 초과수익을 낼 수 있는 건 중소형주

이건규 대표는 처음에는 차트 책을 많이 봤다고 솔직히 털어놓았습니다. "이과 출신이다 보니 시스템 트레이딩이나 이런 것들에 좀 더 강점을 가져갈 수 있지 않을까 생각했는데, 막상 차트 책을 보면서 허상이라는 걸 알게 되었다"며, 이때의 경험이 펀더멘털에 기반한 투자에 집중하는 데 도움이 되었다고 말했습니다.

버핏도 처음 주식 투자를 공부할 때는 차트 책을 비롯한 온갖 책을 섭렵하다가 열아홉 살 때 벤저민 그레이엄의 《현명한 투자자》를 읽고 나서 가치투자의 길로 접어들었다고 말한 적이 있습니다.

이 대표는 버핏의 말을 빌려 "주식시장은 대개 효율적이지만 언제나 효율적이지는 않다. 그래서 시장을 이길 가능성이 있다"고 말했습니다. 그가 포트폴리오의 80~90%를 중소형주에 투자하는 것도 "잘만 고르면 시장 대비 초과수익을 낼 수 있는 투자 대상"이라는 이유에서입니다.

1965년 효율적 시장 가설을 발표해 2013년 노벨경제학상을 수상한 유진 파마(Eugene Fama) 시카고대학 교수도 나중에 소형주, 저PBR주의 수익률이 높다는 논문을 발표했습니다. 효율적 시장 가설에 상반되는 연구 결과입니다.

소형주는 아니지만 이 대표는 재미있는 투자 사례도 들었습니다. 바로 10년 넘게 지속된 해운업 불황으로 끝없이 하락하다 코로나19 팬데믹 시기 공급망 문제로 20배 넘게 급등한 HMM입니다. 해운산업이 장기 불황을 지속하면서 이를 커버하는 애널리스트가 없어졌지만, 이 대표는 해운업의 턴어라운드 가능성을 좀 더 일찍 발견했다고 합니다.

특히 "대만의 에버그린 같은 해외 선사는 실적 전망치를 발표하는 등 투자자와의 소통이 많아서 주가가 먼저 반등했고, 여기서 HMM이 상승하리라는 실마리를 얻었다"고 말했습니다.

이 대표는 국내에서 유일하게 배터리형 니켈도금강판을 생산하는 TCC스틸의 사례도 들었습니다. 보통 2차전지라고 하면 양극재를 생각하지만 오히려 2차전지 가치사슬에서 가장 독점력이 강한 TCC스틸에 주목했다는 내용입니다. 니켈도금강판이 대단한 아이템은 아니더라도 원재료를 소싱하고 만들 수 있는 회사는 TCC스틸밖에 없었다고 그는 말합니다. 이 대표는 1년 남짓 TCC스틸을 보유해서 280%에 달하는 수익을 올렸습니다.

◆ 2023년 버크셔 해서웨이 주주총회 ◆

### 급변하는 환경에서 가치투자자가 성공하는 방법은?

**Q. AI 등 생산성을 크게 높여주는 와해 기술들이 등장하는 이 시대에 가치투자의 미래를 어떻게 전망하시나요? 이렇게 빠르게 변화하는 환경에서 성공하려면 가치투자자들은 어떻게 적응해야 하나요?**

**멍거** 반가운 질문이군요. 기회는 감소했는데 경쟁자는 매우 많으므로 가치투자자들이 고전하리라 생각합니다. 그러므로 가치투자자들은 수익 감소에 익숙해지는 편이 좋습니다.

**버핏** 찰리는 처음 만났을 때부터 지금까지 내게 똑같이 말하고 있답니다.

**멍거** 실제로 우리 수익은 감소하고 있습니다. 우리는 젊은 시절에 수익 감소에 익숙해졌습니다.

**버핏** 그렇습니다. 우리가 5,080억 달러를 운용하리라고는 전혀 생각하지 못했습니다.

**멍거** 네. 전혀 생각하지 못했죠.

**버핏** 하지만 장담하는데 기회는 여전히 많을 것입니다. 기술이 발전한다고 기회가 감소하는 것은 절대 아니니까요. 내가 투자를 시작한 1942년 이후 세상이 얼마나 많이 변했는지 생각해보십시오. 1942년에 나는 항공기는 물론 엔진, 자동차, 전기 등에 대해서도 전혀 모르는 아이였습니다. 새 기술이 등장한다고 해서 기회가 사라지는 것은 아닙니다.

기회는 남들이 멍청한 짓을 할 때 나타납니다. (웃음소리와 박수) 우리가 버크셔를 경영하는 58년 동안 멍청한 짓을 하는 사람이 엄청나게 증가했습니다. 남의 돈 먹기가 훨씬 쉬워졌다고 생각하기 때문이죠. 엉터리 보험사를 10~15개 설립해서 지난 10년 동안 교묘하게 운영했다면, 보험사가 성공하지 못해도 설립자는 부자가 될 수 있었습니다. 사업을 대규모로 벌이면 부자가 될 수도 있습니다. 58년 전에는 불가능했지만 말이죠.

멋대로 멍청한 짓을 해서는 돈을 벌지 못합니다, 다행스럽게도. (웃음소리) 이 거대한 자본주의 시장에 아무나 끼어들 수 있는 투자 기회는 사라졌습니다. 남들을 설득하면 큰돈을 벌 수 있지만요. 투자로 초과수익을 내기는 어렵습니다. 그러나 우리처럼 운용자산 규모가 너무 크지 않다면 기회는 많다고 생각합니다.

찰리와 나는 이 문제에 대해 항상 생각이 달랐습니다. 찰리는 전망이 매우 어둡다고 즐겨 말하고, 나는 "기회를 찾게 될 거야"라고 즐겨 말합니다. 지금까지는 둘 다 어느 정도 옳았습니다. (웃음소리) 찰리, 자네 생각은 요지부동인가?

**멍거** 이제는 매우 똑똑한 사람들이 매우 큰 자금을 운용하고 있습니다. 이들은 모두 경쟁자보다 실적을 높이고 이를 홍보해서 운용자산을 더 키우려고 노력하고 있습니다. 우리가 투자를 시작했던 시절과는 근본적으로 다른 세상이 되었습니다. 이런 세상에도 기회는 있겠지만 불쾌한 사건들도 있을 것입니다.

**버핏** 그러나 이들이 경쟁하는 무대에 우리가 끼어들 필요는 없습니다. 예를 들어 단기국채시장을 생각해봅시다. 우리는 남들을 의식할 필요 없이 우리가 원하는 날에 단기국채 30억 달러를 매매할 수 있습니다. 하지만 세상에는 단기 실적에 집중하는 사람이 압도적으로 많습니다. IR 행사를 보면 사람들 모두 그해 실적을 예측하려고 노력합니다. 그리고 경영진은 투자자들의 기대 수준을 낮추려고 합니다.

5년, 10년, 또는 20년 할 일을 1년에 하려는 사람들에게 딱 맞는 세상입니다. 나는 지금 다시 태어나도 지나치게 많지 않은 자금이라면 운용해서 크게 키울 수 있으리라 생각합니다. 찰리도 그렇게 생각할 것입니다. (웃음소리) 장담하는데 찰리는 좋은 기회를 찾아낼 것입니다. 전과 똑같은 기회는 아니겠지만 찰리는 기회를 산더미처럼 찾아낼 것입니다.

**멍거** 나는 산더미 같은 기회가 줄어드는 모습을 떨면서 보고 싶지 않습니다. 내 산더미 같은 기회가 그대로 남아 있으면 좋겠습니다.

(웃음소리)

**버핏** 동의합니다.

**멍거** 네. 동의합니다. 자네는 산더미 같은 기회를 지극히 사랑하는군.

(웃음소리)

## 리스크 관리의 핵심은 사지 말아야 할 종목을 사지 않는 것

이건규 대표는 리스크 관리가 상당히 중요한 부분이며 가장 먼저 "자산 배분을 해야 한다"고 강조했습니다. "사람마다 위험 선호가 다르고 위험 자산을 담는 비중이 달라야 하기" 때문입니다. **자신이 변동성을 감내할 수 있는 비중에 맞춰서 자산 배분을 하는 게 중요하다**는 이야기입니다.

특히 리스크 관리의 핵심으로 강조한 것이 있습니다. 바로 "**사지 말아야 할 주식을 사지 않는 것**"입니다. 이 대표는 주변에서 손절은 어떻게 하는지, 리스크 관리는 어떻게 하는지 물어보면 "좋아지지 않을 만한 주식을 사지 않는 것이 리스크 관리의 핵심"이라고 대답한다고 합니다. 테마를 타고 급등한 종목이나 재무 구조가 열악한 기업은 되도록 매수하지 말아야 한다는 뜻입니다.

워런 버핏의 첫 번째 투자 원칙이 "돈을 잃지 말라"이고 두 번째 원칙은 "첫 번째 원칙을 잊지 말라"인 것처럼, 수익보다 리스크 관리가 우선이라는 의미입니다.

"사지 말아야 할 주식을 사지 않고" 나서 "괜찮은 기업을 너무 비싸지 않은 가격에 사고, 변동성이 발생할 때(즉 떨어질 때) 더 사면 된다"고 이건규 대표는 말했습니다. 버핏의 말 "투자자는 변동성을 친구로 생각해야 한다"와 같은 맥락입니다.

이 대표는 회사의 포트폴리오에 **"사실 싼 것만이 아니라 성장주도 있고 '적정 가격의 성장주**(growth at reasonable price, GARP)**'도 있고 상당히 분산되어 있다**"고 말했습니다.

가치주와 성장주에 대한 이 대표의 해석도 귀 기울여 들을 만합니다. 앞에서 언급했듯이 가치투자의 반대는 성장주 투자가 아니라 모멘텀 투자라고 정의했는데요. 이에 대해 "가치투자라고 하면 가치주만 투자할 것이라고 생각하는 분들이 있는데, 필립 피셔와 피터 린치는 가치투자자의 반열에 오른 사람들이지만 사실 성장주 투자자에 가깝다"고 말했습니다.

그리고 "버핏과 멍거도 가치주와 성장주를 구분하는 건 바보 같은 일이라고 말했다"며 "업종이나 기업의 성장성 등에 따라서 밸류에이션이 달라져야 하며 어떤 기업은 PER 12배가 적정 가치일 수도 있고 어떤 기업은 38배가 적정 가치일 수 있다"고 설명했습니다.

## 버핏 투자의 중요 키워드: 프랜차이즈 밸류, 상황적 독점

이건규 대표는 버핏이 말한 투자의 가장 중요한 키워드는 '프랜차이즈 밸류'라고 이야기했습니다. 높은 기술력과 브랜드 이미지를 쌓아서 독점을 유지하는 능력을 뜻하는 말입니다. "미국은 내수시장이 크고 미국 시장 1위가 되면 글로벌 1위가 되는 구조이기 때문에 코카콜라를 사고 애플을 사면 장기 보유가 가능하지만, 우리나라는 사실 장기 보유가 녹록지 않다"고 이 대표는 털어놓았습니다.

"버핏이 좋아하는 프랜차이즈 밸류는 견고한 독점력과 장기적인 경쟁력을 뜻하며, 우리나라에서 프랜차이즈 밸류를 찾고자 하면 상황적 독점을 고려하는 게 중요하다"고 분석했습니다.

또 "견고한 독점은 아니어도 영업하다 보니 다른 기업이 다 망하고 홀로 생존한 경우, 또는 대기업이 진입하기에는 작고 중소기업이 진입하기에는 기술 경쟁력이라든지 설비투자 규모 때문에 힘든 영역을 차지한 경우를 상황적 독점이라고 한다"라고 말했습니다.

이 대표는 코로나19 시기의 차량용 반도체 공급난, 코로나19 이후 2차전지 붐으로 인한 2차전지 소재 공급난, 최근 미국 설비투자 증가로 인한 변압기 수요 급증을 예로 들었습니다. 이럴 때 생산업체들의 매출이 급증하면서 2~3년간 상황적 독점을 누릴 수 있다는 이야기입니다.

마지막으로 이 대표가 한 말은 "버핏은 계속 진화한다"입니다. 버핏은 "**세계 최고의 투자자임에도 계속 움직인다**"고 감탄했습니다.

"투자에는 지능이 그다지 중요하지 않다. 더하기, 빼기 등 사칙연산만 할 줄 알면 되고 호기심은 기질에 속하는 것 같다"며, 버핏이 지치지 않고 지속적으로 성장할 수 있는 배경에도 '호기심'이 있다면서 말을 끝맺었습니다.

◆ 2017년 버크셔 해서웨이 주주총회 ◆

### 훌륭한 스승이었다고 생각해주면 기쁠 것

**Q. 당신은 어떤 인물로 알려지고 싶습니까?**

**멍거** 내가 워런에게 자신의 장례식에서 듣고 싶은 말이 무엇이냐고 물었을 때, 그가 이렇게 말했던 기억이 납니다. "지금까지 본 중 가장 늙어 보이는 시체라고 모두가 말하면 좋겠네."

**버핏** 아마 지금까지 내가 한 말 중 가장 재치 있는 말일 겁니다. 내가 원하는 것은 아주 단순합니다. 나는 가르치는 것을 좋아합니다. 나는 평생 공식적으로든 비공식적으로든 가르치고 있습니다. 나는 단연 가장 훌륭한 스승으로부터 배웠습니다. 나도 훌륭한 스승이었다고 누군가 생각해준다면 매우 기쁠 것입니다.

**멍거** 가르침을 잊지 않게 하려면 어느 정도 굴욕감도 안겨주어야 합니다. 우리 둘 다 그렇게 했지요.

**버핏** 과거에 농구 팬이었던 분들은 윌트 체임벌린(Wilt Chamberlain)을 기억할 것입니다. 그의 묘비에는 "마침내 나 혼자 잠드는구나"라고 쓰여 있다고 합니다.

# 투자도 인생도 버핏처럼


초판 1쇄 2024년 1월 10일
2쇄 2024년 1월 25일

지은이 김재현·이건

펴낸곳 에프엔미디어
펴낸이 김기호

편집 장미향·오경희·양은희
기획관리 문성조
마케팅 박종욱·이제령
디자인 책은우주다

신고 2016년 1월 26일 제2018-000082호
주소 서울시 용산구 한강대로 295, 503호
전화 02-322-9792
팩스 0303-3445-3030

이메일 fnmedia@fnmedia.co.kr
홈페이지 http://www.fnmedia.co.kr

ISBN 979-11-88754-91-5 (03320)
값 18,000원